司法智库

2019年第一卷·总第一卷

李峰/主编

厦门大学出版社
XIAMEN UNIVERSITY PRESS
国家一级出版社
全国百佳图书出版单位

图书在版编目(CIP)数据

司法智库. 2019 年第一卷. 总第一卷/李峰主编.—厦门:厦门大学出版社,2019.10
(司法智库系列)
ISBN 978-7-5615-7622-9

Ⅰ. ①司… Ⅱ. ①李… Ⅲ. ①司法—文集 Ⅳ.①D916-53

中国版本图书馆 CIP 数据核字(2019)第 198672 号

出版人 郑文礼
责任编辑 甘世恒

出版发行 厦门大学出版社
社址 厦门市软件园二期望海路 39 号
邮政编码 361008
总机 0592-2181111 0592-2181406(传真)
营销中心 0592-2184458 0592-2181365
网址 http://www.xmupress.com
邮箱 xmup@xmupress.com
印刷 厦门兴立通印刷设计有限公司

开本 720 mm×1 000 mm 1/16
印张 16
插页 1
字数 264 千字
版次 2019 年 10 月第 1 版
印次 2019 年 10 月第 1 次印刷
定价 88.00 元

厦门大学出版社
微信二维码

厦门大学出版社
微博二维码

编辑团队成员简介

本刊编辑团队组成依托上海师范大学重点学科——诉讼法学，主要成员如下：

李峰(1966—)，男，生于河南潢川，法学博士。本科、硕士、博士均毕业于西南政法大学。现任上海师范大学哲学与法政学院教授、博士生导师、诉讼法学科(学位点)负责人、法律系主任。同时任中国民事诉讼法学研究会理事、国家社科基金项目同行评议专家、教育部学位与研究生教育评审专家等。主要研究方向为民事诉讼法、证据法、司法哲学等。在《科学学研究》《法商研究》《法律科学》《现代法学》《法学评论》《华东政法大学学报》等核心刊物发表论文数十篇，出版著作十余部，主持国家社科基金、教育部人文社科基金项目等多项。

陈洪杰(1979—)，男，生于浙江温岭，法学博士。现任上海师范大学哲学与法政学院副教授、硕士生导师。同时任中国董必武法学思想(中国特色社会主义法治理论)研究会理事、中国法理学研究会理事、上海市司法学研究会理事等职。主要研究方向为民事诉讼法、司法体制、法学方法论等。近年来在《法律科学》《法制与社会发展》《比较法研究》《华东政法大学学报》等核心刊物发表论文多篇。

程兰兰(1981—)，女，生于河南安阳，法学博士，华东政法大学刑法专业博士研究生毕业。上海师范大学哲学与法政学院副教授、硕士生导师。主要研究方向为经济刑法、刑事法律一体化等。在《政治与法律》《华东政法大学学报》等核心刊物发表论文多篇。

吴啟铮(1982—)，男，生于广东汕头，法学博士。汕头大学法学学士，上海交通大学法学硕士，南京大学法学博士。现任上海师范大学哲学与法政学院副教授、硕士生导师。主要研究方向为刑事诉讼法、司法制度等。在《比较法研究》《环球法律评论》等核心刊物发表论文若干篇，主持上海市哲学社会科学规划项目等。当前主要研究兴趣为：刑事诉讼法、刑事司法制度与改革、比较刑事司法、少年司法、社区矫正。

张玉海（1986—　），男，生于山东青州，法学博士。上海师范大学哲学与法政学院讲师、硕士生导师，上海交通大学凯原法学院破产保护法研究中心兼职研究人员。在《法律科学》《法学》等核心刊物发表论文若干篇，出版著作多部，主持上海市哲学社会科学规划项目等多项。

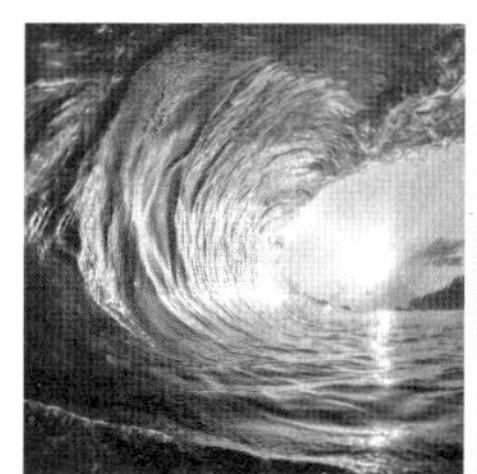

Contents 目录

理论探索

制度分析

实务研究

焦点观察

域外文献

案例分析

理论探索

习近平关于司法工作重要论述的核心观点*

高一飞**

摘要：习近平总书记关于司法的重要论述，可以分为两大类、有十大核心观点。关于司法理念重要论述的核心观点有五个：一是坚持以人民为中心的五大司法理念，即司法为了人民、依靠人民、造福人民、保护人民、由人民评判。二是尊重司法规律。狭义"司法权是对案件事实和法律的判断权和裁决权"。广义司法权的运行应当做到"权责统一、权力制约、公开公正、尊重程序"。三是推进公正司法，对实体公正和程序公正应当同等重视。四是提出严格执法，执法人员必须忠于法律、捍卫法律，严格执法、敢于担当。五是要有效防治司法腐败。他认为司法腐败的表现形式为金钱案、权力案、人情案、渎职案四类。治理司法腐败必须采取综合治理、多管齐下的措施。关于司法改革重要论述的核心观点也有五个：一是提出了司法改革的原因、原则和方法。认为司法改革必须"坚持正确政治方向，坚持以提高司法公信力为根本尺度，坚持符合国情和遵循司法规律相结合，坚持问题导向"。改革方法上应当将顶层设计和试点探索相结合。二是提出处理好党与司法关系的新论断，既要坚持党对司法的领导，也要"支持司法"。三是提出加强司法队伍建设，"要按照政治过硬、业务过硬、责任过硬、纪律过硬、作风过硬的要求，努力建设一支信念坚定、执法为民、敢于担当、清正廉洁的政法队伍"。

* 本文为笔者主持的2017年度司法部重点课题"优化司法机关职权配置研究"(17SFB1006)、2017年度重庆市"研究阐释党的十九大精神"重大委托项目"习近平关于司法的重要论述研究"、2018年度国家社科基金课题"看守所法立法研究"立项号[(18BFX078)]的阶段性成果。

** 高一飞，西南政法大学诉讼法与司法改革研究中心教授，博士生导师。

四是提出构建阳光司法机制，让暗箱操作没有空间，让司法腐败无法藏身。五是提出加强反腐败国际司法合作，提高追逃追赃工作质效，为反腐败国际司法合作提供中国方案。

关键词：习近平；司法理念；司法改革；重要论述；核心观点

党的十八大以来，习近平总书记针对司法理念和司法改革做出了许多重要论述，它是新时代法治思想的重要内容，是马克思主义法治思想在新时代的产物，是习近平新时代中国特色社会主义思想的一部分。研究习近平关于司法的重要论述，可以更全面地理解习近平总书记十八大以来治国理政思想在司法领域的内容，为我国司法建设和司法改革提供行动指南。

习近平总书记的系列重要讲话中关于司法的重要论述可以分为两大类，一类是关于司法基本理念的论述，另一类是关于司法改革的论述。我们将对这两类论述的十大核心观点进行研究。

一、习近平总书记关于司法理念重要论述的核心观点

（一）坚持以人民为中心的司法理念

司法为了人民、依靠人民、造福人民、保护人民、由人民评判，这是习近平总书记以人民为中心的五大司法理念。该理念是对习近平总书记提出的法治建设以人民为中心的四大理念——“必须坚持法治为了人民、依靠人民、造福人民、保护人民”[1]和司法体制改革以人民为中心的四大理念——“司法体制改革必须为了人民、依靠人民、造福人民……由人民来评判”[2]的凝练与升华，是司法活动和司法改革都应当遵循的理念，它是以人民为中心的治国理念的重要组成部分。

司法目的是为了人民。这是“努力让人民群众在每一个司法案件中都

[1] 习近平：《习近平谈治国理政》（第二卷），外文出版社2017年版，第113页。

[2] 习近平：《习近平谈治国理政》（第二卷），外文出版社2017年版，第131页。

能感受到公平正义”[1]的具体正义观的本质体现，满足了新时代人民对司法公平正义的根本需要。

司法过程要依靠人民。这是以人民为中心的司法理念的方法论，是“充分发挥广大人民群众积极性、主动性、创造性，不断把为人民造福事业推向前进”[2]的根本途径。2003 年 11 月，在纪念毛泽东同志批示“枫桥经验”40 周年暨创新“枫桥经验”大会上，习近平同志指出，“‘枫桥经验’是浙江加强政法综治工作的有效载体，也是浙江正确处理改革发展稳定关系的重要经验”。[3] 2013 年 10 月习近平总书记再次指示，要把“枫桥经验”坚持好、发展好。[4] 人民调解员、人民监督员、人民陪审员，是我国人民参与司法过程的具体路径。

司法作用要造福于民。司法工作“要贯彻好党的群众路线，坚持社会治理为了人民，善于把党的优良传统和新技术新手段结合起来，创新组织群众、发动群众的机制，创新为民谋利、为民办事、为民解忧的机制，让群众的聪明才智成为社会治理创新的不竭源泉。要加大关系群众切身利益的重点领域执法司法力度，让天更蓝、水更清、空气更清新、食品更安全、交通更顺畅、社会更和谐有序”[5]。司法机关要依法为人民群众尽心竭力解难事，诚心诚意办实事，为人民造福。

司法责任是保护人民。习近平总书记指出：“黑恶势力是社会毒瘤，严重破坏经济社会秩序，侵蚀党的执政根基。要咬定三年为期目标不放松，分阶段、分领域地完善策略方法、调整主攻方向，保持强大攻势。要紧盯涉黑涉恶重大案件、黑恶势力经济基础、背后‘关系网’‘保护伞’不放，在打防并举、标本兼治上下真功夫、细功夫，确保取得实效、长效。”[6]2018 年 1 月以

---

[1] 习近平：《习近平谈治国理政》(第一卷)，外文出版社 2014 年版，第 113 页。

[2] 习近平：《习近平谈治国理政》(第二卷)，外文出版社 2017 年版，第 40 页。

[3] 浙江省中国特色社会主义理论体系研究中心：《习近平新时代中国特色社会主义思想在浙江的萌发与实践——社会治理篇》，《浙江日报》2018 年 7 月 25 日第 5 版。

[4] 记者：《习近平指示强调：把“枫桥经验”坚持好、发展好》，http://www.gd.chinanews.com/2013/2013－10－12/2/276508.shtml(2013-10-11)，中央政府门户网站，最后访问日期：2019-07-14。

[5] 新华社：《习近平出席中央政法工作会议并发表重要讲话》，http://www.xinhuanet.com/politics/leaders/2019-01/16/c_1123999899.htm，最后访问日期：2019-01-16。

[6] 新华社：《习近平出席中央政法工作会议并发表重要讲话》，http://www.xinhuanet.com/politics/leaders/2019-01/16/c_1123999899.htm，最后访问日期：2019-01-16。

来开展的扫黑除恶行动，正是在当前回应“保护人民”这一要求的重要举措。

司法效果由人民评判。“深化司法体制改革，要广泛听取人民群众意见，深入了解一线司法实际情况、了解人民群众到底在期待什么，把解决了多少问题、人民群众对问题解决的满意度作为评判改革成效的标准。”[1]关于司法工作和司法改革，习近平总书记指出，时代是出卷人，司法人员是答卷人，人民才是阅卷人。

行动胜于思想。党的十八大以来，我们积极践行以人民为中心的司法理念，出台一系列重大方针政策，使司法公信力达到了前所未有的程度，增强了人民群众在司法活动中的获得感幸福感安全感。以人民为中心的司法理念树立了理论发展守正创新的典范，使我国司法工作和司法改革在一个更加成熟、更加科学、更加先进的理论体系指导下全面推进。

(二)尊重司法规律

在我国语言习惯中司法有广义与狭义之分，我们通过对司法规律的探索，也发现存在两种含义的司法规律。习近平总书记深刻认识到了两种司法规律的差别，在不同场合对两种司法规律都有过论述。

关于狭义司法规律，习近平总书记概括为“司法活动具有特殊的性质和规律，司法权是对案件事实和法律的判断权和裁决权”[2]。具体来说，包括“审判独立”与“审判责任”两方面。

关于审判独立，习近平总书记强调：“我们要深化司法体制改革，保证依法独立公正行使审判权、检察权。”[3]2014年1月7日，习近平总书记在中央政法工作会议上的讲话中还指出：“我国司法制度也需要在改革中不断发展和完善，当前司法行政化问题突出，审者不判、判者不审。”[4]2014年10月23日，习近平总书记在《加快建设社会主义法治国家》一文中明确指出：“各级党组织和领导干部都要旗帜鲜明支持司法机关依法独立行使职权，绝

---

[1] 习近平：《习近平谈治国理政》(第二卷)，外文出版社2017年版，第131页。

[2] 习近平：《习近平关于全面依法治国论述摘编》，中央文献出版社2015年版，第102页。

[3] 习近平：《习近平谈治国理政》，外文出版社2014年版，第140页。

[4] 习近平：《习近平关于全面依法治国论述摘编》，中央文献出版社2015年版，第77页。

不容许利用职权干预司法。”[1]习近平总书记认为应从原因与措施两方面来探讨。从原因上来看，他指出了审判不独立的原因主要是司法“行政化”；从措施来看，要防止各级党组织和领导干部利用职权干预司法。

关于审判责任，习近平总书记强调：“要紧紧牵住司法责任制这个牛鼻子，凡是进入法官、检察官员额的，要在司法一线办案，对案件质量终身负责。”[2]体现的是权力与责任两个方面。独立总是与负责、责任、问责联系在一起的。从世界各国的经验和联合国人权规则的要求来看，责任和问责必须要有包括完整体系的司法责任制来体现。

习近平总书记强调法官、检察官要有审案判案的权力，其对如何确立权力作了明确的指示：“完善人民法院司法责任制……以科学的审判权力运行机制为前提，以明晰的审判组织权限和审判人员职责为基础……让审理者裁判、由裁判者负责，确保人民法院依法独立公正行使审判权。”[3]习近平总书记强调，要建立科学的权力运行机制，明确审判组织权限和审判人员职责。

关于广义司法规律，习近平总书记指出：“完善司法制度、深化司法体制改革，要遵循司法活动的客观规律，体现权责统一、权力制约、公开公正、尊重程序的要求。”[4]

权责统一。包括审判机关“让审理者裁判，由裁判者负责”[5]和检察机关“谁办案谁负责、谁决定谁负责”两方面。习近平总书记指出：“要健全司法办案组织和运行机制、健全检察委员会运行机制、明晰各类检察人员职权、健全检察管理和监督机制、严格责任认定和追究等举措，形成对检察人员司法办案工作的全方位、全过程规范监督制约体系。”[6]党的第十八届四中全会提出：“明确各类司法人员工作职责、工作流程、工作标准，实行办案

---

[1] 习近平：《习近平谈治国理政》（第二卷），外文出版社 2017 年版，第 121 页。

[2] 习近平：《习近平谈治国理政》（第二卷），外文出版社 2017 年版，第 131 页。

[3] 记者：《习近平强调：增强改革定力保持改革韧劲》（2015 年 8 月 18 日），新华网，http://news.xinhuanet.com/politics/2015-08/18/c_1116296663.htm，最后访问日期：2018-7-20。

[4] 习近平：《习近平谈治国理政》（第二卷），外文出版社 2017 年版，第 131、132 页。

[5] 《中共中央关于全面推进依法治国若干重大问题的决定》（2014 年 10 月 23 日）。

[6] 记者：《习近平强调：增强改革定力保持改革韧劲》（2015 年 8 月 18 日），新华网，http://news.xinhuanet.com/politics/2015-08/18/c_1116296663.htm，最后访问日期：2018-7-20。

质量终身负责制和错案责任倒查问责制，确保案件处理经得起法律和历史检验。”“完善主审法官、合议庭、主任检察官、主办侦查员办案责任制，落实谁办案谁负责。”对各种司法人员的权责一致做出了要求。

权力制约。即加强对司法权力运行的制约和监督。习近平总书记多次强调权力制约的重要性。2013年1月22日，在第十八届中央纪律检查委员会第二次全体会议上的讲话中强调："要加强对权力运行的制约和监督，把权力关进制度的笼子里，形成不敢腐的惩戒机制、不能腐的防范机制、不易腐的保障机制。”[1]换言之，司法权力也应当遵循公权力的运行规律，也应当常怀“没有制约的权力必然走向腐败”的警惕。

公开公正。阳光是最好的防腐剂，公开让正义看得见。习近平总书记在2014年中央政法工作会议上的讲话中明确指出："司法不公开、不透明，为暗箱操作留下空间，等等。这些问题不仅影响司法应有的权利救济、定分止争、制约公权的功能发挥，而且影响社会公平正义的实现。解决这些问题，就要靠深化司法体制改革。”[2]阳光司法机制在习近平总书记的心中具有很高的地位，他常常把“让权力在阳光下运行”与“把权力关进制度的笼子”两大措施相提并论。

尊重程序。“尊重程序”是司法规律的重要内容，也是保障司法权威性的基础。司法活动若不尊重程序，那么司法的公正性与权威性便无从谈起。习近平总书记明确指出："要健全权力运行制约和监督体系，让人民监督权力，让权力在阳光下运行，确保国家机关按照法定权限和程序行使权力。”[3]将“权限”与“程序”并提，体现了习近平总书记对程序价值的特别重视。

司法体制改革必须立足于中国固有的法律传统与遵循司法活动的自身规律，一方面能使司法体制改革符合我国的司法实际，与我国的国情相适应，具体的改革措施能够落到实处，解决最实际的司法问题；另一方面又要保证司法改革符合司法运行规律。

司法活动必须符合司法规律，司法改革同样必须符合司法规律。改革

---

[1] 习近平：《习近平谈治国理政》，外文出版社2017年版，第388页。

[2] 习近平：《习近平关于全面依法治国论述摘编》，中央文献出版社2015年版，第77页。

[3] 习近平：《十八大以来重要文献选编》（上），中央文献出版社2014年版，第135、136页。

就是革故鼎新,在司法改革的过程中全面遵循司法规律会遇到很多困难、需要解决很多问题,但改革不是一蹴而就的,不能以国情特殊为由绕过甚至违背司法规律。

(三)推进公正司法

习近平总书记关于公正司法的论述有着丰富的内涵,呈现出系统性的特征,对司法公正的标准、必要性以及实现方式进行了详细论述。

公正司法是法治国家的根本标准,也是文明社会的基本要素。"全面推进依法治国,必须坚持公正司法,它是维护社会公平正义的最后一道防线。"[1]在习近平总书记的论述中,公正司法的标准包括了实体公正和程序公正。

从实体上来说,公正司法就是司法机关在司法活动中要严格根据证据准确认定案件事实,正确适用法律,从而在实体法上实现公平正义,其主要包括两方面:

第一,事实认定符合客观真相。事实认定符合客观真相是中国的实体公正观的特别体现。2014 年 10 月 20 日,习近平总书记在党的第十八届中央委员会第四次全体会议上提到:"在司法实践中,存在办案人员对法庭审判重视不够,常常出现一些关键证据没有收集或者没有依法收集,进入庭审的案件没有达到'案件事实清楚、证据确实充分'的法定要求,使审判无法顺利进行。"[2]事实认定符合客观真相,其核心是"准"。准确的事实是实体公正的必备要素,司法机关必须做到以事实为依据以维护实体公正。

冤案、错案不仅严重伤害当事人的合法权益,同时也严重损害社会公平正义,甚至严重损害司法公信力。习近平总书记谈到为冤假错案平反时强调:"不要说有了冤假错案,我们现在纠错会给我们带来什么伤害和冲击,而要看到我们已经给人家带来了什么样的伤害和影响,对我们整个的执法公

[1] 习近平:《习近平关于全面依法治国论述摘编》,中央文献出版社 2015 年版,第 67 页。

[2] 习近平:《关于〈中共中央关于全面推进依法治国若干重大问题的决定〉的说明》(2014 年 10 月 28 日)。

信力带来什么样的伤害和影响。我们做纠错的工作,就是亡羊补牢的工作。”[1]在每一个“疑罪从有”造成的冤假错案的背后往往都存在刑讯逼供等非法取证行为,这样一来,司法公正的清流从源头上就有了污染。习总书记还强调:“要懂得‘100－1＝0’的道理,一个错案的负面影响足以摧毁九十九个公正裁判积累起来的良好形象。执法司法中万分之一的失误,对当事人就是百分之百的伤害。”[2]公正司法的首要要求就是避免冤案、错案的发生。

办案结果符合实体公正。其具体表现为贯彻疑罪从无原则以及罪责刑相适应原则。罪责刑相适应原则就是指“刑罚的轻重,应当与犯罪分子所犯罪行和承担的刑事责任相统一”。习近平总书记也指出:“全面推进依法治国,必须坚持公正司法。公正司法是维护社会公平正义的最后一道防线。所谓公正司法,就是受到侵害的权利一定会得到保护和救济,违法犯罪活动一定要受到制裁和惩罚。”[3]因此,犯何种大小的罪,就应当承担相应程度的刑事责任,法院也应当判处相应轻重的刑罚。要做到重罪重罚,轻罪轻罚,罪刑相称,使受侵害的权利得到相应程度上的救济和保护,从而真正实现办案结果的公平正义。

“尊重程序”是司法规律的重要内容,也是保障司法权威性的基础。司法活动若不尊重程序,那么司法的公正性与权威性便无从谈起。“司法规律要尊重法定正当程序。在民主法治国家,国家机关行使权力都必须尊重程序,程序正义是防止国家权力滥用的笼子。……在程序公正与实体公正的关系上,我国长期存在着重实体、轻程序的传统滞后思想,必须予以纠正。”[4]程序公正是实体公正的手段,实体公正有赖于程序公正。长期以来,程序法在法律体系中被忽视,对程序的独立价值更应引起足够的重视。尊重程序是保障人权的内在要求,也是得出一个公正结果的前提。要使公

---

[1] 记者:《习近平谈冤假错案:做纠错的工作就是为了弥补伤害》(2017年8月24日),央视网,http://news.cctv.com/2017/08/24/ARTIHGEcDzAFEktkWvpzaYg8170824.shtml,最后访问日期:2017-11-9。

[2] 习近平:《习近平关于全面依法治国论述摘编》,中央文献出版社2015年版,第96页。

[3] 习近平:《习近平关于全面依法治国论述摘编》,中央文献出版社2015年版,第60页。

[4] 陈光中、龙宗智:《关于深化司法改革若干问题的思考》,《中国法学》2013年第4期。

众信服司法流程及其案件结果，必须尊重程序。

在实体公正与程序公正的关系上，习近平总书记认可了学术界长期呼吁的“通过程序公正实现实体公正”的观点，他在谈到以审判为中心的诉讼制度改革时说：“这项改革有利于促使办案人员增强责任意识，通过法庭审判的程序公正实现案件裁判的实体公正，有效防范冤假错案的发生。”[1]“通过法庭审判的程序公正实现案件裁判的实体公正”这样一种辩证的关系，需要高瞻远瞩的眼光才能把握。

对此，习总书记主持召开中央全面深化改革领导小组第三十四次会议，会议指出严格排除非法证据，事关依法惩罚犯罪、保障人权。要加强对刑讯逼供和非法取证的源头预防，明确公安机关、检察机关、人民法院在各自诉讼阶段对非法证据的审查方式和排除职责，从侦查、审查逮捕和审查起诉、辩护、审判等各个环节明确排除非法证据的标准和程序，有效防范冤假错案产生。[2] 把排除非法证据的“标准”和“程序”提到了同样的高度。

习近平总书记在谈到审判为中心的诉讼制度改革时指出：“这项改革有利于促使办案人员增强责任意识，通过法庭审判的程序公正实现案件裁判的实体公正。”[3]让庭审发挥实质性作用，是程序公正的必然要求。

程序公正作为直观的公正，是现代司法的必然要求，是公正司法的前提，也是保障司法权威性的基础。通过公正的程序得到的最终裁判能为社会公众所承认，公众才能信仰法律、信任司法，司法的公信力才能建立起来。如果司法活动不尊重程序、不坚持程序正义，司法的权威性便无从谈起。

习近平总书记提出：“公正司法事关人民切身利益，事关社会公平正义，事关全面推进依法治国。”[4]从三个方面阐述了公正司法的必要性。对于司法不公的原因，习近平总书记指出：“司法不公的深层次原因在于司法体

[1] 习近平：《关于〈中共中央关于全面推进依法治国若干重大问题的决定〉的说明》(2014年10月28日)。

[2] 记者：《习近平：拓展改革督察工作广度深度提高发现问题解决问题实效》，新华社，http://news.xinhuanet.com/politics/2017-04/18/c_1120832754.htm，最后访问日期：2018-7-20。

[3] 习近平：《关于〈中共中央关于全面推进依法治国若干重大问题的决定〉的说明》(2014年10月28日)。

[4] 习近平：《习近平谈治国理政》(第二卷)，外文出版社2017年版，第130页。

制不完善、司法职权配置和权力运行机制不科学、人权司法保障制度不健全。”[1]因而，实现公正司法需要防止权力干预司法、优化司法职权配置、推进严格司法、保障人民群众参与司法、加强人权司法保障。

(四)坚持严格执法

习近平总书记对于“执法”与“严格执法”有过解读：“执法是把纸面上的法律变为现实生活中活的法律的关键环节，执法人员必须忠于法律、捍卫法律，严格执法、敢于担当。”[2]前面解释执法的含义，后面解释了执法人员在执法时应当具备的素养和态度。习近平总书记指出：“执法者必须忠实于法律，既不能以权压法、以身试法，也不能法外开恩、徇私枉法。”[3]从正面解读了严格执法的具体含义。

习近平总书记除了论述“执法”与“严格执法”的含义外，在多次讲话中也对于“严格执法”的反面即违背严格执法的表现形式有过深刻的论述。在《严格执法、公正司法》一文中，习近平总书记花了较大篇幅说明违背严格执法的表现形式：“有的政法机关和干警执法随意性大，粗放执法、变通执法、越权执法比较突出，要么有案不立、有罪不究，要么违规立案、越权管辖；有的滥用强制措施，侵犯公民合法权益；有的办关系案、人情案、金钱案，甚至徇私舞弊、贪赃枉法；等等。”[4]上述执法问题表明，目前的法治现状同推进国家治理体系和治理能力现代化目标相比，同人民群众的期待相比，仍存在着许多不适应、不符合的问题。

习近平总书记对实现严格执法，提出了具体的要求和路径。

实现严格执法，要强化执法人员公正廉洁的职业道德。他指出：“‘公生明，廉生威。’执法司法是否具有公信力，主要看两点，一是公正不公正，二是廉洁不廉洁。这两点说起来简单，要做到就不容易了。要扭住职业良知、坚守法治、制度约束、公开运行等环节，坚持不懈、持之以恒地抓。……执法不

---

[1] 习近平：《关于〈中共中央关于全面推进依法治国若干重大问题的决定〉的说明》(2014 年 10 月 28 日)。

[2] 习近平：《习近平谈治国理政》(第二卷)，外文出版社 2017 年版，第 122 页。

[3] 习近平：《习近平关于全面依法治国论述摘编》，中央文献出版社 2015 年版，第 57 页。

[4] 习近平：《十八大以来重要文献选编》(上)，中央文献出版社 2014 年版，第 717 页。

严、司法不公，一个重要原因是少数干警缺乏应有的职业良知。”[1]实现严格执法最重要的因素在于执法人员，而执法人员具备公正廉洁的职业道德是成为一名优秀执法人员的必备要素。

做到严格执法，执法人员首先要信仰和坚守法治。信仰和坚守法治是实现严格执法的关键之一。习近平总书记强调：“做到严格执法、公正司法，就要信仰法治、坚守法治。”并且还说道：“‘法不阿贵，绳不挠曲。’这就是法治精神的真谛。如果不信仰法治，没有坚守法治的定力，面对权势、金钱、人情、关系，是抵不住诱惑、抗不住干扰的。任何国家任何制度都不可能把执法司法人员与社会完全隔离开来，对执法司法的干扰在一定程度上讲是客观存在的，关键是遇到这种情况时要坚守法治不动摇，要能排除各种干扰。”[2]他说道：“坚定的理想信念是政法队伍的政治灵魂……政法队伍是和平年代面对‘疾风’‘烈火’最多的一支队伍。这就决定了在理想信念问题上广大干警必须有更高标准、更严要求。必须把理想信念教育摆在政法队伍建设第一位。”[3]政法队伍作为法治工作队伍的重要组成部分，担负着全面推进依法治国的重要使命。执法人员带头信法守法，对全社会增强法治意识也有极大的促进作用。

坚持严格执法，要健全权力运行制约和监督体系，将执法权关进制度的笼子。没有制约的权力必将走向腐败，必须要让执法权关进制度的笼子里面。习近平总书记指出：“加强对执法司法权的监督制约，最大限度减少权力出轨、个人寻租的机会。”[4]所以，执法权应当遵循公权力的使用规则，完善严格执法，必须要让执法权关进制度的笼子里面，加强对于执法权的监督。习近平总书记指出：“近几年来，政法干警违纪违法问题也是比较突出的。对这样一支三百多万人、手中握着很大权力、面临的考验诱惑多的大队伍，从严治警一刻也不能松懈。”[5]没有制约的权力很有可能走向擅权滥

---

[1] 习近平：《十八大以来重要文献选编》(上)，中央文献出版社2014年版，第718页。

[2] 习近平：《十八大以来重要文献选编》(上)，中央文献出版社2014年版，第719页。

[3] 习近平：《习近平关于全面依法治国论述摘编》，中央文献出版社2015年版，第100页。

[4] 习近平：《习近平关于全面依法治国论述摘编》，中央文献出版社2015年版，第76页。

[5] 习近平：《习近平关于全面依法治国论述摘编》，中央文献出版社2015年版，第99页。

权，而加强执法监督才能让执法权在合法合理的轨道上运行。

实现严格执法，要让执法权在阳光下运行。构建阳光司法机制是促进公正司法的突破口，是遏制司法腐败的主抓手。从公开的要求上来说，习近平总书记强调："坚守公正司法的底线。要坚持以公开促公正、树公信，构建开放、动态、透明、便民的阳光司法机制，杜绝暗箱操作，坚决遏制司法腐败。"[1]司法公开绝不是机械式的，而应当多方面同时作用使其达到公开效果的最大化。

习近平总书记指出，要实现严格执法，还要着力解决严格执法存在的重点问题：

法律要发挥作用，需要全社会信仰法律。习近平总书记对此有深刻的理解。"法律要发挥作用，需要全社会信仰法律。"[2]习近平总书记引用法国著名思想家卢梭的名言来阐释这一问题："一切法律中最重要的法律，既不是刻在大理石上，也不是刻在铜表上，而是铭刻在公民的内心里。"

坚持依法治国和以德治国相结合。"法安天下，德润人心"[3]，习近平总书记也深刻认识到了以德治国和依法治国相结合对于治国理政的意义。他说："我们要坚持以德治国和依法治国相结合。法律规范人们的行为，可以强制性地惩罚违法行为，但不能代替解决人们思想道德的问题。我国历来就有德刑相辅、儒法并用的思想。法是他律，德是自律，需要二者并用。如果人人都能自觉进行道德约束，违法的事情就会大大减少，遵守法律也就会有更深厚的基础。"[4]刑事执法机关要善于处理社会舆情与群众心态，不仅要充分运用法律与道德处理社会各方面矛盾，还要起到带头作用，在合理合法处理刑事案件中引导群众信法守法、讲道德讲秩序。

要将严格执法与文明公正执法相结合。严格执法与文明公正执法两者同样是不可偏废，习近平总书记也认识到了这一点，他指出："这里，我还要强调一个问题，就是严格文明公正执法是一个整体，要全面贯彻，文明执法、公正执法要强调，严格执法也要强调，不能畸轻畸重。"[5]执法司法是一门

---

[1] 习近平：《习近平谈治国理政》(第二卷)，外文出版社2017年版，第121页。

[2] 习近平：《十八以来重要文献选编》(上)，中央文献出版社2014年版，第721页。

[3] 莫纪宏：《法安天下　德润人心——把社会主义核心价值观融入法治建设》，《中国特色社会主义研究》2017年第5期。

[4] 习近平：《十八大以来重要文献选编》(上)，中央文献出版社2014年版，第722页。

[5] 习近平：《十八大以来重要文献选编》(上)，中央文献出版社2014年版，第722页。

学问，更是一门艺术，其面对的主体是广大人民群众，由于涉及多方面因素与各方利益，严格执法也要文明公正执法。正如习近平总书记所说："现实生活中出现的很多问题，往往同执法失之于宽、失之于松有很大关系。涉及群众的问题，要准确把握社会心态和群众情绪，充分考虑执法对象的切身感受，规范执法言行，推行人性化执法、柔性执法、阳光执法，不要搞粗暴执法、'委托暴力'那一套。"[1]习近平总书记强调严格执法与文明公正执法相结合的重要性，他说道："执法是行政机关履行政府职能、管理经济社会事务的主要方式……严格执法责任，做到严格规范公正文明执法。……推进严格执法，重点解决执法不规范、不严格、不透明、不文明以及不作为、乱作为等突出问题。"[2]只有坚持严格规范公正文明执法，做到严格执法与文明公正执法相结合，实现执法效果与社会效果相统一，才能不断提高执法公信力，切实维护国家法律的权威和尊严。

领导干部要保证执法、支持司法、带头守法。习近平总书记指出："各级领导干部在推进依法治国方面肩负着重要责任……必须抓住领导干部这个'关键少数'……各级领导干部要对法律怀有敬畏之心，带头依法办事，带头遵守法律，不断提高运用法治思维和法治方式深化改革、推动发展、化解矛盾、维护稳定能力。"[3]在依法治国的道路中，人是最重要的因素，而领导干部则是这个重要因素的核心。"如果领导干部都不遵守法律，怎么叫群众遵守法律？上行下效嘛！各级组织部门要把能不能依法办事、遵守法律作为考察识别干部的重要条件。"[4]习近平总书记在多次讲话中强调领导干部在执法司法守法的带头作用，甚至用了《领导干部要做尊法学法守法用法的模范》这一整篇文章，来谈这个问题。

（五）防治司法腐败

十八大以来，习近平总书记对司法腐败的表现形式、形成原因、危害、治理措施进行了全面的论述。其关于司法腐败及其治理的重要论述呈现出时代性、人民性、系统性的特征，为今后采取有效措施治理司法腐败，构建不敢

---

[1] 习近平：《十八大以来重要文献选编》（上），中央文献出版社 2014 年版，第 722 页。

[2] 习近平：《习近平谈治国理政》（第二卷），外文出版社 2017 年版，第 120、121 页。

[3] 习近平：《习近平谈治国理政》（第二卷），外文出版社 2017 年版，第 116 页。

[4] 习近平：《习近平关于全面依法治国论述摘编》，中央文献出版社 2015 年版，第 111 页。

腐的惩戒机制、不能腐的防范机制、不易腐的保障机制指明了方向。

习近平总书记强调:"由于多种因素影响,司法活动中也存在一些司法不公、冤假错案、司法腐败以及金钱案、权力案、人情案等问题。"[1]关于司法腐败的分类可以有多种标准,习近平总书记以其产生的原因为标准,把司法腐败分为"金钱案、权力案、人情案"三类案件作为司法腐败的主要形式,另外结合习近平总书记在其他场合的论述,司法工作人员在从事司法活动的过程中,玩忽职守、滥用职权或者徇私舞弊从而扰乱正常的司法秩序的行为同样也应当属于司法腐败的范畴。因此,可以将习近平总书记对司法腐败的分类概括为四类:金钱案、权力案、人情案、渎职案。

"金钱案"的本质是"权钱交易"。司法人员为了不正当的利益,收受贿赂。"等价交换原则渗入司法领域,谋取经济利益成为司法人员职务犯罪的诱因和条件。"[2]习近平总书记指出:"我们的一些律师和法官、检察官相互勾结,充当'司法掮客',老百姓说是'大盖帽,两头翘,吃了被告吃原告',造成了十分恶劣的影响。"[3]当司法权力被金钱所收买,司法所代表的中立地位也就丧失了,沦为制造腐败的工具。

权力案是指掌握国家权力的人不正当干预司法案件。如果司法机关依法独立公正行使权力得不到保障,那么司法机关工作人员在从事司法活动的过程中就很容易受到来自司法机关内部或外部的干预,由此滋生腐败。习近平总书记在2014年中央政法工作会议上就提到:"一些党政领导干部出于个人利益,打招呼、批条子、递材料,或者以其他明示、暗示方式插手干预个案,甚至让执法司法机关做违反法定职责的事。"[4]一些地方政府或机关将本地方的利益放在首位,出于地方保护主义的需要,往往会阻碍和干扰正常的司法进程。习近平总书记说道:"随着社会主义市场经济深入发展和行政诉讼出现,跨行政区划乃至跨境案件越来越多,涉案金额越来越大,导致法院所在地有关部门和领导越来越关注案件处理,甚至利用职权和关系插手案件处理,造成相关诉讼出现'主客场'现象。"[5]权力的干预破坏司法

---

[1] 习近平:《习近平谈治国理政》(第二卷),外文出版社2017年版,第130页。

[2] 李希慧、董文辉:《司法职务犯罪新论》,《人民检察》2011年第11期。

[3] 习近平:《十八大以来重要文献选编》(上),中央文献出版社2014年版,第720页。

[4] 习近平:《十八大以来重要文献选编》(上),中央文献出版社2014年版,第720页。

[5] 习近平:《中国共产党第十八届中央委员会第四次全体会议文件汇编》,人民出版社2014年版,第90页。

生态，成为影响司法公正的顽疾。

人情案，也称关系案。中国传统文化中重视人际关系，当人们遇到问题时，习惯性地希望用"关系"来解决问题。2014 年 1 月 7 日，习总书记在出席中央政法工作会议上说："我国是个人情社会，人们的社会联系广泛，上下级、亲戚朋友、老战友、老同事、老同学关系比较融洽，逢事喜欢讲个熟门熟道，但如果人情介入了法律和权力领域，就会带来问题，甚至带来严重问题。现在，一个案件在审理过程中，当事人到处找门路、托关系、请客送礼，不托人情、不找关系的是少数。过去讲'有理走遍天下'，现在有理的也到处找人。这从另一角度说明，老百姓要办点事多么不易，不打点打点，不融通融通，不意思意思，就办不成事！这种现象一定要扭转过来！"[1]中国社会又是规则意识普遍较为淡漠的社会，人情往往会取代规则成为很多人的行为取向和办事准则。毫无疑问，受此种环境的影响，司法工作人员在从事司法活动的过程中常常在规则与人情之间陷入两难，势必难以保证司法的公正性。

渎职案是司法腐败的重要形式。习近平总书记指出："有的干警同黑恶势力串通一气、充当保护伞，胆大妄为、无法无天！一些黑恶势力杀人越货，不但没有被惩处，其头目反而平布青云，甚至戴上'红顶'，当上了人大代表，政协委员、基层干部，后面的保护伞很大啊！"[2]政法队伍之中某些司法人员滥用手中的权力，在司法活动中为犯罪分子充当保护伞，使其摆脱法律的制裁，由此滋生腐败。

关于司法腐败产生的原因，习近平总书记对于目前司法活动中存在的问题进行了系统的概括和总结，他从以下几个方面分析了我国司法腐败的原因：

司法管理体制不科学。习近平总书记指出："执法司法中存在的突出问题，原因是多方面的，但很多与司法体制和工作机制不合理有关。比如，司法机关人财物受制于地方，司法活动容易受到干扰；司法行政化问题突出，审者不判、判者不审；司法人员管理等同于一般公务员管理，不利于提高专业素质、保障办案质量；等等。这些问题不仅影响司法应有的权利救济、定

[1] 习近平：《十八大以来重要文献选编》(上)，中央文献出版社 2014 年版，第 721 页。

[2] 习近平：《习近平关于全面依法治国论述摘编》，中央文献出版社 2015 年版，第 76 页。

分止争、制约公权的功能发挥，而且影响社会公平正义的实现。解决这些问题，就要靠深化司法体制改革。”[1]长期以来，我国司法设置和行政区划设置重合，法院、检察院人财物高度依赖地方，在此前提下，司法活动不可避免地要受到来自地方权力的干扰，从而滋生腐败。

监督制约机制不完善。习近平总书记指出：“从查处的腐败案件看，权力不论大小，只要不受制约和监督，都可能被滥用。”[2]说明监督对于权力的制约有着举足轻重的作用。然而，目前我国对于司法活动的监督制约机制尚存在许多不足。其中导致我国对于反腐监督成效不佳的原因主要有两个：“一是反腐败体制机制不健全，机构职能分散，形不成监督合力；二是有些案件受到各种因素影响难以坚决查办，有的地方腐败案件频发却追究责任不力。解决存在的问题，还得靠制度。”[3]任何抑制腐败的制度设计，都应当回归到权力监督这个根源上来，忽略有效的权力约束制度，再深入的改革都只能是隔靴搔痒。

司法职权配置不合理。习近平总书记指出：“推进公正司法，要以优化司法职权配置为重点，健全司法权力分工负责、相互配合、相互制约的制度安排。”[4]然而我国现有的司法体制对于司法职权的配置仍存在不合理的因素。只有科学、合理的司法职权配置才能明晰司法机关的权力和义务，各司其职、各尽其责，促进司法公正的实现。出于打击犯罪的需要以及司法传统的影响，司法机关配合有余而制约不足。习近平总书记强调：要通过“优化司法职权配置，规范司法行为”[5]来起到制约作用。

司法人员缺乏职业良知。2014年1月7日，习近平总书记在中央政法工作会议中指出：“许多案件，不需要多少法律专业知识，凭良知就能明断是非，但一些案件的处理就偏偏弄得是非界限很不清楚。”[6]有些案件，并不

---

[1] 习近平：《习近平关于全面依法治国论述摘编》，中央文献出版社2015年版，第77页。

[2] 习近平：《习近平关于党风廉政建设和反腐败斗争论述摘编》，中央文献出版社2015年版，第128页。

[3] 习近平：《习近平关于全面深化改革论述摘编》，中央文献出版社2014年版，第79～80页。

[4] 习近平：《习近平谈治国理政》（第二卷），外文出版社2017年版，第121页。

[5] 习近平：《习近平关于全面依法治国论述摘编》，中央文献出版社2015年版，第69页。

[6] 习近平：《十八大以来重要文献选编》（上），中央文献出版社2014年版，第718页。

是案件本身有多复杂，而是司法人员缺乏良知，颠倒是非，谋取利益，导致案件错误处理。

由于导致司法腐败的原因是多方面的，因此治理司法腐败也必采取须综合治理、多管齐下的措施。习近平总书记强调了构建司法公开机制、加强司法队伍建设、完善司法监督等措施对治理司法腐败的意义。“要努力让人民群众在每一个司法案件中都感受到公平正义，所有司法机关都要紧紧围绕这个目标来改进工作，重点解决影响司法公正和制约司法能力的深层次问题。”[1]可见，要从根本上解决司法腐败问题，最终要依靠改革，消除影响司法公正的体制性、机制性、保障性因素，也要加强监督、加强职业道德建设。防治司法腐败，需要权力互相制约与人民权利监督司法权力相结合、法治与德治相结合。

治理司法腐败同样也应当全面发力、多点突破，增强治理的系统性、协同性。习近平总书记在总结反腐经验的基础上，不断对其提出新的要求。党的十九大报告指出：要“强化不敢腐的震慑，扎牢不能腐的笼子，增强不想腐的自觉，通过不懈努力换来海晏河清、朗朗乾坤”[2]。针对司法领域中出现的腐败问题，也应当从“不敢腐”“不能腐”“不想腐”三个方面进一步深入完善治理措施。

二、习近平总书记关于司法改革最终重要论述的核心观点

（一）司法改革的原因、原则和方法

在司法改革的原因方面，习近平总书记认为我国司法体制与我国社会主义制度是基本适应的，但是，我国目前司法实践中仍然存在“司法不公、冤假错案、司法腐败”[3]以及“司法效率不高”[4]的现象，改革现有司法体制具有必要性。

---

[1] 习近平：《习近平谈治国理政》，外文出版社 2017 年版，第 145 页。

[2] 习近平：《中国共产党第十九次全国代表大会报告》（2017 年 10 月 18 日）。

[3] 《习近平在中共中央政治局第二十一次集体学习时的讲话》（2015 年 3 月 24 日）。

[4] 记者：《习近平：全面提升防范应对各类风险挑战的水平》（2017 年 1 月 12 日），新华社，http://www.xinhuanet.com/politics/2017-01/12/c_1120298666.htm，最后访问日期：2018-07-07。

在司法改革的原则方面，习近平总书记指出，必须“坚持正确政治方向，坚持以提高司法公信力为根本尺度，坚持符合国情和遵循司法规律相结合，坚持问题导向”[1]，才能保证改革的正确方向。

在司法改革方法上，习近平总书记提出了统筹推进、分类推进、试点先行三个方面的要求。

一是统筹规划。习近平总书记强调：“中央全面深化改革领导小组要对十八届三中、四中全会重要改革举措进行一体部署、一体落实、一体督办，切实抓好政策统筹、方案统筹、力量统筹、进度统筹。有关单位要抓紧分解任务，明确完成时间，确保改革有序推进、扎实落地。”[2]司法改革涉及方面广、部门多，必须要保证改革的方向一致，这就要求党中央从宏观上对改革提出大政方针。党的十八届三中、四中全会关于司法改革的设计，中央全面深化改革领导小组对司法改革的部署，就是统筹规划的基本形式。

2015 年 4 月 1 日，习近平总书记主持召开中央全面深化改革领导小组第十一次会议，会议强调：“改革方案通过后，能公开的要向社会原原本本发布，以利社会共同监督落实。要抓好改革方案的进度统筹、质量统筹、落地统筹，理清各项改革的‘联络图’和‘关系网’，增强改革的有序性。”[3]根据党的十八届三中、四中全会部署，最高人民法院、最高人民检察院切实履行司法改革的主体责任，统筹推进四项基础性改革和相关改革，妥善处理好四项改革和其他改革的关系，[4]使司法改革按计划有序推进。

二是分类推进。习近平总书记强调：“深化司法体制和社会体制改革，要注重改革举措的配套衔接，注重分类推进，强化任务落实，保证严格规范公正文明执法，加快建设公正高效权威的社会主义司法制度。”[5]考虑到我国各地法治发展水平和实际情况存在差异，应当允许各地在大方向与中央

---

[1] 习近平：《习近平谈治国理政(第二卷)》，外文出版社 2017 年版，第 130 页。

[2] 习近平：《在中央全面深化改革领导小组第八次会议上的讲话》(2014 年 12 月 30 日)。

[3] 潘婧瑶、张迎雪：《深改小组会议首提“四个全面” 释放三大信号》(2015 年 4 月 2 日)，人民网，http://politics.people.com.cn/n/2015/0402/c1001-26791691.html，最后访问日期：2018-06-11。

[4] 徐家新：《坚定不移推进司法责任制为核心的综合性改革落地见效》，《人民司法(应用)》2017 年第 31 期。

[5] 习近平：《在中央全面深化改革领导小组第二次会议上的讲话》(2014 年 2 月 28 日)。

政策保持一致性的前提下，发挥能动性，适当调整具体措施。通过分类推进制度改革，更好地解决改革中出现的问题，从而将改革经验分类积累和总结分析后在其他地方得以更加顺利地推广。

最高人民法院《人民法院第三个五年改革纲要（2009—2013）》要求地方各级人民法院要按照中央的总体部署和最高人民法院的统一要求，也要考虑各地差异，如允许一些地区将员额制的比例提高到40%以上，有的达到60%。[1] 分类推进的方式能够缓冲司法改革带来的阻力，使司法改革能够以平缓顺利的方式推进。

三是试点先行。习近平总书记指出："试点方案先在基础扎实、需求迫切的地方开展试点。进行改革试点，对全面深化改革具有重要意义。我国地区发展不平衡，改革试点的实施条件差异较大，要鼓励不同区域进行差别化探索。"[2]试点是发现问题、完善改革方案的过程。经过试点实验对于可复制的改革措施可向全国推广，经过实践检验不适合我国国情的改革措施应当改进后再推广。例如我国员额制、刑事速裁程序、陪审制与审判中心三项规程改革等都经历过试点。

新一轮司法改革之初，习近平总书记就提出深化司法体制改革应当从"确保依法独立公正行使审判权检察权、健全司法权力运行机制、完善人权司法保障制度"[3]以及"牵住司法责任制这个牛鼻子"[4]四个方面着手。习近平总书记一针见血地提出了深化司法体制改革的着力点，明确了改革措施。

十八大以来，我们已经完成了四梁八柱的司法改革，取得了阶段性成果。十九大后，我国将全面落实司法责任制，深化司法体制综合配套改革。2019年1月15日，习近平总书记对司法改革做出了新指示：

"政法系统要在更高起点上，推动改革取得新的突破性进展，加快构建

---

[1] 孟建柱：《坚定不移推动司法责任制改革全面开展》，《人民公安报》2016年10月20日，第1版。

[2] 习近平：《在中央全面深化改革领导小组第七次会议上的讲话》（2014年12月2日）。

[3] 习近平：《在中央政法工作会议上的讲话》，《习近平关于全面依法治国论述摘编》，中央文献出版社2015年版，第78页。

[4] 习近平：《深化司法体制改革》，《习近平谈治国理政（第二卷）》，外文出版社2017年版，第131页。

优化协同高效的政法机构职能体系。要优化政法机关职权配置，构建各尽其职、配合有力、制约有效的工作体系。要推进政法机关内设机构改革，优化职能配置、机构设置、人员编制，让运行更加顺畅高效。要全面落实司法责任制，让司法人员集中精力尽好责、办好案，提高司法质量、效率、公信力。要聚焦人民群众反映强烈的突出问题，抓紧完善权力运行监督和制约机制，坚决防止执法不严、司法不公甚至执法犯法、司法腐败。要深化诉讼制度改革，推进案件繁简分流、轻重分离、快慢分道，推动大数据、人工智能等科技创新成果同司法工作深度融合。”[1]

如果说在十八大期间，习近平总书记主要强调的是防治司法腐败、维护司法公正，现在则是将“质量、效率、公信力”的问题一并强调，特别是在效率问题上，提出了“三分案件”即繁简分流、轻重分离、快慢分道等重要观点，还特别强调了科技创新成果同司法工作深度融合，这是他面对新问题及时提出的新论断。

（二）处理好党与司法关系

我们必须坚持党对司法工作的绝对领导。习近平总书记在《加快建设社会主义法治国家》一文中写道：“坚持党的领导，不是一句空的口号，必须具体体现在党领导立法、保证执法、支持司法、带头守法上。”[2]习近平总书记强调：“在坚持党对政法工作的领导这样的大是大非面前，一定要保持政治清醒和政治自觉，任何时候任何情况下都不能有丝毫动摇。我们既要坚持党对政法工作的领导不动摇，又要加强和改善党对政法工作的领导，不断提高党领导政法工作能力和水平。”[3]东西南北中，党是领导一切的，坚持党对司法工作的领导，不能含糊其词。

坚持党的领导与防止权力干预司法是统一的、不矛盾的。党和司法的关系必须是明确的，在实践中可以操作的。习近平总书记指出：“‘党大还是法大’是一个政治陷阱，是一个伪命题。对这个问题，我们不能含糊其词、语

[1] 习近平：《努力造就一支忠诚干净担当的高素质干部队伍》(2019年1月15日)，新华网，http://www.xinhuanet.com/politics/2019-01/15/c_1123994727.htm，最后访问日期：2019-1-17。

[2] 习近平：《习近平谈治国理政》(第二卷)，外文出版社2017年版，第114页。

[3] 习近平：《习近平关于全面依法治国论述摘编》，中央文献出版社2015年版，第20页。

焉不详，要明确予以回答。”[1]他说：“我们说不存在‘党大还是法大’的问题，是把党作为一个执政整体而言的，是指党的执政地位和领导地位而言的，具体到每个党政组织、每个领导干部，就必须服从和遵守宪法法律，就不能以党自居，就不能把党的领导作为个人以言代法、以权压法、徇私枉法的挡箭牌。”[2]归根结底，我们要解决的不是“党大还是法大的问题”，而是“权大还是法大”的问题。习近平总书记说：“如果说‘党大还是法大’是一个伪命题，那么对各级党政组织、各级领导干部来说，‘权大还是法大’则是一个真命题。纵观人类政治文明史，权力是一把双刃剑，在法治轨道上行使可以造福人民，在法律之外行使则必然祸害国家和人民。”[3]一言以蔽之，我们应当坚持党领导司法，但应当依法领导、按程序按规则落实党的领导，决不允许每个党政组织、每个领导干部非法干预司法，形成“权力案”。

党与司法的关系最终会体现在党组织与政法单位的关系上。2014 年 7 月，习近平总书记指出：“党委政法委是党委领导和管理政法工作的职能部门，是实现党对政法工作领导的重要组织形式。”[4]2019 年 1 月 15 日，他再次指出，“各级党组织和领导干部要支持政法单位开展工作，支持司法机关依法独立公正行使职权。各级党委政法委要把工作着力点放在把握政治方向、协调各方职能、统筹政法工作、建设政法队伍、督促依法履职、创造公正司法环境上，健全完善政治督察、综治督导、执法监督、纪律作风督查巡查等制度机制。”[5]在对待政法委的态度问题上，习近平总书记指出：“一些人把矛头对准党委政法委，要求取消党委政法委，就是想取消党对政法工作领导的制度。”[6]《中国共产党政法工作条例》第 13 条规定：“中央和地方各级党

[1] 习近平：《习近平关于全面依法治国论述摘编》，中央文献出版社 2015 年版，第 34 页。

[2] 习近平：《习近平关于全面依法治国论述摘编》，中央文献出版社 2015 年版，第 37 页。

[3] 习近平：《习近平关于全面依法治国论述摘编》，中央文献出版社 2015 年版，第 37～38 页。

[4] 习近平：《习近平关于全面依法治国论述摘编》，中央文献出版社 2015 年版，第 111 页。

[5] 习近平：“努力造就一支忠诚干净担当的高素质干部队伍”（2019 年 1 月 15 日），新华网，http://www.xinhuanet.com/politics/2019-01/15/c_1123994727.htm，最后访问日期：2019-1-17。

[6] 习近平：《习近平关于全面依法治国论述摘编》，中央文献出版社 2015 年版，第 112 页。

委政法委员会指导、支持、督促政法单位在宪法法律规定的职责范围内开展工作。”明确了政法委与政法单位职责范围内开展工作时的关系，即“指导、支持、督促”。

当然，政法委不能干预不等于不能关注个案。《中国共产党政法工作条例》第14条第3项规定，政法委应当“研究影响国家政治安全和社会稳定的重大事项或者重大案件，制定依法处理的原则、政策和措施”。也就是说，政法委对个案的作用是“制定依法处理的原则、政策和措施”，再由政法单位按法定的职权和程序处理决定，而不是由政法委直接处理、决定案件。

2014年1月7日，习近平总书记在中央政法工作会议上对政法委不能管什么和应当管什么都做了非常明确的指示。从不能管什么方面来看，他说：“党对政法工作的领导是管方向、管政策、管原则、管干部，不是包办具体事务，不要越俎代庖，领导干部更不能借党对政法工作的领导之名对司法机关工作进行不当干预。政法机关党组织要建立健全重大事项向党委报告制度、在执法司法中发挥政治核心作用制度、党组（党委）成员依照工作程序参与重要业务和重要决策制度，确保政法工作沿着正确方向前进。”[1]明确了两个“不”即“不是包办具体事务，不要越俎代庖”。

《中国共产党政法工作条例》对习近平总书记所说的政法单位党组的“政治核心作用”“依照工作程序参与重要业务和重要决策制度”都进行了规定。第15条规定：“政法单位党组（党委）在领导和组织开展政法工作中，应当把方向、管大局、保落实，发挥好领导作用。”第16条规定：“政法单位党组（党委）应当建立健全在执法办案中发挥领导作用制度、党组（党委）成员依照工作程序参与重要业务和重要决策制度。”强调了政法单位党组成员只能依照工作程序参与重要业务和重要决策制度，不能通过党组直接决定案件。

（三）加强司法队伍建设

习近平总书记指出：“我们的政法队伍主流是好的，是一支听党指挥、服务人民、能打硬仗、不怕牺牲的队伍，是一支党和人民完全可以信赖的有坚强战斗力的队伍。”[2]但是也存在一些问题。

---

[1] 习近平：《习近平关于全面依法治国论述摘编》，中央文献出版社2015年版，第111页。

[2] 习近平：《习近平谈治国理政》，外文出版社2017年版，第149页。

习近平总书记首先指出了政法队伍建设中存在的问题。在 2014 年 1 月 7 日中央政法工作会议上指出:“同面临的形势和任务相比,政法队伍能力水平还很不适应,‘追不上、打不赢、说不过、判不明’等问题还没有完全解决。”[1]“当前,干部队伍能力不足,‘本领恐慌’问题是比较突出的。比如,在纷繁复杂的形势变化面前,耳不聪、目不明,看不清发展趋势;面对信息化不断发展,不懂网络规律,走不好网上群众路线,管不好网络阵地,被网络舆论牵着鼻子走等。”[2]这些都说明了我们的司法队伍,尤其是干部队伍都存在着很大的问题,故而必须要把提高司法队伍的能力建设作为重中之重。

习近平总书记提出了政法队伍建设的目标。2013 年 1 月 7 日,习近平总书记在全国政法工作电视电话会议中就做好新形势下政法工作做出重要指示:“全国政法机关要顺应人民群众对公共安全、司法公正、权益保障的新期待,全力推进平安中国、法治中国、过硬队伍建设。”[3]这是习近平总书记首次对我国的司法队伍建设作出指示。也是在这次会议上,他还强调:“要按照政治过硬、业务过硬、责任过硬、纪律过硬、作风过硬的要求,努力建设一支信念坚定、执法为民、敢于担当、清正廉洁的政法队伍。”[4]明确了司法队伍建设的总目标。

习近平总书记提出了司法队伍建设的具体措施。首先,“要提高司法工作者公正司法能力,加强忠诚教育和职业培训,特别是要加强基层队伍建设,加强司法干部体制和经费保障体制建设,改善司法干部特别是基层司法干部工作生活条件,让他们更好履行职责”。[5] 其次,“必须把理想信念教育摆在政法队伍建设第一位,不断打牢高举旗帜、听党指挥、忠诚使命的思

---

[1] 习近平:《习近平关于全面依法治国论述摘编》,中央文献出版社 2015 年版,第 101 页。

[2] 习近平:《努力造就一支忠诚干净担当的高素质干部队伍》(2019 年 1 月 15 日),新华网,http://www.xinhuanet.com/politics/2019-01/15/c_1123994727.htm,最后访问日期:2019-1-17。

[3] 习近平:《就做好新形势下政法工作做出重要指示》,《人民日报》2013 年 1 月 8 日,01 版。

[4] 习近平:《习近平谈治国理政》,外文出版社 2017 年版,第 149 页。

[5] 记者:《习近平主持中共中央政治局第四次集体学习》(2013 年 2 月 23 日),人民网,http://cpc.people.com.cn/n/2013/0225/c64094-20583750.html,最后访问日期:2017-11-28。

想基础”。[1] 最后，“把强化公正廉洁的职业道德作为必修课，教育引导广大干警自觉用职业道德约束自己，认识到不公不廉是最大的耻辱，做到对群众深恶痛绝的事零容忍、对群众急需急盼的事零懈怠，树立惩恶扬善、执法如山的浩然正气”。[2]

习近平总书记对司法队伍管理和职业保障制度提出了要求。

在司法队伍管理方面。习近平总书记对司法队伍人才流失问题进行了深刻阐述：“我国把司法人员定位于公务员，实行基本相同的管理模式，公务员系统的行政职级晋升也同样适用于司法工作人员，因此，许多法官、检察官为了晋升行政职级，离开办案一线去非业务部门或者做管理工作。就目前看，全国法院系统有近三十四万人，但有法官资格的不到二十万人，在一线办案的更是不足十七万人；基层法官、检察官、人民警察不仅任务重、压力大，而且职级低、待遇差、发展空间有限，故而出现了辞职或调职的现象，这就造成司法系统内部人才的流失和断层。长此以往，专业队伍的形成、职业素质的提升、办案质量的保障都无从谈起”。[3] 这体现了习近平总书记对司法队伍管理中存在问题的深刻洞察。

在司法队伍的职业保障方面。习近平总书记指出：“政法队伍是和平年代奉献最多、牺牲最大的队伍。对这支特殊的队伍，要给予特殊的关爱，做到政治上激励、工作上鼓劲、待遇上保障、人文上关怀，千方百计帮助解决各种实际困难，让干警安身、安心、安业。”[4]“要提高司法工作者公正司法能力，需要加强司法干部体制和经费保障体制建设，改善司法干部特别是基层司法干部工作生活条件，让他们更好履行职责。”[5]“通过改革建立符合职业特点的司法人员管理制度，完善司法人员分类管理制度，建立法官、检察

---

[1] 习近平：《习近平关于全面依法治国论述摘编》，中央文献出版社2015年版，第100页。

[2] 习近平：《十八大以来重要文献选编》(上)，中央文献出版社2014年版，第718～719页。

[3] 习近平：《习近平关于全面依法治国论述摘编》，中央文献出版社2015年版，第102～103页。

[4] 习近平：《习近平在中央政法工作会议上的讲话》(2019年1月15日)。

[5] 记者：《习近平主持中共中央政治局第四次集体学习》(2013年2月23日)，人民网，http://cpc.people.com.cn/n/2013/0225/c64094-20583750.html，最后访问日期：2017-11-28。

官、人民警察专业职务序列及工资制度。”[1]加强司法队伍建设，不仅要从体制机制上进行整改，而且要注重对司法人员的职业保障，使司法人员拥有更好的工作条件和生活条件，不仅可以解决他们的后顾之忧，而且还能提高他们工作的积极性。习近平总书记还强调，各级党委要加强和改进对政法工作的领导，选好配强政法机关领导班子，及时研究解决政法队伍建设重大问题。要真情关心和爱护政法干警，建立健全职业保障制度，不断增强政法队伍创造力、凝聚力、战斗力。[2] 这体现了习近平总书记对政法干警的深厚感情、亲切关怀。良好的职业保障是政法工作健康发展的前提和基础，注重职业保障有利于稳定司法队伍、保障干警权利。

(四)构建阳光司法机制

2014 年 10 月 29 日，十八届四中全会《中共中央关于全面推进依法治国若干重大问题的决定》要求："构建开放、动态、透明、便民的阳光司法机制，推进审判公开、检务公开、警务公开、狱务公开，依法及时公开执法司法依据、程序、流程、结果和生效法律文书，杜绝暗箱操作。加强法律文书释法说理，建立生效法律文书统一上网和公开查询制度。”把构建阳光司法(司法公开)机制作为依法治国的重要内容，而这里的司法公开包括审判公开、检务公开、警务公开、狱务公开四大公开。

司法公开是为了保障人民知情权和监督权。2014 年 1 月 7 日，习近平总书记在中央政法工作会议上发表重要讲话时强调："要靠制度来保障，在执法办案各个环节都设置隔离墙、通上高压线，谁违反制度就要给予最严厉的处罚，构成犯罪的要依法追究刑事责任。要坚持以公开促公正、以透明保廉洁，增强主动公开、主动接受监督的意识，让暗箱操作没有空间，让司法腐败无法藏身。”[3]只有司法公开才能让正义以看得见的方式实现，才能让人民群众实实在在地在每一个司法案件中都感受到公平正义；只有司法公开，才能实现司法案件让人民参与、人民监督、人民评判，提高司法公信力。

司法公开应当坚持“最大限度公开原则”。习近平总书记指出："阳光是

[1] 习近平:《习近平关于全面依法治国论述摘编》，中央文献出版社 2015 年版，第 103 页。

[2] 记者:《习近平就政法队伍建设做出重要指示》(2016 年 4 月 25 日)，人民网，http://cpc.people.com.cn/n1/2016/0425/c64094-28303184.html，最后访问日期:2017-11-28。

[3] 习近平:《习近平谈治国理政》，外文出版社 2014 年版，第 147 页。

最好的防腐剂。权力运行不见阳光，或有选择地见阳光，公信力就无法树立。执法司法越公开，就越有权威和公信力。涉及老百姓利益的案件，有多少需要保密的？除法律规定的情形外，一般都要公开。要坚持以公开促公正、以透明保廉洁。要增强主动公开、主动接受监督的意识，完善机制、创新方式、畅通渠道，依法及时公开执法司法依据、程序、流程、结果和裁判文书。”[1]“一般都要公开”这一通俗的说法，正是国际通行的“最大限度公开原则”。为落实习近平总书记“一般都要公开”的理念，我国最高司法机关先后提出了“公开是原则，不公开是例外”的理念和机制。

习近平总书记还用很大的篇幅首次全面论述了“媒体与司法关系”这一前沿而现实的问题，他指出：

“现在，人人都有摄像机，人人都有麦克风，人人都可发消息，执法司法活动时刻处在公众视野里、媒体聚光灯下。一个时期以来，网上负面的政法舆情比较多，这其中既有执法司法工作本身的问题，也有一些媒体和当事人为了影响案件判决、炒作个案的问题。政法机关要自觉接受媒体监督，以正确方式及时告知执法司法工作情况，有针对性地加强舆论引导。新闻媒体要加强对执法司法工作的监督，但对执法部门的正确行动，要予以支持，加强解疑释惑，进行理性引导，不要人云亦云，更不要在不明就里的情况下横挑鼻子竖挑眼。要处理好监督和干预的关系，坚持社会效果第一，避免炒作渲染，防止在社会上造成恐慌，特别是要防止为不法分子提供效仿样本。”[2]

在习近平总书记近500字的媒体与司法关系的论述中，涉及媒体与司法关系规则的方方面面，概括起来：一是“执法司法活动时刻处在公众视野里、媒体聚光灯下”是新媒体时代的舆论特征；二是司法机关要及时回应社会关切；三是媒体要为执法司法机关行使职权营造良好舆论环境。

2014年10月23日，《中共中央关于全面推进依法治国若干重大问题的决定》首次将媒体与司法关系问题写入了党的文件：“司法机关要及时回应社会关切。规范媒体对案件的报道，防止舆论影响司法公正。”其内容正是表现为现代自媒体时代背景下，司法如何对待媒体监督、媒体如何报道司

---

[1] 习近平：《十八大以来重要文献选编》(上)，中央文献出版社2014年版，第720页。

[2] 习近平：《十八大以来重要文献选编》(上)，中央文献出版社2014年版，第723～724页。

法两个方面。

(五)加强反腐败国际司法合作

以习近平总书记为核心的党中央提出要“加强反腐败国际合作,加大海外追赃追逃、遣返引渡力度”[1],将追逃追赃纳入依法治国方略,显示了追逃追赃工作的重要性和紧迫性。

中央纪委国家监委网站披露,2014 年起,截至 2019 年 6 月 27 日,全国共追回外逃人员 5974 人,其中党员和国家工作人员 1425 人,“百名红通人员”59 人,追回赃款 142.48 亿元。[2] 反腐败追逃追赃已经取得了辉煌成果。

党的十八大以来,习近平总书记不仅在党内会议强调反腐败国际追逃追赃的重要性,还利用参加外事活动的机会,做出了 90 余次关于国际追逃追赃的重要阐述,推动了反腐败国际合作,取得了重大外交成果。[3] 另外,习近平总书记亲力亲为,在出访、出席国际会议、元首会谈、接受采访、发表演讲等重大外交活动中近百次谈论反腐败问题,一再阐释中国的理念和主张。[4] 党的十八届四中全会、十九大、十八届中央纪委多次会议以及十九届中央纪委三次全会对追逃追赃工作做出了重要部署。十八大以来,习近平总书记对追逃追赃的重大意义、基本政策以及具体措施进行了全面论述,对于追逃追赃工作起着根本指导作用。

习近平总书记论述了追逃追赃在两个方面的重大意义。

一是断绝腐败分子的后路。习近平总书记多次提到要加大追逃追赃力度、切断腐败分子后路。2014 年 10 月 9 日,他在十八届中央政治局常委会上指出:“加强追逃追赃工作是向腐败分子发出断其后路的强烈信号,能够

---

[1] 《中共中央关于全面推进依法治国若干重大问题的决定》(2014 年 10 月 28 日)。

[2] 中央反腐败协调小组国际追逃追赃工作办公室:《推动追逃追赃工作高质量发展 巩固发展反腐败斗争压倒性胜利》(2019 年 7 月 1 日),中国纪检监察杂志,http://www.ccdi.gov.cn/yaowen/201907/t20190701_196418.html,最后访问日期:2019-07-10。

[3] 陈雷:《深入学习习近平关于反腐败国际追逃追赃重要论述》(2018 年 7 月 26 日),中国纪检监察报,http://csr.mos.gov.cn/content/2018-07/26/content_65706.htm,最后访问日期:2019-01-21。

[4] 中央电视台:《〈红色通缉〉第一集〈引领〉解说词》(2019 年 1 月 10 日),央视网,http://news.cctv.com/2019/01/10/ARTIpiuiY10t9bAcTnjKEvi4190110.shtml,最后访问日期:2019-01- 25。

对腐败分子形成震慑，遏制腐败现象蔓延势头。随着反腐败力度不断加大，一些腐败分子把外逃作为后路。近期处理的这些案件，很多人都是以外逃作为后路，最后未遂，但都有这个打算的。所以要以零容忍态度惩治腐败，不管腐败分子跑到天涯海角，也要把他们绳之以法，决不能让其躲进‘避罪天堂’、逍遥法外。要把追逃追赃工作纳入党风廉政建设和反腐败斗争总体部署，把反腐败斗争引向深入。”[1]2016年1月12日，习近平总书记再次强调：“要加大国际追逃追赃力度。”[2]一些腐败分子外逃已经成为他们的最后出路。反腐败国际追逃追赃是构建不敢腐、不能腐、不想腐的体制机制的重要一环，也是治腐惩贪、威慑教育贪腐人员的措施和手段。

二是推动反腐败国际合作新秩序的建立。2016年1月12日，习近平在第十八届中央纪律检查委员会第六次全体会议上指出：“我们坚定不移反对腐败，使我们占据了国际道义制高点。我们主动提出一系列反腐败国际合作倡议，倡议构建国际反腐新秩序，特别是加大对美国等西方国家在反腐败合作方面的压力，要求他们不要成为腐败分子的‘避罪天堂’。原来他们认为那些犯罪嫌疑人是他们手中的牌，现在都成了手里的烫山芋。各方面对我们敢于向腐败亮剑是佩服的，我们的反腐行动赢得了国际社会尊重。”[3]党的十八大以来，中国倡导反腐败要尊重主权、尊重他国选择的反腐败道路，中国在各种国际和地区会议上主动设置反腐败议题，推动相关国际规则的完善，推动国际反腐败新秩序的建立。

习近平总书记关于追逃追赃的讲话中，提出追逃追赃应当坚持如下基本政策：

一是中央统一领导、统筹协调。习近平指出：“国家监察体制改革有利于加强党对反腐败工作的集中统一领导，有利于实现对公权力监督的全覆盖，有利于坚持标本兼治、巩固扩大反腐败斗争成果。”[4]我们要从政治和全局高度深刻领会党中央重大决策和战略意图，党中央集中统一领导反腐

[1] 中共中央纪律检查委员会，中共中央文献研究室编：《习近平关于党风廉政建设和反腐败斗争论述摘编》，中央文献出版社，中国方正出版社2015年版，第100页。

[2] 习近平：《在中国共产党第十八届中央纪律检查委员会第六次全体会议上的讲话》2016年1月12日。

[3] 习近平：《在中国共产党第十八届中央纪律检查委员会第六次全体会议上的讲话》2016年1月12日。

[4] 习近平：《在中共中央政治局第十一次集体学习时的讲话》2018年12月14日。

败工作是反腐败工作取得实效的重要保障。2017 年 1 月 20 日,王岐山同志要求:“中央反腐败协调小组加强组织协调,各成员单位密切协作,各地方相互协同、健全机制。”[1]中央反腐败协调小组坚决贯彻党中央决策部署,研究解决追逃追赃工作中的重大问题,建立健全集中统一、高效顺畅的协调机制。

二是搭建追逃追赃国际合作平台。习近平总书记强调:“要搭建追逃追赃国际合作平台。加大交涉力度,突破一批重点个案,使企图外逃分子丢掉幻想、望而却步。要加快与外逃目的地国签署引渡条约、建立执法合作。要继续推动在二十国集团、亚太经合组织、《联合国反腐败公约》等多边框架下加强追逃追赃国际合作。”[2]“要加强反腐败综合执法国际协作,强化对腐败犯罪分子的震慑。”[3]加强国际司法协助和执法合作是推动追逃追赃工作顺利进行的前提和基础。以习近平总书记为核心的党中央在各种场合都要求加强反腐败国际交流合作,不断加大国际追逃追赃力度。[4] 习近平总书记强调:“要加强对国际规则和国际组织情况的研究,深入了解和掌握有关国家的相关法律和引渡、遣返规则。要及时了解和掌握国际反腐败最新动态,提高追逃追赃工作的针对性。”[5]在双赢的前提下与其他国家签订司法协助、引渡条约,为正在进行的追逃追赃工作扫清国界障碍。

三是要以事实为依据、以法律为准绳。2015 年 10 月 18 日,习近平总书记要求:“中国司法机关在进行反腐败国际合作时,对具体案件都应该提供确凿证据。中国是一个法治国家,无论是在国内惩治腐败,还是开展反腐

---

[1] 王岐山:《在中国共产党第十八届中央纪律检查委员会第七次全体会议上的工作报告》2017 年 1 月 6 日,人民网,http://fanfu.people.com.cn/n1/2017/0120/c64371-29037389.html,最后访问日期:2018-12-07。

[2] 中共中央纪律检查委员会,中共中央文献研究室编:《习近平关于党风廉政建设和反腐败斗争论述摘编》,中央文献出版社,中国方正出版社 2015 年版,第 132 页。

[3] 习近平:《在中国共产党第十八届中央纪律检查委员会第六次全体会议上的讲话》2018 年 1 月 11 日。

[4] 徐玉生、陆奕君:《反腐败国际合作的中国经验及理路》,《青海社会科学》2018 年第 4 期。

[5] 中共中央纪律检查委员会,中共中央文献研究室编:《习近平关于党风廉政建设和反腐败斗争论述摘编》,中央文献出版社,中国方正出版社 2015 年版,第 101 页。

败国际合作，都依法办事，坚持以事实为依据、以法律为准绳。”[1]追逃追赃过程中，涉及国家之间的引渡条例与合作关系，反腐败追逃追赃要做到既不损害当事人合法权益与国际合作关系，也不放过任何一名外逃犯罪分子。

习近平总书记对追逃追赃工作的具体措施也作了详细的部署。

一是要追逃防逃两手抓。2017 年 1 月 6 日，习近平总书记在第十八届中央纪委七次全会上强调：“我们把追逃追赃纳入反腐败工作总体部署，开展天网行动，现在是打虎、拍蝇加猎狐，坚持防逃追逃两手抓。天网恢恢，疏而不漏。”[2]党的十八大以来，在党中央坚强领导下，各级党委落实全面从严治党主体责任，在加大追逃力度同时，也致力于构建不敢逃、不能逃的防逃机制。

二是要建立和完善外逃人员数据库。习近平总书记强调：“要强化基础工作，摸清外逃腐败分子底数，建立和完善外逃人员数据库。要建立统计数据动态更新机制，对外逃腐败分子的情况做到数字准、情况明，并及时上报中央。要对掌握的情况深入分析，从个案中发现规律，寻找一些途径和方法。”[3]2017 年 10 月 14 日，《十八届中央纪律检查委员会向中国共产党第十九次全国代表大会的工作报告》也再次强调要建立外逃人员数据库。建立从中央到县一级的外逃人员数据库。中央追逃办每月定期通报追逃追赃数据；省级追逃办及时汇总本地区追逃成果和在逃人员信息。规定凡外逃必上报，24 小时内必须完成上报工作。[4] 通过建立和完善外逃人员数据库，执法机关能够及时掌握外逃人员信息变动，在追逃追赃过程中迅速做出决策。

三是要通过媒体曝光外逃腐败分子。习近平总书记强调：“中央媒体要及时发声，揭露外逃腐败分子违纪违法、逃避惩罚的真面目。对一些证据确

---

[1] 李晓珍、施希茜：《这件事，总书记走到哪讲到哪！从国内讲到国际，越讲越坚决、越硬气、越深刻！》2016 年 2 月 17 日，中央纪委监察部网站，http://www.xinhuanet.com/politics/2016-02/17/c_128726817.htm，最后访问日期：2018-12-06。

[2] 习近平：《在第十八届中央纪委七次全会上的讲话》2017 年 1 月 6 日，中央广电总台央视新闻客户端，http://news.cri.cn/20190114/d826f5db-57ad-ae5e-191e-2e3f4c52ed8b.html，最后访问日期：2019-01-22。

[3] 中共中央纪律检查委员会、中共中央文献研究室编：《习近平关于党风廉政建设和反腐败斗争论述摘编》，中央文献出版社，中国方正出版社 2015 年版，第 131 页。

[4] 姜洁：《追逃 908 人　追赃 23 亿》，《人民日报》（海外版）2016 年 12 月 9 日，第 2 版。

凿、定性清晰的外逃腐败分子，可以考虑向全世界公布，点名道姓公开曝光，使之在世界任何一个角落都成为过街老鼠、人人喊打。这样威慑力就会更强。”[1]借助媒体发声，可以增强追逃追赃的力度，扩大追逃追赃的影响力，不仅震慑了外逃分子、实现了“决不让腐败分子逍遥法外”的誓言，还占据了国际道义制高点，达到了让腐败分子“成为过街老鼠”的目的。

习近平总书记指出：“近年来，党员干部携款外逃事件时有发生。有的腐败分子先是做‘裸官’，一有风吹草动，就逃之夭夭；有的跑到国外买豪车豪宅，挥金如土，逍遥法外；有的跑到国外摇身一变，参与当地选举。这些年，我们追回了一些重要外逃人员，但总体看，还是跑出去的多，抓回来的少，追逃工作还很艰巨。”[2]习近平总书记对追逃追赃工作的形势估计是冷静、客观的，追逃追赃工作任重而道远。

我国目前虽然与几十个国家签订了刑事司法协助条约或引渡条约，但是应当看到，这些国家大多数是发展中国家。2017 年 9 月，习近平主席在国际刑警组织第八十六届全体大会开幕式上提到：“法治是人类政治文明的重要成果，是现代社会治理的基本手段。国与国之间开展执法安全合作，既要遵守两国各自的法律规定，又要确保国际法平等统一适用，不能搞双重标准，更不能合则用、不合则弃。”“必须摈弃唯我独尊、损人利己、以邻为壑等狭隘思维。各方应该坚定奉行双赢、多赢、共赢理念，在谋求自身安全时兼顾他国安全，努力走出一条互利共赢的安全之路。”[3]然而，在现实生活中，有些发达国家把法律问题政治化，外逃腐败分子首选的西方发达国家，包括美国、加拿大、澳大利亚等国，虽然已经有一般司法协助条约和执法合作项目，但是，与它们签订引渡条约的工作推进困难，加强与西方发达国家的追逃追赃国际合作仍然是难题，需要加强外交谈判，推进合作共赢。

通过以上的研究我们可以看出，习近平总书记关于司法的重要论述涉及了司法工作和司法改革的方方面面，已经形成了系统的司法基本理念和

---

[1] 中共中央纪律检查委员会、中共中央文献研究室编：《习近平关于党风廉政建设和反腐败斗争论述摘编》，中央文献出版社，中国方正出版社 2015 年版，第 101 页。

[2] 中共中央纪律检查委员会、中共中央文献研究室编：《习近平关于党风廉政建设和反腐败斗争论述摘编》，中央文献出版社、中国方正出版社 2015 年版，第 23 页。

[3] 习近平：《坚持合作创新法治共赢　携手开展全球安全治理——在国际刑警组织第八十六届全体大会开幕式上的主旨演讲》，《人民日报》（海外版）2017 年 09 月 27 日，第 2 版。

司法改革理论。习近平总书记指出:“我们必须在理论上跟上时代,不断认识规律,不断推进理论创新、实践创新、制度创新。”[1]对习近平总书记关于司法的重要论述,我们也应当系统学、跟进学、联系实际学,以习近平总书记关于司法的重要论述为指导,在司法建设和司法改革中进行理论创新、实践创新、制度创新。

[1] 习近平:《中国共产党第十九次全国代表大会报告》2017年10月18日。

将来给付之诉的诉之利益

——基于日本立法、理论与判例的考察

廖中洪* 杨 富**

摘要:将来给付之诉的诉之利益,既是确定将来给付之诉是否能够成立的前提条件,也是一个十分抽象以及难以衡量与判断的问题。日本不仅从立法上对于将来给付之诉做出了明确规定,理论上对于将来给付之诉及其诉之利益做了较为深入的研究,而且在司法实践中通过司法判例的形式,对于将来给付之诉中诉之利益的认定也提出了一些具有参考价值的标准。

关键词:将来给付之诉;诉之利益;日本立法;理论;司法判例

将来给付之诉,作为弥补现在给付之诉须于请求权可以实现且被告仍不履行时才能进行的诉讼,由于现在给付之诉存在可能导致原告权利实现时机延滞甚至丧失的缺点,在请求权未能实现前即预为判决,不仅可以在一定程度上督促被告适时履行或采取防止、减少损害的措施,而且也具有预防纷争、减少摩擦的功能。然而作为被告的债务人而言,履行期还未到来就必须面对债权人提起的诉讼,无疑会对其造成额外的负担,即必然致使被告受到相当的不利益。如果债务人本来就有适时履行的打算,这种负担就显得更加难以接受,债务人也没有承受此种负担的合理性。从法院方面来看,本来债务人主动履行到期债务,债权债务关系即归于消灭,那么根本就不存在争讼的必要,债权人的起诉只是徒耗诉讼资源而已。因此,对于将来给付之诉而言,基于对"(原告)预先请求的必要性""避免被告无端应诉的不当负担""排除国家司法资源的浪费"等诸多因素的考量,提起将来给付之诉必须

* 廖中洪,西南政法大学法学院教授,博士生导师。

** 杨富,西南政法大学硕士研究生。

具备一定的条件,便成为兼顾两造之间利益均衡的必然。[1]

日本民事诉讼理论上,"若预先主张应在将来(准确地说,应在该诉讼口头辩论终结之后)实现的给付义务,则为将来给付之诉"。[2] 将来给付之诉,作为给付请求权的履行期限在法庭辩论终结前尚未到来的诉讼[3],由于履行条件尚未成就,即履行期限尚未到来,为了保证司法裁判的确定性、实效性与严肃性,日本不仅在民事诉讼程序立法上,对将来给付之诉的司法适用作严格规定,即将来给付之诉必须具备诉之利益,而且理论上认为,"所谓的诉之利益是为了考量'具体请求的内容是否具有进行本案判决之必要性及实际上的效果(实效性)'而设置的一个要件"。即"诉之利益是以'通过本案判决使纠纷得以实效性地解决'为内容,当事人欠缺此种利益时,起诉则会遭到法院驳回的诉讼要件"。[4] 换言之,对于将来给付之诉而言,诉之利益是其司法适用的必要条件及其前提条件,不具备这一法定条件的诉讼则不能适用将来给付之诉。然而,什么是将来给付之诉的诉之利益?怎样识别、衡量、判断与确定将来给付之诉的诉之利益,作为一个十分抽象又难以确定的问题,日本的立法、理论与判例展示了这一问题。

一、日本有关将来给付之诉的立法

日本最初颁布的民事诉讼法,即1890年的《日本民事诉讼法》作为仿照德国的立法,与1877年《德国民事诉讼法》一样没有关于将来给付之诉的明文规定。日本现行民事诉讼法关于将来给付之诉的法条规定,不仅基本上

[1] 吕太郎:《将来给付之诉》,载《台湾本土法学杂志》2000年第17期。

[2] [日]新堂幸司著:《新民事诉讼法》,林剑锋译,法律出版社2008年版,第147页。

[3] 对于将来给付之诉,目前学术上存在不同的认识,国内有学者不是以给付请求权的履行期限是否在法庭辩论终结以前届满为标准,来划分现在给付之诉与将来给付之诉,而是以法庭判决履行给付请求的时间为标准来划分两者。即现在给付之诉,是指给付之诉的判决生效后,具有给付义务的人必须立即履行的诉讼;而将来给付之诉,是指在给付判决生效以后,具有给付之诉义务的当事人无需立即履行义务,而是在履行期限届满或者具备履行条件时,才履行给付义务之诉。(参见张卫平著:《民事诉讼法》,法律出版社2016年版,第187页)。本文在将来给付之诉的概念上采用的是大陆法系的通说,即以给付请求权的履行期限在法庭辩论终结以前尚未届满为标准,来确定将来给付之诉的。

[4] [日]高桥宏志:《民事诉讼法制度与理论的深层分析》,法律出版社2003年版,第281页。

沿用了旧民诉法里有关将来给付之诉法条规定的术语，而且，日本现行民诉法第135条“有预先请求必要的情况”的规定被认为是包含了德国民事诉讼法典中关于将来给付之诉的三种形态。[1] 换言之，不仅德国民事诉讼法典中规定的只附预定确定期限的请求权和抚养费请求权那样的反复给付请求权，是包含在日本民事诉讼法第135条的内容以内的，而且，要求金钱支付、物的交付和转让以及不作为等的请求也都可以提起将来给付之诉的诉讼。[2]

在日本民事诉讼中，按照《日本民诉法》第135条的规定，虽然文字上对于诉之利益的确认仅“有预先请求必要的情况”这一标准，然而，由于这一标准是根据被主张的请求义务的性质与内容、债务人（被告）的态度等来进行具体的判断，因而诉的利益受到确认的典型案例也包括了以定期行为（《日本民法》第542条）和抚养费为代表的情形，即如果债务人迟延履行将会对债权人造成巨大损害的场合，和存在着诸如对是否存在债务进行争议，以及在履行期到来时或者条件成就时难以期待债务人主动履行的情形。[3]

同时，除了“必要性”的有关规定以外，“盖然性”也被视为一个不容忽视的内容。虽然“盖然性”不能从该条文的文义中直接导出，但是，如果将来给付之诉不具备将来实现化的高度盖然性，逻辑上看对将来给付之诉予以确认的“必要性”应当说也是不存在的。所以，就《日本现行民诉法》第135条规定的内容来看，应当说“盖然性”要件其实在本质上是内含于该条文义之中的。换言之，在日本立法上“盖然性”不仅被认为是“必要性”要件的一部分，而且“盖然性”也是考量将来给付之诉是否存在诉之利益的要件之一。申言之，就日本民事诉讼法第135条的文义及其内容而言，日本立法上有关将来给付之诉中诉之利益的判断标准，包含了“盖然性”与“必要性”两个基本标准。

---

[1] [日]齐藤秀夫编：《注解民事诉讼法（4）》，第一法规出版株式会社1975年版，第77页（林屋礼二执笔部分）；新堂、福永编：《注释民事诉讼法（5）》，有斐阁1998年版，第121页（上原敏夫执笔部分）。

[2] [日]贺集唱、松本博之等编：《基本法注释民事诉讼法2》，日本评论社2007年第3版，第20页（松本博之执笔部分）。

[3] [日]贺集唱、松本博之等编：《基本法注释民事诉讼法2》，日本评论社2007年第3版，第21页（松本博之执笔部分）。

二、日本有关将来给付之诉的理论

从日本学理认识的角度上看，“民事诉讼只不过是请求权在裁判上的行使，该请求权的行使主体和时期等都应该以实体法的规定为准”的观点[1]，作为最初较为普遍的学理认识，1890 年日本民事诉讼法对于将来给付之诉是没有具体、明确规定的。虽然由于司法实务中确实存在着适用的必要性，日本司法实践中以旧民事诉讼法第 529 条(附期限请求权)[2]，第 518 条(附条件请求权)，[3]以及第 501 条第 5 项(以定期给付为目的的债务)等对启动执行程序的要件和赋予执行文的要件作有规定的条文为根据，[4]对请求权中救济期限尚未到来的部分所提出的请求是容许的。[5] 但是，对于履行期未到来的请求权能否作为给付之诉标的问题的认识，终究存在着争议。[6]

1926 年日本对民事诉讼法进行修改时，学理上有观点认为“在将来给付请求权提出之时存在履行期即将到来而债务人又有不履行之虞的情况时，仍然要求债权人在履行期到来之后再向法院提出诉讼不免过于残

[1] [日]雉本朗造:《将来给付之诉》，载雉本朗造:《民事诉讼法论文集》，内外出版株式会社 1929 年版，第 166～167 页。

[2] 日本 1890 年(明治二十三年)《民事诉讼法》第 529 条:请求的主张以一定时日之到来为条件者，该时日到来之后始得开始强制执行。若执行债权人提供了保证，并且对该保证进行了公证，且公证文书的副本已经送达或者同时送达，可以启动执行程序。

[3] 日本 1890 年(明治二十三年)《民事诉讼法》第 518 条:有执行力的判决书正本在判决确定之时或者假执行宣告之时始得赋予之。判决的执行需要达成以除提供符合其趣旨的保证外的其他条件的，债务人得以证明书对该条件的履行予以证明之时，有执行力的判决书正本始得赋予之。

[4] 日本 1890 年(明治二十三年)《民事诉讼法》第 501 条:以下判决的赋予得以职权进行假执行得宣告:第 5 判决宣告支付抚养费得义务，但以起诉之后以及起诉之前的最后三个月的期间为限(虽然存在 501 条第 6 项的规定，501 条第 5 项也不存在错误)。

[5] [日] 松本博之、河野正宪等编:《民事诉讼法(大正修正案编)》(4)，信山出版社 1993 年版，第 197 页;细野长良:《民事诉讼法要义》，严松堂书店 1931 年版，第 21 页;山内确三郎:《民事诉讼法的修正》，信山出版社 2009 年版，第 9～11 页。

[6] [日]细野长良:《民事诉讼法要义》，严松堂书店 1931 年版，第 20 页;山内确三郎:《民事诉讼法的修正》，信山出版社 2009 年版，第 9 页。

酷"[1],即应该允许债权人提出将来给付之诉。而将来给付之诉中,虽然附期限请求权和附条件请求权是最为典型的情况,同时,也存在以请求不作为的请求权提起诉讼的情况。为此,有观点认为学理上应当承认将来给付之诉的请求权,尤其是请求在将来某一时间点不可以为何种行为的条件下,如果不承认将来给付之诉就无法提出这种诉求。由此,将来给付之诉的观念逐渐在日本学理上得到认可。[2]

日本学理上对于将来给付之诉的认可,为将来给付之诉的立法确立提供了理论论证。在"民事诉讼法修正调查委员会速录"中,松冈义正就曾经指出:"将来给付之诉,即便请求现金不能得到支持,但存在请求必要的场合下能够提起诉讼,权利保护的目的能够得到充分满足,从这一方面来看,设置这一条文的理由是充足的。"同时,松冈义正针对铃木喜三郎发出的,"存在预为请求之必要的场合"具体而言是指的何种场合的质疑时指出:"例如,因作为外国人的债务人因即将归国而可能导致于将来提起诉讼的困难,故准许预先提起诉讼。"这些观点较为突出的代表了日本学理上对于将来给付之诉的认同。日本议会对立法议案进行审议所发布的《民事诉讼法修正法律案理由书(司法省藏版)》中也指出:"具备提起将来给付之诉之必要的场合不在少数,现行法(日本旧民事诉讼法)对于此种诉的容许在趣旨上持否定倾向,而在法律明文上则不存在这样的疑义。是故,依本条而对此予以明定"的说明,为日本立法上将来给付之诉的法律规定提供了理论上的论证。

三、日本有关将来给付之诉的判例

将来给付之诉的诉之利益作为一个十分抽象的概念,由丁其抽象性和不明确性,在面对实务中不同类型的将来给付诉讼间千差万别的案情时,如果没有明确、具体的识别标准必然会难以适从。换言之,对于将给付之诉的诉之利益的认识不应该仅仅停留在抽象的理论层面,从司法裁判的角度上看,应该具有明确、具体的衡量、判断标准。日本从司法裁判上对于将来给付之诉的诉之利益,就提出了一些可资借鉴的衡量与判断识别的标准。下

[1] [日]细野长良:《民事诉讼法要义》,严松堂书店 1931 年版,第 20 页;山内确三郎:《民事诉讼法的修正》,信山出版社 2009 年版,第 23 页。

[2] [日]雉本朗造:《民事诉讼法论文集》,内外出版株式会社 1929 年版,第 170 页。

面以一起押金返还案为例。

甲与案外人乙于昭和 56 年(1981 年)3 月 9 日,就乙所有的房屋达成了月租 10 万日元的房屋租赁合同。在租赁合同达成之时,为了对该合同所形成的债务提供担保,甲向乙交付了 400 万日元作为押金。同时,甲、乙双方合意达成了合同结束时将最高折旧两成后的押金,即 320 万日元返还给甲的押金条款。[1] 其后,丙于昭和 57 年(1982 年)2 月 2 日从乙处取得了该房屋的所有权。平成 57 年 6 月 22 日,丙针对甲申请了增加租金的调停。[2] 在该调停程序中,丙否定了收到甲提供的押金一事,并且在此基础之上主张自己没有向甲返还押金的义务。因此,在租赁合同尚未结束之时,甲即针对丙提起了诉讼,要求返还押金。[3]

在该判例中,原告提出的本来是请求确认丙负有向其返还押金义务的确认之诉,其诉的利益也没有在该判例中被当作争议焦点。但是,如前述案情那样,若原告为了获得有执行力的给付判决而提起给付之诉,请求丙向其履行返还押金的义务,而非确认该义务存在,则法官必然将面临一个棘手的难题,即甲所提起的将来给付之诉是否应该被受理,换言之,该将来给付之诉是否具备诉之利益?

就将来给付之诉的诉之利益而言,从日本司法的角度上看主要涉及的是两方面的问题:一个是请求权是否适格的问题;另一个是将来给付之诉诉之利益的衡量、判断问题,即司法实践中应当根据那些要件来判断是否存在将来给付之诉的诉之利益问题。

所谓请求权是否适格,指的是判断原告主张的请求权的性质及内容是否与将来给付之诉相适应的问题。[4] 对于该问题,日本在学说中存在着不同意见,其分歧在于,请求权适格要件在其与将来给付之诉利益之间的关系中,应当被赋予什么样的地位?具体而言,请求权适格这样的实体法要件和

---

[1] 在日本有不少关于押金条款(即关于押金的特别约定,日语里为“敷引特约”)有效性的论述,可以参考園部厚:『わかりやすい敷金返還紛争解決の手引』,《民事法研究会》2009 年版,第 24 页。

[2] 日本一种民事纠纷解决方法,即纠纷双方当事人在第三方介入情况下谈判,以达成和解。日本为此专门颁布法律、设立机构,比如得到广泛运用的关于不动产租赁的民事调停、离婚和遗产方面的家事调停等。

[3] 该案例系从日本判例“最判平成 11 年 1 月 21 日民集 54 卷 1 号 1 页”中整理、改编而来。

[4] [日]伊藤真:《将来给付》,《判例时报 1025 号》1982 年版,第 24 页。

诉之利益这样的诉讼法要件是需要同时具备才能构成诉的适法性，还是在一定场合下不需要具备实体法要件，只要具备诉讼法要件就可以对其作出本案判决？对于此问题虽然理论观点上存在分歧，但是学理上普遍认为，对于请求权适格在与将来给付之诉的利益的关系中应该被置于什么样的地位，仅仅考虑将来给付之诉的目的是不够的，它需要在对于诉的类型、诉的利益的本质乃至是民事诉讼的目的等问题进行系统考量的基础上才能得出结论。为此，在对将来给付之诉的适法性进行判断的时候，从请求权的性质到特点以及多方位都必须被考虑到的角度上看，根据研究与说明方法的不同而得出不同的评价与结论是可能的。

在大阪国际空港周边的居民，以日本国为被告提出的要求禁止飞机起飞和损害赔偿等大阪国际空港案件上告审判决中[1]，日本最高裁判所大法庭指出，将来给付之诉是以诸如附期限请求权和附条件请求权这样的，“已经存在着作为权利发生基础的事实关系和法律关系，但是以此为基础的具体的给付义务的成立还有赖于一定期间的到来或者不需要债权人再行举证或易于举证的事实的发生，将来具体的给付义务成立之时，若再次进行诉讼债权人无须对上述请求权的所有要件的存在都进行举证”[2]的请求权。在此基础之上，日本民事司法实践中鉴于以持续性不法为基础的损害赔偿请求权，与房屋租赁合同结束之后主张金额相当于相应租金的损害赔偿金相似，和请求权的基础事实关系和法律关系已经存在，以及侵权行为在未来仍将继续存在的情况可以预测等等因素上的考量，认为虽然存在请求权成立与否及其内容会不会在将来发生，对作为占有债务人有利的情势变更无法进行准确预测的事由，但是，由于请求异议之诉（日本民事执行法第 35 条）的存在，即在未来只要通过证明这些产生情势变更的事实的发生就可以阻却执行程序的进行，因而，在这种情形条件下应该容许提起将来给付之诉，即对于这种类型的请求权原则上可以提起诉讼。

日本最判昭和三十九年（1964 年）9 月 8 日民集 18 卷 7 号 1 判例，在驳

[1] [日]长谷部由起子：“本案判评”，《民事诉讼法判例百选》第 4 版，2010 年版，第 50 页以后；笠井正俊：“本案评判”，《民事诉讼法判例百选》第 3 版，2003 年版，第 58 页以后；川崎四郎：“本案评判”，《法学教室 221 号》1999 年版，第 39 页以后；松浦馨：“本案评判”，《民事诉讼法判例百选Ⅰ》1998 年版，第 138 页。

[2] [日]高桥宏志著：《重点讲义民事诉讼法（上）》，林剑锋译，有斐阁 2011 年版，第 293 页。

回作为土地出卖方的被告所提出的上告的判决中也认为，原告有预先提出请求的必要。[1] 虽然该判决认为："该条件的成就能否得到确定的问题，是否存在所有权转移登记的将来给付义务的问题，以及有无预为请求之必要的问题，这三者之间密不可分的关系不能视而不见，但却找不到法律条文上的根据。"换言之，在获得行政长官的许可的可能性完全不存在的场合下对请求予以认可虽然存在一定的问题，但是判决也提出："只要有获得该许可的可能性，在以此为条件的将来履行的请求中，就一定有必要对该可能性的大小进行考量"的见解，以此为根据，判决做出了"就算原告获得了胜诉判决，在将来如果不能得到行政长官的许可，其从胜诉判决中得到的实际利益仍将归于无，而对于对方卖主来说，该确定判决的存在也不过是一个无关痛痒的存在而已"的结论。[2] 换言之，接受此番见解的学说认为，提出附条件请求权的将来给付之诉，在条件成就可能性不高但并非不是全无可能的状况下，对其适法性应当予以更加宽泛的考量。[3]

在日本的司法实务中，不仅普遍认为大阪国际空港案中提出的请求权适格，与将来给付之诉的诉之利益在以持续性不法行为为基础的将来损害赔偿请求中存在，[4]而且对于将来不当得利返还请求，[5]以及将来建筑物转让请求，[6]都是可以据此，即以此为基准对诉的适法性进行判断的。

所谓衡量、判断将来给付之诉的诉之利益的要件，指的是根据哪些标准、条件来衡量、确定将来给付之诉是否具备诉之利益的问题。对于这一问题，日本司法判例不仅确定了"诉讼请求的特定性""条件成就的可能性""请

---

[1] [日]泽井种雄："案例判评"，《民商法杂志》，第52卷，1965年版，第595页以后。

[2] [日]泽井种雄："案例判评"，《民商法杂志》，第52卷，1965年版，第595页以后。

[3] 内山衛次："将来の給付の訴え"，福永有利、井上治典ほか編：『民事訴訟法の史的展開 鈴木正裕先生古稀祝賀』，有斐阁2002年版，第126页。

[4] 同样作为飞机噪音案件：日本最判1993年(平成五年)2月25日民集47卷2号643页，最判2007年平成十九年)5月29日集民224号117页；作为飞机以外的噪音案件：名古屋高判1985年(昭和六十年)4月12日下级裁判所民事裁判例集34卷1～4号461页(东海道新干线公害案件)，大阪高判1992年(平成四年)2月20日民集49卷7号2409页(国道43号线案件)。

[5] 最判1988年(昭和六十三年)3月31日集民，153号，第627页；最判2000年(平成十二年)1月27日民集，54卷1号，第1页；最判2012年(平成二十四年)12月21日判时，2175号，第20页。

[6] 东京地判1994年(平成六年)8月29日判时，1534号，74页；东京地判1991年(平成三年)3月31日判时，1027号，第281页。

求权能够在判决主文中具体化的盖然性”三个基本衡量、判断要件，而且这三个要件也被视为了司法实务中法官自由心证，以及在将来给付之诉的诉之利益确定中应该加以考虑的基本标准。换言之，诉讼中欠缺任意一个要件，都应该以将来给付之诉不适法而驳回起诉。

所谓诉讼请求的特定性，是从确认之诉和给付之诉的差异中得出来的要件。由于将来给付之诉属于给付之诉中的一种，所以作为诉状必须记载的事项，请求给付具体行为的内容和具体的金额都应该在诉状中予以特定。[1] 从历史发展的角度上看，这一要件首先出现于德国联邦普通最高裁判所 Urt.v.14.12.1998＝NJW 1999，954 案中，其后日本判例和学说中才提出了这一问题。这一要件的基本意义在于，如果原告提起给付之诉请求的是金钱给付，那么所请求的金额就应当彻底地特定化，如果请求的金额不特定即处于不明确的状态，则不能做出本案判决。[2]

在德国民诉法中，虽然德国民事诉讼法典第 259 条，本身就是有关提起将来给付之诉时应该具备请求特定可能性的要求。但是如果对德国判例进行具体的研究则会发现，该要件实际上与日本诉讼请求的特定性是存在差别的。换言之，德国法中所谓的特定可能性包括了条件成就可能性，以及请求权能够在判决主文中具体化的盖然性两层意思。

由于给付之诉与确认之诉不同，确认之诉是为了获得判决既判力以使有争议的法律关系重新归于确定的诉，因而，即使赔偿金额和支付方法不能具体化，而使得作为确认对象的给付请求权变得不明确，也不会对确认利益构成妨碍。[3] 然而，给付之诉不同，尤其是在请求履行金钱债务的给付之诉时，同德国联邦普通最高裁判所 Urt.v.14.12.1998＝NJW1999，954 案例中的争议焦点一样，原告请求被告赔偿的金额必须在诉状中特定化。这种特定化不仅在审判程序中起着明确争议对象的作用，而且在执行程序阶段也起着明确被告义务范围的作用。为此，作为原告要求将来给付金钱的诉讼为了明确请求的范围，在诉状中的诉讼请求部分对给付金额进行具体的

---

[1] [日]贺集唱、松本博之等编：《基本法注释民事诉讼法 2》（第 3 版），日本评论社 2007 年版，第 10 页（加藤新太郎执笔部分）。

[2] 最判 1952 年（昭和二十七年）12 月 25 日民集 6 卷 12 号 1282 页，大阪国际空港案 12 月 16 日民集 35 卷 10 号 1369 页。

[3] [日]滝澤孝臣编：《判例展望民事法Ⅲ》，判例タイムズ社，2009 年版，第 183 页（内山真理子执笔部分）。

表述，就成了一个十分必要的条件。

所谓条件成就的可能性，指的是在将来给付之诉中，请求权所附条件必须具有成就的可能性。这是日本最判昭和六十三年(1988年)10月21日判例时报1311号判例中提出来的要件。按照这一要件的基本含义，在将来给付之诉中主张附条件的给付请求权时，其条件的成就必须具备实现的可能性。日本司法实践中提出的这一要件与德国判例RG，Urt.v.14.8.1941＝RGZ169，321中所提出的请求特定可能性要件，是有所不同的。德国判了中提出的请求特定可能性要件，在含义上包括了条件成就可能性与请求权能够在判决主文中具体化盖然性的两个方面。换言之，成就可能性要件与请求的特定可能性要件是有所不同的。日本最判昭和六十三年(1988年)10月21日判例时报1311号判例，就是因为不具备条件成就可能性要件而被判定为不具备诉的利益。

在所谓条件成就的可能性中，从司法实践的角度上，最为关键的问题不在于是否存在条件成就的可能性，而在于条件成就的可能性达到何种程度时其诉的利益才能得到确认。从日本司法判例的情况来看，普遍认为如果条件未成就，则原告无法申请强制执行，因而也不必让被告承担提起请求异议之诉的负担。如果条件成就的可能性很低但是又不至于完全没有，则应当对诉的利益进行较为宽泛的认定。[1] 虽然这样的观点在日本司法实践中具有普遍性，但是，如果条件成就的可能性以及权利的实际行使可能性非常低，不仅诉讼极有可能成为"徒劳的诉讼"，对于被告来说这样的诉讼也将徒增负担，对于法院则浪费诉讼资源。因此，日本司法诉讼中虽然不要求条件成就可能性达到十之八九这样的高度，但是，如果用百分比来表示的话，达到50%以上的可能性也是必须的。换言之，所谓条件成就的可能性是存在一定标准与限度的。这种标准与限度从百分比的角度上看，通常是以50%为界，换言之，低于50%则被视为不具备条件成就的可能性。

所谓请求权能够在判决主文中具体化的盖然性，是从大阪国际机场案和最大判昭和六十三年案中得出来的要件，也是参考大阪国际机场案中所提出的请求权适格要件。在德国RG，Urt.v.14.8.1941＝RGZ 169，321判例中也提到了同样的要件。这种盖然性是站在比条件成就的可能性更高的角

[1] [日]内山卫次："将来の給付の訴え"，福永有利、井上治典ほか编：《民事訴訟法の史的展開：鈴木正裕先生古稀祝賀》，有斐阁2002年版，第212页以后。

度提出的。由于既判力的客观范围以及其后的强制执行的范围都是由判决主文来确定的，如果条件没有成就则不能启动执行程序实现请求权，请求权无法实现的负担只能由原告（申请执行人）来负担。但是，如果无法在判决主文的内容中对请求权进行具体化，不仅原告，而且被告也要承担一定的负担，即被告有可能不得不提起请求异议之诉以对该确认之诉予以变更。

以请求返还履行期未到来押金的诉讼为例，在履行期尚未到来时，只是原告不能提出强制执行申请而已，就算押金返还请求权的履行期已经到来，在口头辩论结束时为止，以审理为基础所作出的判决主文中，表述的金额在宣判后实际存留的押金的金额没有减少，被告方也可以提起请求异议之诉以终止强制执行。这一点与在大阪国际机场案中的问题一样，为了保护被告利益，确定请求权能够在判决主文中的具体化具有高度盖然性是十分必要的。这一要件不仅是为了防止滥诉与司法资源的浪费，也是为了保护被告利益所必需的一个要件。这就是说，如果请求权能够在判决主文中具体化的盖然性很低，或者原告提起的将来给付请求权无法确定可预见将来现实化的"盖然性"，其必然也无法在诉状中被特定。反之，若原告可以在诉状中对其诉讼请求特定化，则该将来给付之诉与将来现实化的"盖然性"是很容易得到确认的。由此也可以说，该"诉讼请求的特定性"要件与"盖然性"标准在一定程度上存在着一种前者为"表"后者为"里"的内在联系。如果这两个要件都不具备，则做出的将来给付判决必然是一种流于"徒劳诉讼"的判决。对于法院而言这样的判决不仅浪费审判资源，也无益于纠纷的解决。

在日本民事诉讼中，上述三个要件作为将来给付之诉中对于诉的利益进行判断时需要同时考虑的要件，以及对法官自由心证的要求，司法实践中欠缺任意一个要件，法官都可以因将来给付之诉不合法而驳回起诉。

以前述有关押金返还案为例，在该案例中需要成就的条件是"涉案房屋租赁合同达成之时交付的 320 万日元的现金在扣除契约所约定的债务额之后仍有剩余"，即该条件在涉案契约上的债务额低于 320 万日元的场合。一般而言，押金理当用来扣除房屋租赁合同上的债务额，支付租赁标的物的毁损、灭失带来的损害赔偿金[1]，而其中占较大比重的应当是所欠租金和合同结束后的损害赔偿金。因此，就请求的特定性要件而言是可以得到确认的，因为押金返还请求权属于金钱债权，所以要求在诉状中必须清楚地对具

[1] [日]品川孝次:《契約法上卷》補正版，青林書院 1995 年版，第 276 页。

体的金额予以表述。从该案例的事实来看，原告最高320万日元的押金返还请求权存在的可能性是很明显的。[1] 对于该320万日元的金额来说，确实附了“最高”这样一种条件。虽然在提起给付之诉之时请求权的最高额以及请求得到认可的可能性并不高，但是主张最高额的请求还是普遍性地存在，所以附加这样的条件并不影响对特定性的判断。因此，原告在诉状中对请求返还的押金进行最高额的表述无可厚非，其请求已经十分特定。

但是，从条件成就的可能性要件来看则应当别论了，在押金返还请求权诉讼中，需要成就的条件是“涉案房屋租赁合同达成之时交付的320万日元的现金在扣除契约所约定的债务额之后仍有剩余”，即该条件在涉案契约上的债务额低于320万日元的场合下即达成。而且，一般而言，押金理当用来扣除房屋租赁合同上的债务额，支付租赁标的物的毁损、灭失带来的损害赔偿金，[2]而其中占较大比重的应当是所欠租金和合同结束后的损害赔偿金。由于该案在将来腾让房屋之后，不存在欠付租金和损害赔偿金等房屋租赁合同上的债务，或者这样的债务额低于320万元的事实。为此，该案在事实审的口头辩论结束时能否确定具备条件成就的可能性就成了一个需要研究的问题。换言之，即便原告起诉之时仍在按照约定支付租金，但仅仅据此就对原告以后会继续按约定支付租金进行确实的判断是不可能的。因为，虽然原告按约定支付租金直到合同结束时的可能性也不是没有，但基于现实社会工作中当事人被解雇导致的收入减少、企业经营恶化等原因而迟延支付租金的情况是不得不加以考虑的因素，以及因房屋的毁损、灭失而产生的损害赔偿额也只有在房屋租赁合同结束之后才能被确定。因此，关于押金剩余额的多少在相当程度上是无法确定的。所以，按照日本司法实践中有关条件成就可能性的衡量、判断标准，对于该案而言是难以确定条件成就的可能性的。换言之，如果该案条件成就可能性被认可，虽然在实践中像“对原告剩余的债务予以履行”条件成就的前提情形是可以列举出来的，如果对处于此种情形下的原告的意思予以合理的解释，原告对剩余的债务适时履行进而能够实际性地行使自己的给付请求权也是具有可能性的。即在押金尚存余留，又不存在不履行债务的行为，在此基础之上进行评价的可能

[1] 作为参考，最判1999年(平成十一年)1月21日民集54卷1号1页中，原告在请求的趣旨中对“将根据预先签订的敷引特约抵销的80万日元从所主张的金额中予以扣除”进行了表示，因此可以认为320万日元的返还请求乃是原告的意思表示。

[2] [日]品川孝次：《契約法上巻》補正版，青林書院1995年版，第276页。

是存在的。然而，正如之前所言，押金返还请求权不仅受到租赁标的物的毁损、灭失那样行为的影响，还受到其他方面诸多客观因素的左右。因此，很难仅仅凭借行为人自身行为这一点就对条件成就的可能性予以认可。

从请求权能够在判决主文中具体化的盖然性而言，由于涉及请求是否具有在条件已经成就、履行期已经到来时在判决主文中进行具体的表述。原告在诉状中主张的最高额 320 万日元的请求，由于前面已经得出该请求的特定性为适法的结论。虽然在现在给付之诉中关于房屋租赁合同上的债务额，是否存在以及金额多少都是确定的，即能够在判决主文中准确表述出押金剩余金额的具体数额，并赋予其既判力，使该争议法律关系得以确定。然而，对于将来押金返还请求权的将来给付之诉而言，这种条件下判决主文对具体金额的表述却是不能特定的。日本最高裁判所在原告请求金钱给付时，要求原告能够在根本上对请求的金额进行确定，该案虽然可以确定押金确实尚有剩余，但是剩余押金的具体金额在口头辩论结束时却不能予以具体的确定，为此，在这种情况下对于该案而言，是不能在判决主文中确定具体化的盖然性的。

换言之，即便以口头辩论结束时为止，以所提出的资料为基础可以对具体的金额予以确定，进而在判决主文中进行确定的表述，但这也只是在口头辩论结束时点下的金额而已，即这种对于金额的确定，是在没有考虑口头辩论结束之后的情势发展的前提之下得出的结果。因此，尽管与条件成就可能性存在着相关性，但就算条件成就已经得到确定，请求的内容也不一定能够在判决主文中具体化，更不用说达到较高盖然性的高度了。由于应该返还给租赁人的押金的具体金额属于金钱给付，请求权的具体化和损害额紧密相关，这种情况同只依据单纯的计算就可以确定损害额的房屋租赁合同结束后，到交付房屋为止的相当于租金损害赔偿金的请求权不同，押金并不具备那种只要请求权所附的条件成就即可以直接算出具体的金额，也不能仅凭此就可以说其已经具备在判决主文中具体化的盖然性。

为此，该案请求返还履行期未到来押金的诉讼的诉之利益是不能得到认可的。从日本其他的判例来看，以这种请求权为基础提起的将来给付之诉被认定为不合法或者不具备诉之利益的可能性，也是极高的。

从以上的分析可以看出，由于履行期尚未到来的押金返还请求权在口头辩论结束时无法确定请求权的内容，而将来履行期到来时实际所剩余的押金与判决主文所确定的金额相一致的可能性并不高，所以在日本司法实践中这种将来给付之诉通常都被判定为没有诉之利益。在这种条件下就日本民事诉讼而言，原告可以选择的救济途径，一般只能是进行诉之变更，请求确认押金返还请求权存在，或者等到涉案房屋转移占有、押金返还请求权履行期到来之后，再提起请求返还押金的现在给付之诉。

由上可见，日本有关将来给付之诉的立法规定、理论研究，特别是从司法判例中提出的判断、衡量给付之诉的诉之利益的标准，虽然是基于日本司法实践所提来的一些标准，但是对于我国有关将来给付之诉的立法、理论研究及其司法实践中，对于诉之利益的衡量、判断是有一定的借鉴与参考价值的。

推进少年审判与家事审判的深度融合

齐树洁*

摘要：在家事审判制度改革的推动下，地方法院尝试统合少年审判与家事审判，以期为儿童利益、家庭福祉提供新的程序保障。理念的同质、程序的共通、实践的需求、全球的趋势是两种审判制度融合的动因。推进“两审”的深度融合应在法源完备、理念转型、机构革新、资源充实等方面作出努力。

关键词：少年司法；家事审判；恢复性司法

家庭是社会的细胞，家庭和谐稳定是国家发展、社会进步、民族繁荣的基石。近年来，在家事司法改革的推动下，地方法院尝试统合少年审判与家事审判（以下简称为“两审”），以期为儿童利益、家庭福祉提供新的程序保障。然而，我们在调研中发现，目前各地法院专门审理家事案件的机构，有“少年法庭”“少年与家事审判庭”“少年家事综合审判庭”“家事法庭”“家事审判庭”等名目繁多的称谓。“2016 年开始的家事审判改革试点以来，有的少年综合审判庭改革受到家事审判改革的冲击；有的家事审判庭实际是‘借少年法庭的壳市’；有的少年法庭并人家事审判庭后，由于未对人员和案件做相对分离的管理，导致少年审判的特色工作难以开展，进一步挤压了少年法庭的生存空间。”[1]这些现象折射出基层自主试验的无序化，对此亟须予以必要的规范和引导。

---

* 齐树洁，厦门大学法学院教授，博士生导师。

[1] 游涛：《论构建以审判为中心的少年司法制度》，《中国应用法学》2019 年第 2 期。

一、“两审融合”的新实践

当前，构建独立编制的少年法院（庭）、家事法院（庭）短时间内在我国无法全面施行。一方面，“在经济落后、人口稀少的西部地区，未成年人案件的来源与司法资源的稀缺成了阻碍少年法庭工作开展的主要原因。此外，我国许多法院的考评主要以案件办理的数量为衡量标准，少年法庭的案外延伸工作，如庭外辅导、调查等工作并非少年法官的绩效考评范围。然而，少年法庭法官在办理少年案件的过程中，还涉及了一系列非审判业务，如庭审前调查、庭审过程中的法庭教育、合适成年人参与诉讼、庭后督导、回访、巩固庭审效果等大量组织、协调工作。不得不承认的是，这一系列业务难以科学量化，难以被有效地、科学地纳入法官考评制度中。这种工作任务的艰巨性与考评机制的不科学性是阻却少年法庭法官工作积极性的一个‘矛盾体’”[1]。另一方面，“基于涉少刑事案件案源的严重不足，涉少家事案件成为少年审判中填补案件量的主要来源。该环节的问题集中体现于——少年与家事审判重叠部分——涉少家事案件的归属不明：根据《最高人民法院民事案件案由规定》第二部分关于婚姻家庭类纠纷规定，以及《最高人民法院关于开展家事审判方式和工作机制改革试点工作的意见》关于家事案件试点案件范围的规定——涉少家事案件属于家事案件；然而，由于此类案件涉及未成年人权益保护，大部分成立了未成年人审判庭的法院将其划归少年法庭审理。从目前的试点情况看，民庭在与少年庭对这部分案件进行划分时多采取‘一刀切’的模式，要么将涉少家事案件从少年法庭全部抽离，要么将家事案件（其中 80% 为离婚案件）全部留给少年庭，前者进一步加剧了少年法庭的案源窘迫，后者则造成了少年庭法官陷在家事案件中无法抽身”[2]。

总而言之，现行符号化的少年法庭、家事法庭呈现“疲态应对”的颓势。少年审理和家事审判出现空转现象，丧失了家事纠纷解决与儿童权益保护所应具备的温情和精致。有鉴于此，最高人民法院于 2016 年 6 月 1 日起在

---

[1] 肖姗姗：《改革开放以来我国少年司法的演进及前瞻》，《预防青少年犯罪研究》2018 年第 5 期。

[2] 褚宁：《我国少年法庭组织形态的发展模式——基于法院内设机构改革背景下的考察》，《山东法官培训学院学报》2019 年第 2 期。

全国选择100个左右的基层人民法院和中级法院，开展家事审判方式改革试点。在这一改革的推动下，不少地方法院尝试统合少年审判与家事审判。例如，江苏省徐州市两级法院、福建省三明市两级法院积极试点“两审融合”，组建了新的司法机构，如“少年家事法庭”“综合性家事法庭”等。据统计，福建省已设立63个家事法庭和家事少年法庭。天津市蓟州区人民法院在5个派出法庭设立家事审判合议庭或者指定家事法官专门审理家事案件。广西柳州、吉林长春、吉林辽源实现了家事少年案件集中管辖。在各地初步的探索中，“两审融合”形成了一体两翼的审判格局，孵化了少年家事司法的新形态，以实现家事纠纷解决与未成年人权益保护的良性互动。

二、“两审融合”的必要性

(一)理念同质

不同类型纠纷的圆润解决均需要与之相适应的理念或原则。儿童案件与家事案件即属其中的特殊一类。从域外经验来看，“这种法庭应该是充满希望和确定性的地方，而不应充满复杂性和冗余过程”[1]。基于对既有研究资料的分析，比较“两审”的司法理念，我们发现儿童最佳保护与儿童利益最大化、恢复性司法与治疗式司法在内涵上基本是同质的。事实上，基于“家”的特定格局，少年审判与家事审判的司法理念天然亲和，如国家亲权理论、追求儿童最佳利益与治疗性司法在理论上是相通的，“除了具备解决纠纷的司法机能之外，还都应具备调整、修复和治疗人际关系的社会机能”[2]。由此，“两审融合”具有机能上的可能性。

(二)程序共通

司法理念是制度建构的基石，程序设计则是践行理念的手段。司法理念同质化使两审的程序制度存在共通性。两审的程序共通主要体现在诉讼模式、法庭设施、专业法官、辅助群体等。首先是诉讼模式共通。少年审判

---

[1] [英]伊丽莎白·特鲁斯、托马斯勋爵、厄内斯特·莱德：《改革英国的司法制度》，徐凤译，李家春校，《中国应用法学》2017年第1期。

[2] 杨临萍、龙飞：《德国家事审判改革及其对我国的启示》，《法律适用》2016年第4期。

与家事审判应采取职权主义模式，通过法官的积极介入、对抗性的降低、调解的大力倡导与治疗的高频使用来妥适解决纠纷。其次是审判法官共通。儿童案件与家事案件均属复合性的疑难纠纷。专门审理此类案件的法官仅拥有法律知识是远不够的，还需具有丰富的人生阅历、擅于处理人际关系，并最好掌握心理学、行为学、社会学等跨学科知识。最后是社工群体共通。30多年来，少年审判的社工资源已初具规模，并取得了较好的成效，因此，家事审判可直接利用现有的社工资源。

(三)全球趋势

综观世界各国(地区)的法制发展进程，"两审融合"已成为全球司法改革的一个显著趋势。无论是大陆法系国家(地区)还是英美法系国家(地区)，都经历了或正在经历一个不断扩充、整合乃至将全部家庭纠纷都纳入统一的司法程序及司法机构处理的过程。当前，除澳大利亚和美国某些州外，大多数国家(地区)均选择将少年审判与家事审判进行统合，并创设少年家事法院(庭)或少年法院(庭)或家事法院(庭)。例如，韩国家事法院和我国台湾地区少年家事法院均将儿童案件和家事案件统一管辖处理。

三、深度推进"两审融合"

(一)法源的完备

实践表明，缺少那些分配资源和参与决策的人支持，任何改革措施都无法变成法律制度。2005年，建立少年法院的议案未能获得全国人大常委会的通过，这一改革自此陷入缓慢发展的局面。因此，法源欠缺是"两审融合"全面展开所面临的最大阻碍。立法的优势是拥有丰富的权力资源，可以调动强大的力量来推进司法改革，及时将司法改革的目标、原则、程序以及机构设置、机构权限等基本问题确定下来，提高司法改革的稳定性与权威性。合法性是"两审融合"改革持续推进及其制度稳步组构的基础。当前，推行这一新制度受到改革合法性、资源配置的制约，延缓了两审融合的试点推广与制度建构。因此，我国宜从速推动"两审融合"的立法工作，总结实践经验，使相关的改革有法可依，有章可循。参鉴《关于在北京、上海、广州设立知识产权法院的决定》《关于授权在部分地区开展刑事案件速裁程序试点工作的决定》的经验做法，全国人大常委会可以适时制定《关于授权在部分地区开展少年审判与家事审判融合试点工作的决定》。此外，我国还需制定《家事审判法》《少年审判法》等程序法，及时填充少年家事司法领域程序规范的真空。

（二）理念的转型

家庭观是家庭法的元问题。家庭法的革新需以现代家庭观为基底，以调适家庭自治与法律干预的关系。传统家庭观要求国家坚守家庭问题上的法律克制主义立场，现代家庭观则强调国家转向审慎而开放的法律能动主义立场。这就要求“法官不再做消极的甩手掌柜，而应当在家事案件中该出手时就出手，必要时积极介入纠纷，为家庭纠纷的妥当化解提供方案”[1]。我国尚缺失现代化的“家庭观”，亟须形塑现代家庭观并内嵌于现实生活之中。家庭观涵摄家庭内部关系与外部关系，既鲜明表达特定关系结构，又参与改造既定关系结构。基于经济的发展、社会的变迁，前述两类关系已发生重大变化，与之相对应的是家庭观需要现代化转型。保障儿童利益与促进家庭福祉是现代家庭观的核心内容。立法者和司法者均应以现代家庭观为理念指导，超越文本泥淖和既有结构，尝试用一种全新的、多元的方式解决家庭问题，进而从根本上革新家庭法的文本与实践。作为家事司法改革新动态的“两审融合”，更应在现代家庭观的指针下进行试点推广和制度建构。当前，保障儿童利益、促进家庭福祉的转型理念尚未充分渗透至法官、当事人与律师以及社会大众，挣脱传统观念的桎梏并塑造新的司法文化环境，尚需一定的时日。我们需要“坚持理论创新、制度创新、方法创新、专业创新和成果创新，通过挽救一个孩子，来拯救一个家庭，进而维护社会秩序，促进了少年儿童事业健康发展”[2]。

（三）机构的革新

专门法院（庭）是司法现代化的重要载体，也是司法现代化的必然产物。“两审融合”的切实推进有赖于一个更强有力的司法机构，集司法专业化与

---

[1] 李海洋：《家事审判改革“和”字当先》，《浙江人大》2017 年第 8 期。

[2] 王建平：《少年审判改革中的制度创新》，《人民法院报》2018 年 10 月 8 日，第 002 版。

社会化于一体,设立少年家事法院(庭)是一项理性的选择。在分别设立少年法院和家事法院尚不具备现实条件的情况下,这一全新审判机构将统摄少年法院和家事法院两大改革愿景,既传承少年审判趣旨,又创新家事审判机制。少年家事法院(庭)是一个社会性的法院(庭),由数量不多但经验丰富的专职法官和心理专家、纠纷解决专家组成的高度组织化的社工团体作为基础框架。家庭法院是一个非司法性的法院(庭),所采用的程序规则更为灵活变通,较少具有对抗性和更多的专业帮扶。家庭法院是综合性的法院(庭),其受案的范围较广。一方面需要充分的案源来保障少年家事法院(庭)足以与其他普通法院(庭)"分庭抗礼";另一方面又必须要对其进行合理界分,防止少年家事法院(庭)的特色因为受案范围的无限度扩张而被冲淡。以全面保障儿童利益和有力促进家庭福祉,但应避免因受案范围的不合理扩张而冲淡少年家事司法的特质。"两类审判的融合涉及法院内部及外部机构、人员的调整变动,少年司法的'两条龙'衔接需要做好准备,人员及编制的安排需要提前做好测算。"[1]一个值得吸取的经验教训是,2009年《关于进一步规范试点未成年人案件综合审判庭受理民事案件范围的通知》的"全面保护"色彩浓重,由此模糊了司法与福利的界线,导致少年审判综合庭因案量过大、资源紧缺而陷入"麦当劳化"的窘境。

(四)资源的充实

与普通法院(庭)不同的是,为了促进家庭福祉与保障儿童利益,少年家事司法的运作需要更多的资源投入。单靠法院内部力量无法充实温情司法所需的资源,亟待从社会角度寻求破解资源匮乏问题的可能路径。这一努力可以称为司法社会化,即在司法中导入社会力量。我国台湾地区学者苏永钦教授指出,司法社会化改革可分为六个方面:角色的社会化、人事的社会化、管理的社会化、审判的社会化、沟通的社会化和方法的社会化。其中,审判的社会化的核心在于人民如何参与审判。司法社会工作是促进审判社会化的有效路径。随着社会工作专业性的逐渐确立,越来越多的机构或人员进入司法场域,不断拓展社会工作的实践权。司法与社会工作的集合物即司法社会工作(forensic social work),系指运用社会工作于司法场域的相

---

[1] 褚宁:《我国少年法庭组织形态的发展模式——基于法院内设机构改革背景下的考察》,《山东法官培训学院学报》2019年第2期。

关议题与问题中，以推动社会变革、改善人际关系和促进问题解决。截至2018年5月，我国依法登记的社会组织达81.6万个。数量庞大、类型多样的社会团体是创新国家治理体系、提升国家治理能力的重要力量。社会团体如何参与“两审融合”的制度建构呢？司法社工化是可行的路径选择，我国法院应通过司法社工化来整合社会力量，对具有专业知识的民间组织及人员建立“司法社工库”，以借助其专才，充实司法资源。“探索引入社会团体工作人员和向社会购买服务等方式充实专业性审判辅助人员，走专业化与群众路线相结合的道路。”[1]比如，“海淀法院少年法庭从自行探索到多方合作，把心理专家、志愿服务者、社会组织、慈善组织、政府部门等力量整合、优化，建立‘少年审判’＋‘延伸工作’的立体环抱式工作模式，帮教罪错未成年人，取得了较好的实践效果”[2]。

(五)构建科学合理的业绩考核机制

少年审判法官的工作除了常规的审判活动，“还须开展社会调查、法庭教育、回访帮教、法制宣传教育等案外延伸工作和社会事务性工作，这些工作量可能几倍于普通案件，且周期长、显效慢”[3]。如果仅仅依靠法官的“责任心”和“爱心”不计回报地投入工作，终究难以形成长效机制。这势必要求科学合理地重新构建独立的业绩考核机制：“这一评价体系不应只注重办案数量，更应注重办案效果；应充分考虑不同地区、不同审级法院的具体少年案件审判情况，突出庭审前后的社会调查、法庭教育、回访帮教等调查协调和延伸帮教工作，将其作为考核指标，纳入考核范围，以充分调动少年审判法官的主动性，引导和促进各级法院少年审判工作科学、专业、全面发展。”[4]

---

[1] 杜万华：《大力推进家事审判方式和工作机制改革试点》，《人民法院报》2017年5月3日，第005版。

[2] 秦硕：《社会支持体系下的少年司法专业化》，《预防青少年犯罪研究》2018年第6期。

[3] 褚宁：《我国少年法庭组织形态的发展模式——基于法院内设机构改革背景下的考察》，《山东法官培训学院学报》2019年第2期。

[4] 牛凯：《少年法庭改革的发展方向》，《人民法院报》2018年7月11日，第005版。

四、结　语

诚如有研究者所指出的，少年与家事审判融合也并非全然是“天衣无缝”的：“少年审判的视角构筑于未成年人权益保护的基石之上，而民事审判的基础原则是‘平等保护’；少年审判特色工作的传统形成于刑事审判，与家事审判在证明标准、调查取证的主动性、对案件干预程度等方面存在较大差异。”[1]因此，在融合少年审判与家事审判的背景之下，一方面需要注意“保持相对独立，以确保少年审判工作的专业性和稳定性”[2]；另一方面也需要“充分发挥审判工作者的自由裁量权，树立诉讼权利保护优先的司法理念，强化司法干预措施，通过诉讼权利的保护，最终实现对实体权利的保护”[3]。

---

[1] 褚宁：《我国少年法庭组织形态的发展模式——基于法院内设机构改革背景下的考察》，《山东法官培训学院学报》2019年第2期。

[2] 牛凯：《少年法庭改革的发展方向》，《人民法院报》2018年7月11日，第005版。

[3] 朱明媚：《少年审判与家事审判合一的思考》，《江苏经济报》2018年5月16日，第B03版。

电子诉讼与传统民事诉讼的冲突与协调

曾曼琴*

摘要：随着信息技术的迅猛发展，将信息化手段嵌入司法活动中在各级人民法院都得到了广泛应用，许多法院逐渐开展了网上立案、电子送达、视听传输技术作证、视频庭审等在线诉讼服务。尽管这一新型诉讼方式具有独特的优越性与广阔的运用前景，但由于电子诉讼在应用时改变了民事诉讼行为以及民事诉讼场所，对当事人和法院展开诉讼活动产生一定影响，其与传统民事诉讼的不相适应性与排斥性逐渐凸显出来，导致电子诉讼与传统民事诉讼无法达到相一致的效果，司法公平正义与当事人诉讼权利保障受到挑战，从而使得电子诉讼发展之路受到重重阻碍。所以，如何解决电子诉讼与传统民事诉讼之间的冲突，从而更好地推动电子诉讼的发展，成了迫切的现实命题。笔者以“电子诉讼与传统民事诉讼的冲突与协调”为题，通过阐述电子诉讼与传统民事诉讼在理论与实践中的具体冲突，并针对所述冲突，从整体上为电子诉讼寻求协调路径。

关键词：电子诉讼；传统民事诉讼；冲突；协调

一、电子诉讼的缘起与发展

随着信息技术的迅猛发展，各国法院逐渐加强对信息技术与民事诉讼结合为对象的理论研究。1999 年 8 月第十一届世界诉讼法大会（World Congress on Procedural Law）在维也纳召开，在这个信息技术大冲击的时

---

* 曾曼琴，江西创兴律师事务所律师。

代背景下，科技与司法成了绕不开的话题。大会研究主题之一就是关于科技在民事诉讼和其他程序中的运用，[1]研究范围主要围绕着民事诉讼引入现代科技需要解决哪些问题，例如形式要件、是否必须出庭、谁有权访问电子案卷、数据保护等。一些新概念也逐渐进入到司法领域，如电子案卷、电子证据、电子上诉、视频会议、远程审判等。此次会议是世界各国对电子诉讼进行理论研究的里程碑事件。

从电子诉讼的发展背景来看，所谓电子诉讼，指的是将现代化信息技术嵌入到传统的民事诉讼当中，以电子化的形式来完成起诉、立案、送达文书、举证、庭审等诉讼活动，是一种追求高效、便捷，促进人民接近司法的新型诉讼方式，其主要表现形式为网上起诉、网上立案、电子送达、网上证据交换、视频庭审等。按照信息技术应用于诉讼活动的具体情况，可以将电子诉讼实践分为两种模式：一类为"阶段性模式"，指的是在整个诉讼流程的某个或某些阶段注入信息技术；另一类为"全程性模式"，指的是将信息技术注入整个诉讼流程，重在构建全面系统的电子诉讼制度。

就目前而言，人们对信息化发展的迫切需求已经达到了前所未有的程度。互联网法院这块"试验田"就是基于这个背景下的产物，是全面对接互联网产业多元化样态的法院与全方位创新的法院。[2]杭州互联网法院是世界范围内唯一一家实现诉讼全流程虚拟化的法院，而如今互联网又成为人类生活的第二个空间，各行各业纷纷"触网"，社会生活的方方面面总是与信息技术有着千丝万缕的关系。在司法领域，做出各类诉讼行为渐渐成为现代人唾手可得的事情。相比阶段性的电子诉讼，类似互联网法院这样的全程模式的电子诉讼能够带给人们更多便利，更容易满足人们多元的司法需求，并且使人们更加接近司法、接近正义。推广互联网法院这一具有跨时代意义的司法举措必然会引起其他国家和地区的关注并为其提供借鉴经验，因而探索全程模式的电子诉讼必定是各国法院努力的方向，也是信息技术支持民事诉讼活动的最终延伸。

---

[1] 参见[意]卡佩莱蒂著，徐昕译：《当事人基本程序保障权与未来的民事诉讼》，法律出版社2000年版，第179页。

[2] 陈锟：《正确认识互联网法院的三个维度》，《人民法院报》2018年5月22日，第22版。

二、电子诉讼与传统民事诉讼的冲突

电子诉讼之出世及推广的根本原因在于其与传统民事诉讼的一致性，也即“功能等价”。[1] 而电子诉讼与传统民事诉讼最大的不同之处在于，“屏对屏”的交流基础对“面对面”的交流基础的颠覆。信息技术的迅猛发展在司法场域引发了“一种实践，两套话语”的独特现象，之所以出现这种“话语分裂”现象，是因为法学专业知识与科学技术知识在司法场域中外化为专业话语与技术话语进而形成的冲突。[2] 即便两套话语可以自行选择，但任意择一适用，是否适用能适用同一诉讼规则？运行过程是否完全一致？是否能达到同一诉讼效果？显然，民事诉讼电子化的价值优越性不能避免其与传统民事诉讼的不相适应性与不协调性。如前所述，电子诉讼的“功能等价”使得其具备适用的正当性基础，然而当一种具有正当性、权威性、稳定性和有效性的纠纷解决方式出现与其具有同等作用的新模式，而其适用产生的结果不能与原纠纷解决方式完全等同，甚至出现不相适应的情况时，两者则不可避免地产生冲突。

(一)电子诉讼与传统民事诉讼原则的冲突

信息化诉讼改变了传统的直接参与诉讼的方式，提升了解决纠纷的效率，但是极大地降低了诉讼的亲历性。对于此种创新对传统造成的冲击，难免有人产生这样的疑问：民事诉讼基本原则中直接原则、辩论原则、平等原则等，任何诉讼行为、诉讼活动都必须遵循这些原则在信息技术与民事诉讼结合的冲击之下，是否会落空呢？因而，电子诉讼与传统民事诉讼之间的冲突首先源自于民事诉讼基本原则方面。

第一，电子诉讼消减了直接言词原则的适用空间。直接言词原则贯穿诉讼全过程，强调法官、当事人及其他诉讼参与人的亲历性与诉讼信息的原始性，毕竟只有通过面对面的信息交流，才能够捕捉来自在场所有人发出的信号，更好地认定证据的真实性。该诉讼原则主要体现在民事诉讼证人出

[1] 王福华：《电子法院：由内部到外部的构建》，《当代法学》2016 年第 5 期。

[2] 王禄生：《大数据与人工智能司法应用的话语冲突及其理论解释》，《法学论坛》2018 年 5 期。

庭作证的环节。我国民事诉讼法规定证人在有正当理由不能出庭的情况下可以通过视听传输技术作证，以此作为证人出庭作证的例外。[1] 在视听传输技术打造的“两个空间，一个场景”的审判舞台之上，证人无须亲自到庭，仍然同传统作证方式一样与法官和当事人交流互动，以言词作证或者接受询问、质问、辨认。然而证人对于视听设备或技术的适应能力与适用能力可能会制约其自然流畅地陈述证言，从而影响法官对证人证言真实性的认定。电子诉讼以现代科技设备为媒介传递工具，改变了传统直接言词原则所体现的人与人之间的单纯关系，呈现的是人与人、人与物的双重关系，并且人与物的关系是否协调，直接影响着人与人的沟通。[2]

第二，传统辩论原则的适用方式在电子诉讼模式下受到了冲击。适用辩论原则要求诉讼场域必须是一个物理空间，而且交流方式是同步的：当事人以“亲口说出”的方式进行意思表示，法官以“亲耳听到”的方式听取当事人的陈述。法庭审理在适用电子诉讼的情况下，当事人与其他诉讼参与人无须亲自到庭，法庭调查、法庭辩论等程序都要通过视听传输设备进行。在此种电子化审判方式下，虽然交流方式是同步的，但是诉讼场域是虚拟的，当事人双方的距离仅有一屏之隔，而且当事人的陈述是依靠技术手段传递给法官的。可见，电子诉讼达不到传统民事诉讼中辩论原则的适用要求。

第三，电子诉讼弱化了平等原则的适用效果。民事诉讼中的平等原则是指诉讼两造不管是行使诉讼权利，还是承担诉讼义务，都是平等而论的，并且人民法院有责任保障诉讼两造平等地享有诉讼权利和承担义务。由于信息技术固有的不安全性和不确定性，当事人在使用电子手段进行诉讼会受到诸多方面因素的制约：第一，是否具备操作电子诉讼程序的知识与能力。第二，硬件设施的不稳定性。第三，软件系统的不稳定性。信息技术具有双刃性，便捷性和不稳定性同时存在。电子提交系统、立案系统、直播系统等软件系统虽然为当事人提供了高效便捷的服务，但是也可能随时存在故障，从而导致电子诉讼无法顺利进行。第四，互联网发生故障。若互联网

---

[1] 《民事诉讼法》第 73 条规定：“经人法院通知，证人应当出庭作证。有下列情形之一的，经人民法院许可，可以通过书面证言、视听传输技术或者视听资料等方式作证：(以)因健康原因不能出庭的；(二) 因路途遥远，交通不便不能出庭的；(三)因自然灾害等不可抗力不能出庭的；(四)其他有正当理由不能出庭的。”

[2] 李峰：《司法如何回应网络技术进步——兼论视听传输技术作证的运用规则》，《现代法学》2014 年第 3 期。

出现信号过慢或者中断的情况，可能会影响诉讼信息的传递和交流，从而导致诉讼程序中断。尽管电子诉讼为当事人提供了更为便捷、高效、透明的诉讼服务，但是对当事人的要求显然比传统诉讼方式高得多。如若一方当事人不具有电子手段或者在使用电子手段时受到上述障碍，那就不可能在诉讼中与对方保持平等地对抗，民事诉讼中的平等原则自然而然就落空了。

(二)电子诉讼与传统民事诉讼程序的冲突

信息技术的融入改变了民事诉讼的信息传递、交流方式和诉讼场所，与传统诉讼的诉前、诉中、诉后程序都会产生不相适应或是不协调之处，因而电子诉讼对民事诉讼程序的影响是全方位的。从电子诉讼的各表现样态上看，电子诉讼与传统民事诉讼在程序方面的冲突表现如下：

1.网上立案与传统立案的冲突

2009 年，最高人民法院发布《人民法院第三个五年改革纲要》，提及全国各法院应积极“探索推行远程立案、网上立案查询、巡回审判、速裁法庭、远程审理等便民利民措施”。2019 年 6 月，最高人民法院在座谈会上提出，2020 年全国实现网上立案。[1] 诚然，网上立案成为一种任何公民唾手可得的诉讼活动，但是“屏对屏”交流方式对诉讼的空间感和互动感造成了冲击，在某些方面网上立案达不到传统法院立案的效果，笔者总结了以下两个方面并展开分析。

(1)突破传统法院工作时限

一般情况，法院的工作时间为上午 8:30—12:00，下午 2:00—5:30，各地因季节等情况会有所区别。若当事人采用线下起诉方式的话，必须在法院工作时间内递交纸质的诉状，等待立案庭在 7 日内做出立案或者不立案的决定。而选择网上起诉方式的，则完全不受法院工作时间的限制，网上起诉立案的时间可以扩展至全天 24 小时，只要申请在晚上 24 点前发出，就视为当天提交，而且不受白天黑夜或者季节变化的限制，这对保障当事人诉讼权利具有重大意义。[2] 电子诉讼设立的初衷也是为了给公民提供一种高效、便捷的新型诉讼模式，以保障当事人行使诉讼权利。然而，保障当事

[1] 新华网：《2020 年全国实现网上立案和跨域立案》，http://www.xinhuanet.com//legal/2019-06/14/c_1124620759.htm，最后访问时间：2019-06-20。

[2] 朱静雅：《电子民事诉讼行为初论》，2013 届南京师范大学硕士学位论文。

人诉讼权利不包括扩大当事人的诉讼权利。在网上立案模式下,诉权行使的时限长度有所延展,看似有利于保障诉权,但在传统法院工作时间之外利用网上立案模式实际上属于扩大当事人的诉讼权利,对于只愿采用线下立案模式的当事人来说是极其不公平的。所以,笔者认为,线上线下法院工作时间是否需要保持一致,是当前推行电子诉讼需要考虑的一个问题。

(2)增加认定当事人身份的困难

在"键对键"的方式之下,当事人与法院仅存在着一屏之隔,但是他们之间的沟通交流没有真实感,相比较传统立案模式,这无疑就增加了认定当事人身份真实性和同一性的难度和风险。如何肯定操作网上起诉系统的人就是正当当事人?如何确定操作后续电子诉讼程序的人与通过网络起诉的人为同一人?诸如此类的问题,表明了网上立案是一项优势与冲突并存的诉讼启动方式。而且作为启动电子诉讼的第一步,认定当事人身份真实性直接决定了后续诉讼行为的效力。因此,当事人身份真实性问题是推进电子诉讼发展过程中首要面对的重大挑战之一。[1]

2.电子送达与传统送达的冲突

目前,我国各级法院都能够认识到电子送达的优越性,不断摸索适当的模式,大力推广电子送达的应用。然而,随着电子送达在实践中的应用,其存在的问题越来越突出,集中体现在以下两个方面。

(1)送达回证难以固定

我国民事诉讼法规定送达诉讼文书必须有送达回证[2],有受送达人在会在回证上签名盖章,并且以送达回证上的签收日期为送达日期。而通过电子通信系统送达的,送达效果采到达主义,以到达受送达人特定系统的日期为送达日期。在此种情况下,如何获悉受送达人本人确已收到送达文书?或者,如何获悉受送达人查看过该文书且知晓其中内容?又或者,倘若受送达人收到该诉讼文书,如何将回执以书面形式保存于案卷?若无法解决上述难题,可能将导致受送达人不能行使相关权利而承担不利的法律后果。因此,在诉讼文书送达结果方面,信息化送达的效果暂时无法等同于传统送达方式。

---

[1] 张兴美:《电子诉讼中的诉讼参与人真实性问题——基于外观主义的分析》,《广东社会科学》2016年第4期。

[2] 《民事诉讼法》第八十四条第一款规定:"送达诉讼文书必须由送达回证,由受送达人在送达回证上记明收到日期,签名或者盖章。"

(2)安全与效率难以平衡

电子送达的产生源于人们对司法效率的追求。信息化时代为社会生活的方方面面拓展了渠道,因而电子送达固然成了满足人们更便利地取得诉讼信息、提升司法效率的必然选择。然而网络信息技术在带给社会生活各种便利的同时,存在许多安全隐患和风险,如网络故障、病毒泛滥、黑客侵入等,不但系统会遭受攻击,而且有关信息可能被窃取或篡改。尤其是在现今,互联网、应用程序以及直播平台的普及,促发不法分子蠢蠢欲动,窃取个人账号、密码进行非法活动的事件几乎天天上演,故保障送达的安全性存在困难。[1] 因此,公民在享受信息技术提供的便捷性的同时,又承担着来自网络信息技术的危险性。

3.网上证据交换与传统证据交换的冲突

在现行法律规范中,笔者只在在线纠纷解决机制(ODR)关于证据材料的在线提交和交换的规定中发现了网上证据交换的痕迹。例如《中国国际经济贸易仲裁委员会网上仲裁规则》第 10 条第 2 款规定,向仲裁员提交的有关仲裁申请、答辩、书面陈述、证据及其他相关的文件和材料,当事人应当采用电子通讯方式。由于这个环节对信息技术的要求极高,容易受网络因素影响诉讼流程的运行,该款规定,仲裁委员会相关部门可以视案件发展的情况,依照职权抑或依申请利用或辅之邮寄等手段递交文件。由于存在于实体世界中看得见、摸得着的证据,通过虚拟环境的转化,变成了触摸不到的电子化证据,不仅对法官、当事人的传统诉讼观念造成冲击,而且给传统证据开示制度带来了挑战。因此,网上证据交换也是与传统民事诉讼冲突较为明显的环节。

(1)最佳证据规则遭受冲击

最佳证据规则,要求当事人双方提供原始书面材料据以证明书面证言的真实性,除非原始材料不存在,当事人不能仅提交复印件或其他替代品。[2] 法官在审查核实证据、查明案件事实时,往往需要适用该规则,通过法庭调查和法庭辩论,对当事人双方提交的证据进行证明力有无和强弱的判断,从而形成正确的心证。我国《民事诉讼法》第 70 条规定,书证应当提交原件,物证应当提交原物。提交原件或者原物确有困难的,可以提交复制

---

[1] 石春雷:《我国民事诉讼电子送达探析》,《聊城大学学报》2015 年第 3 期。

[2] 参见何家弘、刘品新:《证据法学》,法律出版社 2011 年版,第 360 页。

品等。同时,《最高人民法院关于民事诉讼证据的若干规定》第69条对于无法与原件、原物核对的复印件、复制品的证据效力做出了规定,即不能单独作为认定案件事实的依据。然而,最佳证据规则在电子诉讼中的适用面临着许多挑战。由于以信息技术支持网络提交证据,系一种以现代科技设备和互联网环境为依托的证据提交方式,传统证据必须转化为电子证据才能在线上平台展示,那么该证据实际上所呈现的是"复制品"的效果,未达到"原件"的原始性要求。

(2)法定证据种类遭受冲击

证据的表现形式多种多样,有实物形式、书面形式、言词形式、电子形式,每一种表现形式不能囊括所有的证据种类。诚然,通过线上模式举证、质证,所有种类的证据只有一种表现形式,却可以囊括所有的证据种类。可以说,电子诉讼中的证据表现形式的单一化,对传统证据的种类带来了巨大的冲击。这引发我们思考一个问题:传统证据的分类在电子诉讼中是否还具有存在的意义?

(3)证据真实性认定困难

认定电子数据的真实性需要法官通过多方面因素的考虑,只有其符合高度盖然性,足以能够说服法官时,才能作为证据被法庭采用。同理可得,电子形式的证据也需要法官通过多方面因素、调动多方面努力才能取得作为定案依据的证据。之所以对电子形式的证据需要投入如此大的成本,就是因为网络环境下的证据容易篡改,而且当事人在缺乏实体交流的情况下更容易产生撒谎的可能性,会造成虚拟环境下证据的真实性难以认定的情形。如此一来,不仅会浪费司法资源,还会阻碍开庭审理的进程、降低诉讼效率。

4.视频庭审与传统庭审的冲突

由于实践的不成熟与立法的不完善,视频庭审方式的普及之路步履艰难,主要表现在以下两方面:一是公民对视频审判方式的不信任和恐惧心理;二是缺乏对视频审判程序的操作性规范。归根结底,阻碍视频庭审方式发展的应当是其与传统庭审方式的不相适应性,也就是说以信息技术支持法庭审判的这种创新方式还未完全契合传统审判方式,两者之间甚至出现了难以协调的冲突,具体表现在以下两个方面。

(1)诉讼剧场化走向诉讼广场化

"诉讼剧场化"指的是法官、当事人、律师必须以法庭为"剧场",各自担任诉讼中的角色,按照既定的程序与安排,像舞台表演一样,进行诉讼活动。[1] 就如中国古代的裁判者审案一样,以裁判场所的威严感来传达法律的权威性和神圣性,及一系列的仪式来震慑受审的百姓,如喝堂威、拍惊堂木、树"回避"和"肃静"牌等,对老百姓的心理造成压迫感和紧张感,使那些做了亏心事的人产生恐惧心理,从而强化民众对法律的尊重与信仰。不同于传统的线下诉讼模式,电子诉讼借助了信息技术,打造的是以现代科技设备为依托的虚拟诉讼场域,突破了法庭与外界的界限,对传统民事诉讼的"剧场化"造成冲击。欣赏"法庭表演"的观众可以是所有网民,相当于这场"法庭表演"置于露天广场,观众们无须像在传统法庭那样严格遵守法庭纪律。在信息技术的笼罩之下,民事诉讼冲破了传统法庭与外界空间的阻隔,弱化了传统法庭对诉讼剧场化的要求,而逐渐具有了"诉讼广场化"的特征。

(2)限缩辩论全趣旨的适用空间

"辩论全趣旨"一说源自于日本,指的是言词辩论程序中除证据调查结果之外的一切资料和情报,具体包括诉争双方的主张和辩驳(不管是法定期间内提出的还是超过法定期间内提出的)、举证和质证及提问和回答,甚至包括矛盾、虚假的陈述及陈述时的神情变化和内心活动。[2] 视频技术庭审因信息技术的介入限制了辩论全趣旨的作用的发挥。首先,根据视频庭审实践来看,法院多数采用画面分割和组合展示的方式,将审判场域、法官、当事人双方、证据展示台、旁听席分割成多个画面共同展示在视频设备上,对法官把握庭审节奏、捕捉细节的能力要求更高;其次,信息化的审判形式至少在应用之初需要法官提升自己的适应能力,刻意地去在乎眼前的媒介状况以及对直播效果会分散法官的注意力。[3] 以上两个视频庭审的消极方面表明,论收集到的信息的完整度,视频庭审方式远不如其在传统庭审方式,这当然是无异于法官认定案件事实的。因此,即使视频庭审方式的功能等同于传统庭审,也无法达到传统庭审的真实效果。

---

[1] 参见郑世保:《电子民事诉讼行为研究》,法律出版社 2016 年版,第 59 页。

[2] 参见[日]斋藤秀夫:《注解民事诉讼法(3)》,东京第一法规出版社株式会社 1983 年版,第 142 页。

[3] 宋朝武:《电子司法的实践运用与制度碰撞》,《当代法学》2016 年第 5 期。

三、电子诉讼与传统民事诉讼的协调

如前所述，电子诉讼并不完全符合民事诉讼基本原则，但是不能仅凭电子诉讼的缺陷而因噎废食。在信息技术产生之前，人与人之间进行社会交往最为直观的方式就是面对面交流，此种方式不仅能保证信息传递的真实性和完整性，还能探知对方的心理活动。当时的时代背景下，法律交往更加强调“亲力亲为”，才能够了解和把握所有的诉讼信息，为达到公平公正的实体结果打造良好的基础。然而，如今的信息技术已经可以实现异地的即时交往，不管人们位于何处，只要在互联网环境下，总能进行同步交流。对于这一点，强调“亲力亲为”的立法者由于各种主客观因素的制约并不会预见到，同样我们也不能以当时的眼光来对待未来的事物。原则具有结构上的开放性、内涵上的模糊性、外延上的宽泛性，其承载的价值在于满足诉讼的和目的性要求。[1] 因此，原则的内涵不是固定不变的，有时会随着现实需要的变化而变化，我们应当从僵化保守的“亲力亲为”思想中解脱出来，以与时俱进的眼光看待直接言词原则等传统民事诉讼法理，并赋予其新的时代内涵。也就是说，“屏对屏”的交流形式也应当是符合直接言词原则的要求的。对于此，协调电子诉讼与传统直接言词原则的冲突，应从内外两方面着手：对内，要重新阐释直接言词原则的内涵，为电子诉讼的交流方式寻找合理的解释；对外，在适用电子诉讼方式时应注意，一旦偏离直接言词原则妨害程序公正，就应当采取救济措施，将电子诉讼程序切换成线下模式。因此，笔者的一个协调思路就是就是要降低二者之间的“偏差值”，使电子诉讼更加归于真实性，使其向传统民事诉讼靠拢，使其能够达到与传统民事诉讼同等的效果，不至于使技术鸿沟导致的“偏差”影响诉讼效果与程序公正。

协调电子诉讼与传统民事诉讼之间的冲突是一项渐进、动态的重大工程，需要注入多方面的努力，笔者将从指导原则、制度构建等方面对电子诉讼与传统民事诉讼的冲突提出具有可行性的协调措施，缓和二者之间的矛盾，为电子诉讼提供更广阔的应用空间。

---

[1] 周成泓：《规则、原则、程序对法律原则的一个诠释》，《贵州大学学报》2006 年第 3 期。

(一)电子诉讼与传统民事诉讼协调的原则

1.自愿原则

既然电子诉讼是为民而生,那么选择权也应当归属于民,具体内容就是当事人应有选择适用该程序的自由,也有不选择适用该程序的自由,有选择适用此阶段的电子诉讼而不适用彼阶段的电子诉讼的自由,而且有选择阶段性模式或者全程性模式的电子诉讼的自由,并且对自由选择而产生的后果负责。在电子诉讼的所有环节,法院都应当尊重当事人的自主性和程序选择权,不能因为其便利而强迫当事人适用。

2.限制原则

基于电子诉讼与传统诉讼方式之间的冲突,可见信息技术无法完全填补传统诉讼方式的缺陷,而电子诉讼的缺陷在现有条件下也无法完全克服,因此电子诉讼不会完全取代传统诉讼方式,不能采用普遍适用的思路。换言之,要使电子诉讼与传统诉讼方式相协调,必须以谨慎适用的态度对待电子诉讼,考虑电子诉讼对程序保障、人权保护、降低成本等多方面因素,使电子诉讼能够与传统民事诉讼达到同样的效果,此为限制原则的应有之义。贯彻限制原则,要求严格限制电子诉讼的适用范围,也就是说,究竟何种案件、何种程序适合运用信息技术。

3.辅导原则

尽管在当事人与法院的诉讼作用这个问题上,我国民事诉讼强调弱化法院的职权,强化当事人的主导作用,但是面对电子诉讼的逐步发展,我们应注重发挥法院的作用,让法院主动承担起辅导义务,帮助解决当事人在适用电子诉讼中遇到的难题。贯彻辅导原则,要求适用电子程序的整个过程中,对于诉讼参与人,法院负有辅导义务,帮助其了解信息化诉讼并帮助其操作信息化诉讼流程。

4.互补原则

民事诉讼的电子化只是借助于技术以达到更为理想的司法效果,如果司法的运作被动地受制于技术或司法刻意地去迎合某种技术,那并不是我们追求的目的。[1] 由于电子诉讼对信息技术的高度依赖性,风险性与高效

---

[1] 王琦、安晨曦:《时代变革与制度重构:民事司法信息化的中国式图景》,《海南大学学报(人文社会科学版)》2014 年 第 5 期。

性共存，一旦电子流程某个环节无法操作，那么电子诉讼程序也无法进行，还是得转换成传统诉讼方式，因此，电子诉讼的高效性会落空。因此，在选择应用电子诉讼或者传统诉讼方式时，应当坚持把握诉讼活动的动态发展与利益平衡，贯彻互补原则，以电子手段的价值优越性弥补传统手段的局限性，以传统手段的安全性弥补电子手段的危险性。

（二）电子诉讼与传统民事诉讼协调的方案

1.构建电子诉讼制度

经验表明，没有科学的理论就没有合理的制度，没有合理的制度就无法为实践拓宽道路。构建制度的最初动机不仅仅是更新法院内部管理和诉讼服务的媒介，更不是简单地将现代信息技术植入于诉讼制度、规则之中。[1]因而笔者认为，要实现电子诉讼与传统民事诉讼协调并进、良性互动，必须拥有一项完善的电子诉讼制度，包括：(1)在制度构建理念上坚持工具理性与价值理性的统一，抛弃技术崇拜主义，摒弃技术依赖心理，以拥抱技术的姿态利用信息技术为服务于当事人创造更为便捷的条件，同时加强技术与当事人之间的沟通与联系，以应对不同类型的案件和满足不同当事人的需求；(2)在规则设计上，需要具有权威性及可操作性的准则与规则规范和指引电子诉讼行为，这样不仅能保证新型诉讼形式和传统诉讼形式各行其道，而且能够使两者交叉适用时实现良性互动；(3)设置线上线下程序转换机制，既有助于满足当事人变更民事法律交往状态的需求，又能够使电子诉讼在运用过程中受到的质疑、障碍或者是依赖得到缓冲。

2.促进传统观念转变

技术障碍阻碍了一部分诉讼主体适用电子诉讼模式，另一部分诉讼主体又因程序自主选择权也拒绝适用。[2]传统观念的根深蒂固，直接指向电子诉讼与传统民事诉讼之间的冲突——弱化平等原则的适用。人类之所以创造技术并发展技术，目的就是追求自由，满足自己的需求。当事人选择电子诉讼，实质上是为了打破时间与空间的限制，使自己更加接近司法。因此，在协调电子诉讼与传统民事诉讼的冲突时，需要采取积极但谨慎的态度

---

[1] 王福华：《电子法院：由内部到外部的构建》，《当代法学》2016年第5期。

[2] 洪冬英：《司法如何面向“互联网＋”与人工智能等技术革新》，《法学》2018年第11期。

面对电子诉讼的发展。需要加大经济成本、人员成本的投入，要积极宣传、推广电子诉讼的运行，平衡落后地区的信息化司法资源与发达地区之间的差异，引导公众以包容开放的姿态拥抱技术，使得民事诉讼平等原则在实体世界与虚拟世界达到一致的适用效果。

3.完善技术保障措施。

在制度保障、观念保障都具备的条件下，唯有使技术保障措施跟进，方能更好地推动电子诉讼的发展。具体要求如下：(1)强化法院信息化，尤其是司法大数据的建立。建立人民法院数据集中管理和服务平台，深度整合、收集、共享与交换司法信息，是人民法院信息化建设的必然要求。数据集中管理和服务平台汇集审判执行信息、司法人事、司法政务、司法研究、信息化管理、外部数据六大数据资源，具有数据汇聚实时自动、数据质量高度可信、数据服务全面等特征，为审判人员提供信息共享、审判动态、司法数据统计、审判知晓、专项分析、司法人事和综合搜索等司法服务。[1] 简言之，就是利用大数据分析、发现经验现象，并基于经验现象提出、证实或证伪假设，最终发展和创新理论。[2] (2)其次，提高软硬件基础设施的安全性。由于电子诉讼全程依靠信息技术，信息技术的安全性决定了电子诉讼程序能否顺利运行，因此为支持电子诉讼程序顺利进行，应当从技术层面解决程序运行中的安全性问题。(3)最后，引进并培养复合型人才。由于电子诉讼依托于互联网络环境，借助音视频系统、图像图形处理技术、存储与传输系统，以及其他现代化科技设备，需要既能够适应电子化环境又能够操作电子设备的人员进入电子诉讼的运行过程，保障电子诉讼的顺利进行。尤其是在网络或者设备发生故障时，及时予以排除、调整、修复。如若仅仅依靠法官来解决电子诉讼中遇到的种种技术风险，必然会增加法官的负担而延缓诉讼进程。特别是遇到复杂的技术性难题，一般法官根本无法处理，最终的结果可能是切换成线下模式或者重新进行电子诉讼，不仅浪费司法资源而且增加当事人的诉累。显然这与追求高效、便捷的电子诉讼的价值目标相违背。因此，法院必须审时度势，不断注入新的动力和活力，从思想保守、故步自封的状态中解放出来，吸收和培养既具备法律专业素养又具有信息知识储备的复

[1] 中国社会科学院法学研究所法治指数创新工程项目组：《2016 年中国法院信息化发展与 2017 年展望》。

[2] 左卫民：《迈向大数据法律研究》，《法学研究》2018 年第 4 期。

合型人才，调动人才的积极性和主观能动性，实现司法业务与信息技术的理念互通，才能减少电子诉讼与传统民事诉讼之间的“偏差”，从而协调电子诉讼与传统民事诉讼之间的冲突。

四、结　　语

无论我们是否承认，是否愿意，我国的电子诉讼在理论和实践层面都存在诸多问题亟待解决。从理论上来看，电子诉讼与传统民事理论的冲突没有得到很好的解释与协调；从实践上来看，由于缺乏完善、具体的操作规则，电子诉讼难以与传统民事诉讼形成良好的互动衔接。提出问题、阐述问题的目的就是为了解决问题。对待电子诉讼，我们要以一种开放、包容的态度去拥抱它，当其应用具备了普遍需求，敲开了规范制定和制度构建的大门时，再从立法层面去规范电子诉讼行为，在制度层面为电子诉讼拓宽发展空间，引进先进的硬件设备与软件系统。只有观念、规范、制度齐头并行之时，我们的电子诉讼才能更加归于真实，与传统民事诉讼有机结合。

制度分析

刑事案件认罪认罚从宽制度:难题与前景

周登谅*

摘要:认罪认罚从宽制度自试点以来便引起了人们的广泛关注,在提高诉讼效率、节约司法资源的同时,也遭遇了若干难题。建议通过构建认罪协商程序、整合相关诉讼程序适用范围、完善审判环节的程序应对来破解现有难题,从而真正发挥认罪认罚从宽制度的价值与功能。

关键词:认罪认罚从宽;难题;认罪协商;权利保障

一、问题的提出

自2014年6月以来,刑事案件速裁程序(其主要依据是最高人民法院、最高人民检察院、公安部、司法部制定的《关于在部分地区开展刑事案件速裁程序试点工作的办法》,以下简称《速裁试点办法》)和认罪认罚从宽制度(其主要依据是最高人民法院、最高人民检察院会同公安部、国家安全部、司法部制定的《关于在部分地区开展刑事案件认罪认罚从宽制度试点工作的办法》,以下简称《认罪认罚试点办法》)先后在我国若干城市展开了试点工作,其主要目标在于推动刑事案件繁简分流,优化司法资源配置,提高诉讼效率,并促进当事人的权利保障。2018年10月26日,全国人大常委会通

* 周登谅,华东理工大学法学院副教授。

过了《刑事诉讼法》的修正案，对认罪认罚从宽制度和速裁程序做出了明确的规定；同时，为了确保相关程序的有效运行，还增设了相应的配套制度，例如值班律师制度、认罪具结制度等。

然而，通过文本分析和实践调研，可以发现无论是认罪认罚从宽还是速裁程序都存在诸多可以争论的问题，例如：认罪认罚从宽与速裁程序、简易程序究竟是什么关系？它们之间如何衔接？在这些程序的运行中如何保障当事人的合法权利？更为深层的问题在于，认罪认罚从宽制度的生命力应当如何体现？如何发挥我们对其预设的功能与目标？有鉴于此，结合理论分析和实践调研中的发现，本文对认罪认罚从宽制度进行了认真的反思，试图揭示其在运行过程中可能存在的难题，并试着提出破解难题的若干建议。

二、认罪认罚从宽制度适用中遭遇的难题

作为一项全新的刑事诉讼制度，认罪认罚从宽制度的积极功效值得期待，但它在适用中也存在一定的问题。经过近五年的观察、调研和思考，从司法程序的运行和当事人权利保障的角度来看，认罪认罚从宽制度在适用中可能遭遇如下三大难题：

（一）犯罪嫌疑人、被告人认罪后办案机关的程序选择难题

根据2018年《刑事诉讼法》的规定，“犯罪嫌疑人、被告人自愿如实供述自己的罪行，承认指控的犯罪事实，愿意接受处罚的，可以依法从宽处理”。同时，犯罪嫌疑人、被告人认罪后办案机关所适用的程序既可能是普通程序，也可能是简易程序或速裁程序，还可能是刑事和解程序。尽管刑诉法明确了依法从宽处理的基本条件，但这一规定显然过于原则性，无法有效地发挥指引功能从而将认罪认罚与具体的诉讼程序衔接起来，进而容易造成司法实践中办案人员的选择困难。具体来说，当某个案件同时符合两个甚至三个程序的适用条件时，立法并没有确立具体的选择规则，办案人员也因此可能陷入选择困境而不得不通过汇报审批的方式做出选择。

为了了解认罪认罚从宽制度和刑事速裁程序适用的现状，我曾在S省的若干基层法院和检察院做过一些调研。其中，对于刑事速裁程序试行中存在的问题，就有法官和检察官表示，如何将符合条件的案件都启动速裁程序目前仍然存在一定的障碍。可能的原因在于，作为一项全新的诉讼程序，

部分办案人员（主要是检察机关）认为其简便程度不够，特别是需要进行程序告知和诉辩协商而可能造成更为复杂的程序操作，因而办案人员适用该程序的积极性并不高。这意味着，在是否适用速裁程序的问题上，办案人员拥有较大的裁量权，即便符合条件却不适用速裁程序也可以通过其他程序（如简易程序）来解决问题，相应地办案人员也不会因此而承担任何法律责任，进而速裁程序在一定程度上会被架空。显然这并不利于认罪认罚从宽制度的全面落实。

（二）相关司法程序之间的合理衔接难题

之所以会出现程序选择难题，一个重要的原因在于相关司法程序之间的衔接并不顺畅。我们不妨先比较一下刑事简易程序和刑事速裁程序这两大程序的适用条件：

表 1

程序	刑事简易程序	刑事速裁程序
适用条件	案件事实清楚、证据充分。	案件事实清楚、证据充分。
	被告人承认自己所犯罪行，对指控的犯罪事实没有异议。	被告人承认指控的犯罪事实，愿意接受处罚的，同意检察院的量刑建议。
	被告人对适用简易程序没有异议。	被告人同意适用速裁程序。
	没有预期刑期的要求。	可能判处三年有期徒刑以下刑罚的案件。

由表 1 可知，刑事简易程序和刑事速裁程序的适用条件其实有很多重合之处，区别在于后者（速裁程序）对可能判处的刑期有要求，同时要求犯罪嫌疑人、被告人同意人民检察院提出的量刑建议。但从整体上来看，二者的区分度并不高，在没有速裁程序的情况下合理的适用简易程序也能解决问题。因而，速裁程序想要发挥其独特的功能与价值首先需要解决程序适用的边界问题，在具体案件的处理中则表现为司法程序的合理衔接问题。

如前所述，犯罪嫌疑人、被告人认罪后办案机关可以适用的程序其实很多，这对于认罪认罚从宽制度的落实固然有帮助，但问题在于现行的司法程序之间似乎还没有建立起区分度较高且衔接合理的运行机制。不妨再来考察一下刑事和解程序，其基本条件是犯罪嫌疑人、被告人真诚悔罪。同时根据《人民检察院刑事诉讼规则（试行）》第510条的规定，适用和解程序的案件必须“案件事实清楚，证据确实、充分”。可以说，案件事实清楚和加害人认罪悔罪构成了本程序适用的基础条件。尽管本程序的适用还需满足其他相关的条件，例如加害人向被害人赔偿损失、赔礼道歉，被害人明确表示对犯罪嫌疑人予以谅解，双方当事人自愿和解等，但和解的基础条件才是关键，同时和解的动力不容忽视，如果不能获得从宽处理的结果，那么加害人还愿意认罪并赔偿损失吗？进一步来说，在出现犯罪嫌疑人、被告人认罪的情形后，如何最合理地进行程序分流就目前来看还不容乐观。实际上这也将直接影响到认罪认罚从宽制度的实践。

（三）当事人的诉讼权利保障难题

首先，就犯罪嫌疑人、被告人而言，尽管刑事诉讼法赋予其一系列的诉讼权利，并且相关的立法还在不断地完善，但过往的司法实践表明其诉讼权利在行使过程中依然存在重重障碍。与此同时，其辩护律师的权利行使也不容乐观，例如到目前为止部分地区、部分案件中辩护人的会见权、调查取证权仍然没有得到很好的保障。从有效辩护的角度来看，这一现状值得我们认真关注和反思。

在新一轮的司法改革中，推行认罪认罚从宽制度也可能会遭遇类似的难题。以刑事速裁程序为例，由于适用本程序审理案件的周期相对较短且庭审程序大大地被简化，主审法官当庭确认被告人签署具结书的自愿性和真实性后便可做出有罪判决，这势必会导致被告人的诉讼权利受到一定程度的限缩。对于被告人来说，一些最基本的诉讼权利（如知情权、诉讼参与权）如果得不到有效的保障，则速裁程序及其结果的公正性很容易遭到质疑。

有鉴于此，《速裁试点办法》中规定了法律援助值班律师制度：“法律援助机构在人民法院、看守所派驻法律援助值班律师。犯罪嫌疑人、被告人申请提供法律援助的，应当为其指派法律援助值班律师。”《认罪认罚试点办法》中也规定：“法律援助机构可以根据人民法院、看守所实际工作需要，通过设立法律援助工作站派驻值班律师、及时安排值班律师等形式提供法律帮助。”但实践中，部分地区看守所的值班律师不是每日值班而是采取预约制，因而可能会造成被告人无法及时获得律师的法律帮助。进而在没有律师帮助的情况下，被告人可能无法正确认识速裁程序的价值并慎重行使程序的选择权，也可能无法正确判断检察机关的量刑建议是否合理。

此外，根据调研和访谈发现，在司法实践中犯罪嫌疑人在不同阶段所遇到的值班律师很可能不是同一名律师，并且值班律师一般无法像辩护人那样经过阅卷、会见、调查取证等程序来展开有效的辩护，其所起到的作用不在于核实证据和事实，而更多的只是进行一般意义上的咨询，甚至有的值班律师到场后仅仅是承担见证人的角色。

另一个值得关注的问题是，在速裁程序中被告人的上诉权如何保障，是完全参照普通程序来行使还是进行必要的限制？毫无疑问，上诉权是被告人最重要的救济性权利之一，确保上诉权的有效行使是加强被告人权利保障的应有之义。但司法实践中，却不乏被告人滥用上诉权的情况。在进行调研时我们发现，不少被告人提起上诉的主要原因并非是因为判决不公正，而是因为不愿意被移送至监狱服刑，为了达到在看守所服完余刑的目的而提出上诉。当然，也有极少量案件中被告人以量刑过重为由提起上诉。被告人先是同意检察机关的量刑建议而后又通过上诉提出异议，这种上诉显然存在自相矛盾的问题，并且一旦引发二审程序则不仅没有达到提高诉讼效率、节约司法资源的目标，反而会增加司法的投入。

其次，就被害人而言，作为刑事诉讼中的当事人，其在参与刑事诉讼时的权利保障一直是个难题，已有的研究表明被害人的很多诉讼权利都未能得到很好的保障，例如知情权、诉讼参与权等。在推行认罪认罚从宽制度后，这一问题可能会加剧。考察现有的简易程序、刑事和解程序及速裁程序，可以发现除了刑事和解程序中被害人的参与度相对较高外，其他两项程序中被害人的参与度实际上非常低。从立法及司法解释的表述来看，《刑事诉讼法》中“简易程序”一节中并没有规定被害人如何参与，同时《最高人民法院关于适用〈中华人民共和国刑事诉讼法〉的解释》《人民检察院刑事诉讼规则（试行）》中也未规定被害人如何参与简易程序。而《速裁试点办法》中也仅仅是规定了“人民法院适用速裁程序审理案件，应当当庭询问被告人对被指控的犯罪事实、量刑建议及适用速裁程序的意见，听取公诉人、辩护人、被害人及其诉讼代理人的意见”。这一规定的缺陷在于，没有明确被害人及其诉讼代理人不同意适用速裁程序的法律后果，法院实际上拥有很大的裁量权。

当然，问题不仅仅在于立法及司法解释的粗疏，由于认罪认罚从宽制度实施的主要目标在于节约司法资源、提高诉讼效率，这一价值取向使得办案机关将工作的侧重点放在程序的简化与分流上，而容易忽略对当事人（尤其是被害人）的权利保障。

三、完善认罪认罚从宽制度的宏观思路

通过对司法改革相关官方文件（包括各种决定、意见、办法）的分析，未来中国的刑事诉讼将以被告人是否认罪认罚作为程序分流的重要依据，其结果是刑事案件被区分为“被告人认罪（认罚）的案件”和“被告人不认罪的案件”。对于前者司法机关可以从实体和程序上给予“从宽”的处理，对于后者司法机关将主要适用普通程序来处理。

与此同时，通过前文的分析可知，认罪认罚从宽制度尽管必要并且可行，也符合司法改革的主流方向，但其在实施中也会遭遇各种难题，为了确保其积极功能的发挥，也为了有效维护当事人的合法权利，构建系统化的认罪认罚从宽制度在所难免。有鉴于此，本文试着站在程序法的角度提出如下宏观思路：

（一）程序的实质化

为了有效地推行认罪认罚从宽制度，一项最基本的要求是，凡是能体现其制度精神的诉讼程序应当具备实质性的程序效果，能够独立地在特定范围内发挥作用。尽管认罪认罚从宽不是单纯依靠某一个程序来实现，它需要相关程序和制度之间的协调来产生合力，但如果特定诉讼程序的实质化程度较低，就有可能会影响到程序之间的协调，甚至可能会产生负面的影响。这意味着无论是现行立法中的诉讼程序还是未来拟创设的诉讼程序都应该具备实质化的特征，而不能徒有虚名，进而影响制度运行的实际效果。

之所以提出实质化原则，乃是对现行立法中相关制度和程序进行反思的结果。以刑事和解程序为例，这一程序的适用条件包括犯罪嫌疑人、被告人真诚悔罪，通过向被害人赔偿损失、赔礼道歉等方式获得被害人谅解，被害人自愿和解；同时立法分别针对故意犯罪和过失犯罪设置了最高刑期及犯罪种类的限制。有研究者指出，“从法律条文来看，只有当上述各项条件全部具备的情况下，刑事和解程序方可启动，但若抛开刑事和解这一程序的话，不起诉、不批捕以及法官从宽处罚这三种处理措施中的任何一个均不要

求上述条件齐备。换言之，一起并非民间纠纷导致的犯罪，如果犯罪嫌疑人主动认罪、悔罪，并积极赔偿，即使没有得到被害人谅解，如果符合刑事诉讼法第 173 条第 2 款规定的酌定不起诉条件，人民检察院仍然有权作出酌定不起诉的决定，或者在审判阶段，法院亦有权判决对被告从轻处罚。既然如此，第 277 条（刑事和解）要求一系列条件齐备的法律意义又在哪里呢"？因而"刑事和解程序所欲实现的法律效果，在我国刑事法律体系中凭借酌定不起诉、逮捕、量刑这三个环节的已有规则即可有条不紊地实现。此一程序在法律层面毫无创新可言，立法者只是将三种已经存在的规范打包放在一起，并冠之以'刑事和解'这一看上去比较新的概念而已，其实是纯粹概念炒作之下的重复建设"[1]。

可见，刑事和解程序并未有效地发挥其预期功能，这与其实质化程度较低不无关系。已有的研究也印证了这一点，例如有研究者通过实证研究指出，新《刑事诉讼法》（这里指的是 2012 年《刑事诉讼法》）实施以后刑事和解的适用率明显下降、刑事和解适用的范围也有所收缩；与此同时刑事和解在重罪案件中扩展性适用情况较为多见，实际上这已经突破了现行立法的框架；此外刑事和解违规适用的问题仍时有发生，例如某些犯罪事实不清、犯罪嫌疑人未承认有罪的案件，办案机关迫于某种外在的压力而给当事人做工作最终也以"和解"的方法结案。[2]

在完善认罪认罚从宽制度的过程中，这一弊病值得我们认真关注。认罪认罚从宽应当建立在具体诉讼程序实质化的基础上，才能确保其制度目标的达成，同时这也符合制度内在合理性的要求。

（二）程序的协调性

显然，司法改单的方向不是程序或制度越多越好，相反程序越多、越复杂可能并不利于刑事纠纷的解决。重要的是程序及其运作的协调性，说得具体一点：(1)司法程序或制度的设计应以必要性为原则，而不能为了改革而任意创造出某种程序或制度。(2)程序之间、制度之间应该有合理的衔接，从而确保它们相互之间不会产生矛盾，并且有助于有效地化解纠纷。也

---

[1] 孙远：《当事人和解的公诉案件诉讼程序之立法论批判》，《政治与法律》2016 年第 6 期。

[2] 参见秦宗文：《刑事和解制度的实践困境与破解之道》，《四川大学学报》（哲学社会科学版）2015 年第 2 期。

就是说，即便是需要增设特定的诉讼程序，不仅要考虑该程序的实质化程度，也应考虑其与已有程序之间的协调与整合。

如果将认罪认罚作为未来刑事诉讼程序分流的重要依据，那么被告人在认罪之后能否获得较大的程序利益、能否提高诉讼效率节约司法资源，这首先取决于程序之间的协调性。目前的问题在于，以被告人认罪为基础条件的程序在立法中的分布并不协调，例如简易程序是附属于刑事一审程序，刑事和解程序被作为特别程序，附条件不起诉被置于公诉程序中且仅适用于未成年的犯罪嫌疑人，速裁程序被置于简易程序之后。因而在犯罪嫌疑人、被告人认罪以后该选择何种诉讼程序，司法机关拥有较大的裁量权，但考虑到办案压力和程序适用的成本，在适用刑事和解程序或速裁程序时办案人员难免会有一定的惰性。对此，无论是被告人还是被害人，基本上没有发表异议的权利。

基于上述分析，要想充分发挥认罪认罚从宽制度的预期功能，首先需要解决现有程序之间的协调与整合工作，尤其是将程序适用的范围和条件予以合理化，进而便于司法机关做出选择并降低其适用程序的成本，同时也应赋予当事人一定的选择权和异议权。只有理顺现有程序之间的关系，才能有效地促进程序分流，落实认罪认罚从宽的制度构想，发挥其独特的制度价值。

四、认罪认罚从宽制度的前景

关于认罪认罚从宽制度在中国的发展前景，本文认同目前理论界和实务界都支持的一种观点，即应当构建中国的认罪协商程序。例如叶青教授指出："认罪认罚从宽制度具有协商的特点，我国认罪认罚从宽制度的发展方向应当是推动认罪协商程序的建立。认罪认罚从宽制度是实现以审判为中心的诉讼制度改革的必要举措，其可以让审判资源能够做到'好钢用在刀刃上'，将有限的司法资源用来处理重大、疑难、复杂的案件。"[1]

问题在于，如果增设认罪协商程序，其主要功能是什么？如何协调相关诉讼程序之间的关系？如何避免因为增设程序而可能带来的程序烦琐及其他弊端？如前所述，如果要增设程序不仅要考虑其实质化程度也应考虑程

[1] 叶青：《认罪认罚从宽并非"诉辩交易"》，《上海法治报》2016年9月7日。

序之间的协调性。与此同时,需要指出的是认罪协商程序仅仅是落实认罪认罚从宽制度的一个组成部分,后者的有效实施则需要整合现行立法中的各项程序。基于上述考虑,本文试着提出如下建构和完善的建议:

(一)认罪协商程序的构建

所谓认罪协商,是指刑事案件在进入审查起诉环节后,控辩双方就犯罪嫌疑人是否认罪认罚、认罪后从宽的幅度等内容进行协商的一种程序运作。在犯罪嫌疑人认罪以后,只要符合相关的条件和范围,认罪协商应当作为必经程序,而非可选程序。

具体来说这一程序可包含如下内容:

1.程序的起点

由以往的司法实践可知,犯罪嫌疑人、被告人的认罪可能会发生在刑事诉讼的任何阶段,但这并不意味着认罪协商可以在任意的诉讼阶段加以适用。比较合理的起点应当是审查起诉阶段,而不宜放在侦查阶段。诚如我国学者所指出的,认罪认罚的前提是事实清楚证据确实充分,侦查机关只有全面侦查取证,才能够达此目的,因此侦查阶段的主要任务是取证而不是认罪协商。同时,若许可侦查机关促成犯罪嫌疑人认罪协商,则可能导致侦查人员放弃法定查证职责,不去收集能够证明犯罪嫌疑人无罪的各种证据,过分依赖获取犯罪嫌疑人的口供定罪,冤枉无辜。[1]因而,只有经过侦查机关的充分查证,将案件移送检察机关审查起诉后才是较为恰当的协商阶段,犯罪嫌疑人认罪与否可以作为检察机关进行程序分流或实体处理的重要依据。

2.程序的内容

认罪协商可以有广狭义之分。

狭义上,认罪协商一般限于量刑协商,这与域外的辩诉交易具有重大差异,后者不仅可以就刑罚进行协商,而且可以就罪名、罪数、罪质进行协商。而我们所建构的认罪协商程序是建立在案件事实清楚、证据确实充分的基础上,逻辑上讲这也就阻断了对罪名、罪数进行协商的可能性。

广义上,在犯罪嫌疑人认罪以后,检察机关出于解决刑事纠纷、实现程序合理分流、提高诉讼效率的需要,可以对案件的处理和分流进行综合考

[1] 陈卫东:《认罪认罚从宽制度研究》,《中国法学》2016 年第 2 期。

虑，部分案件可能会做出不起诉的决定，部分案件在起诉后需要确定后续的诉讼程序，显然后者也可以纳入协商的内容里。显然，选择适用何种可能导致从宽处罚的程序可以帮助被告人尽快脱离诉讼系属，这可以看成是另一种从宽。

3.程序的功能和后果

认罪协商程序的功能主要在于实现合理的程序分流、提高诉讼效率，在犯罪嫌疑人认罪以后，结合案件的具体情况和立法的规定，检察机关通过协商程序来尽快明确案件的处理走向。对于犯罪嫌疑人认罪认罚的案件，检察机关通过审查起诉和认罪协商，可以建议人民法院适用速裁程序或简易程序，或者主持加害人与被害人之间的刑事和解。尽管这样的设计并不完全符合《刑事诉讼法》的规定，但从完善认罪认罚从宽制度的需要来看，这样做似乎更利于诉讼程序之间的协调。

以简易程序为例，根据现行立法的规定，在符合相关条件的案件中要么是检察机关建议适用、要么是人民法院主动适用，但都需要征得被告人的同意。问题在于，这种"同意"究竟有多少自愿的成分其实很难说。那么，在增设认罪协商程序后，不妨在协商中将后续程序的选择与量刑建议综合起来加以考虑，允许辩方提出协商后续程序的动议，等于说将后置式的"同意"改为前置式的"协商"，与其被动"同意"不如主动"协商"。这样做也便于实现认罪协商程序与简易程序的衔接。

4.程序运行中的律师参与

认罪协商程序的有效运行，很大程度上取决于律师的有效参与，相关理由不再赘述。这里需要解决的一个关键问题在于，认罪协商程序中律师究竟应以何种身份参与其中？

根据2018年《刑事诉讼法》的规定，犯罪嫌疑人认罪认罚的，人民检察院应当告知其享有的诉讼权利和认罪认罚的法律规定，听取犯罪嫌疑人、辩护人或者值班律师、被害人及其诉讼代理人对下列事项的意见……人民检察院依照前两款规定听取值班律师意见的，应当提前为值班律师了解案件有关情况提供必要的便利。

据此，如果增设认罪协商程序，将来可能参与认罪协商的律师既可能是辩护人也可能是值班律师，但二者所能发挥的功效显然不可同日而语。在无法阅卷且不能全程参与的情况下，值班律师参与认罪协商所能起到的作用无疑是有限的。因而，有学者提出至少应赋予值班律师阅卷权，值班律师通过阅卷了解案件事实，与被告人沟通后告知认罪认罚的法律后果，由被告人最终选择是否签署具结书。[1]这一建议的合理性在于，一方面可以让值班律师发挥实质作用，形成有效的沟通与协商；另一方面也理顺了律师参与和被告人认罪认罚之间的逻辑关系。说到底，“在场”只具有形式意义，知情、有效沟通与协商才可能产生实质影响。

然而，如果继续保留值班律师这一设置，并且仍将其功能限定在法律帮助的范畴内，就应当打通其与辩护人之间的通道，而不是通过简单的赋权来解决问题。这意味着，在审查起诉阶段，一旦犯罪嫌疑人表达了认罪的意向时，在其未聘请辩护人的情况下，公诉机关应当及时通知法律援助机构指派律师为其提供辩护，而不再是安排值班律师提供咨询或见证。一旦成为犯罪嫌疑人的辩护人，公诉机关首先应确保其在认罪协商前能够行使会见权、阅卷权等权利，从而能够真正有效参与到认罪协商的过程中。

(二)相关诉讼程序适用范围的整合

为了确保认罪认罚从宽制度的有效实施，有必要对相关制度和程序加以整合。整合的依据在于，不同的程序之间是否能够合理衔接，能否在各自的范围内发挥最大的功效。

第一，原则上不对认罪认罚从宽制度适用的案件范围做出限制，在案件进入审查起诉环节后，只要犯罪嫌疑人、被告人愿意认罪且案件事实清楚，除去一些没有协商余地的案件，办案人员就应当做好程序分流的准备并尽快启动认罪协商程序。所谓没有协商余地的案件，通常是指危害国家安全犯罪、故意危害公共安全犯罪、恐怖活动犯罪、重大毒品犯罪、黑社会性质犯罪以及被害人不谅解的严重暴力犯罪等少数严重刑事犯罪案件。

进一步而言，起诉环节认罪协商的案件应当与审判程序衔接起来，这意味着需要调整相关程序的适用范围，以避免出现起诉环节可以协商却无法适用相应的审判程序。根据这一原则，建议取消速裁程序、刑事和解程序的案件范围限制，转而根据案件事实情况、被告人和被害人的态度（意见）以及可能的量刑情况确定适用何种程序，然后参照没有协商余地的案件的范围统一或单独设置相应的例外。

---

[1] 王恩海：《认罪认罚从宽制度之反思——兼论〈刑事诉讼法修正案（草案）〉相关条款》，《东方法学》2018年第5期。

此外，对于那些事实清楚证据确实充分的案件，即便审查起诉的初期犯罪嫌疑人不愿意认罪的，办案人员也可以通过法制教育（尤其是合理发挥认罪认罚从宽制度的激励作用）敦促其认罪，从而实现案件的合理分流，避免司法资源的浪费。

第二，对于犯罪嫌疑人认罪的案件，检察机关可以对其中部分案件做出酌定不起诉或者附条件不起诉的决定，这也应该看作是一种从宽的表现。如果需要起诉的，则可以通过协商程序来确定后续的程序。具体来说：（1）对于案件事实清楚、证据充分，依法可能判处三年以下刑罚的案件，可以建议法院适用速裁程序。对于可能判处三年以上刑罚且案件事实清楚的案件，可以建议法院适用简易程序。（2）在有被害人的案件中，认罪协商程序运行中应当允许被害人及其诉讼代理人发表意见。对于犯罪嫌疑人、被告人真诚悔罪，通过向被害人赔偿损失、赔礼道歉等方式获得被害人谅解，被害人自愿和解的案件，检察机关可以自行或委托有关部门（例如人民调解委员会）主持加害人与被害人之间的刑事和解，对于犯罪情节轻微，不需要判处刑罚的，可以做出不起诉的决定。对于被害人拒绝谅解的案件，如果符合不起诉的条件，则检察机关仍然可以做出不起诉的决定。对于需要移送法院审判的，则可以依照前述建议进行分流，建议法院适用速裁程序或简易程序。（3）对于被告人认罪、案件事实清楚但没有协商余地的案件，则应适用普通程序来进行审理。法院在审判过程中应当充分考虑被告人认罪认罚这一情节，在法律允许的范围内，做出对其较为有利的裁判。

（三）审判环节的程序应对

在推行以审判为中心的诉讼制度改革的大背景下，人民法院也需要解决案件的繁简分流、审判资源的合理运用的问题。对于检察机关提起公诉且被告人自愿认罪的案件，法院应重点审查被告人认罪认罚的自愿性、检察机关量刑建议的合理性，进而为审判程序的简化创造条件。我们可以从如下几个方面来完善相关制度：

1.发挥庭前会议的把关作用

根据 2018 年《刑事诉讼法》的规定，在开庭以前，审判人员可以召集公诉人、当事人和辩护人、诉讼代理人，对回避、出庭证人名单、非法证据排除等与审判相关的问题，了解情况，听取意见。此即庭前会议的法律依据。为了推行认罪认罚从宽制度，法院可以在庭前会议中审查被告人认罪认罚的自愿性和量刑建议的合理性。庭前会议中，应当确保当事人和辩护人、诉讼代理人的有效参与，让各参与方有足够的机会发表意见，从而帮助法院做出准确的判断。

通过庭前会议，法院可以查明被告人的认罪认罚是否出于自愿，如果发现确有胁迫或欺诈的情况，应当允许被告人在辩护人的帮助下行使反悔权。而被告人的反悔也意味着量刑建议失去了生效的基础。从程序上来看，这一行为可能会产生两项法律后果：一是法院无法适用检察机关所建议的审判程序；二是检察机关的量刑建议不再具有参考价值。相应地，对于符合开庭审判条件的案件，法院应当适用普通程序进行审理。

另一种情况是，被告人确系自愿认罪认罚，但检察机关的量刑建议畸轻畸重。对此，需要结合前文制度构建的设想进行应对：(1)对于检察机关建议适用速裁程序(可能判处三年以下刑罚)的案件，如果量刑建议畸轻，应当转为简易程序审理；如果量刑建议畸重，法院仍然可以适用速裁程序，但应在开庭前与公诉人就量刑问题进行沟通，由检察机关决定是否变更量刑建议。不论其是否变更，法院可以依据事实和法律做出有利于被告人的判决。(2)对于检察机关建议适用简易程序(可能判处三年以上刑罚)的案件，如果量刑建议畸重，可以转为速裁程序审理；如果量刑建议畸轻，则仍然可以适用简易程序，但应将这一情况告知检察机关、被告人及其辩护人，在开庭前应当允许控辩双方进行再次的协商并将结果告知法院。

2.审判组织的专门化

为了提高审判效率、合理分配审判资源，可以在法院的刑事审判庭内进行一定的分工。在调研中我们发现，刑事速裁程序的试点中，一些基层法院组建了专项合议庭来审理速裁案件，实行专人办理、专人对接。例如，有的法院按照“2＋2＋1＋1”的模式建立速裁案件合议庭，即指定2名审判员、2名书记员、1名法警和1名审判长来负责速裁案件的审理；有的法院实行“一审一助一书”的模式，即承办法官负责主持庭审和案件的定性工作，法官助理负责诉讼中的程序性事项以及裁判文书的撰写工作，书记员主要承担庭审记录、文书印制及案卷归档的工作；有的法院则采取由1名法官集中办理的模式，即由一名法官全权负责庭内所有速裁案件的审理。

受其启发，我们认为在实施认罪认罚从宽制度时，考虑到所适用的案件均以被告人认罪为前提且案件事实清楚，为了提高审判效率，人民法院可以指定专人负责审理适用速裁程序、简易程序的案件，以适应将来此类案件数量多、审限短的需要。至于采取何种组织模式，各法院可以根据自身的实际情况来进行选择，但应当保证能够迅速、有效地审结本院所受理的相关案件。

3.部分案件应限制上诉权的行使

无论是适用简易程序还是速裁程序，其重要的出发点在于尽快化解刑事纠纷、提高诉讼效率，此类案件如果被告人频频提起上诉，则难免会造成诉讼的延长，并增加案件的不确定性。因此，此类案件中如果被告人提出上诉，法院可以对相关上诉进行评估，如果仅仅是因为不愿意被移送至监狱服刑，则法院有权直接驳回上诉；如果被告人以量刑过重为由提起上诉，法院有权要求其做出合理解释，除非被告人及其辩护人能够有足够的依据来说明量刑确实不当，否则法院也有权驳回上诉。

(四)当事人的权利保障问题

在推行认罪认罚从宽制度的过程中，由于突出“认罪认罚”在程序分流中的指引作用和“从宽”的激励作用，刑事案件的处理往往集中在审前阶段，审判环节往往被大大简化，相应地如何有效地保护当事人的合法权利就需要进行合理的制度设计。

就犯罪嫌疑人、被告人而言，我们认为应当主要围绕律师帮助权、知情权、诉讼参与权、选择权及反悔权来加强对其的权利保护。其中，知情权和诉讼参与权是最基本的保障，一旦涉诉犯罪嫌疑人就有权知晓自己被追诉的罪名，并能够参与影响诉讼结局的各个诉讼环节；选择权主要是为了解决认罪的自愿性、合法性问题，反悔权主要为了解决权利救济的问题，这两项权利的行使都离不开辩护人的有效帮助。可以发现，在认罪认罚从宽制度的运行中，辩护人的在审前程序的作用往往要大于审判程序，因而必须确保犯罪嫌疑人、被告人在做出认罪决定、进行认罪协商时能够获得辩护人的有效帮助。并且应当在立法中明确，在没有辩护人的参与下，不得要求犯罪嫌疑人、被告人参与认罪协商程序。

为此，建议对现行的法律援助制度进行完善，除了《刑事诉讼法》已经规定的几种情形外，如果案件事实清楚，犯罪嫌疑人、被告人愿意进行认罪协商却没有委托辩护人的，检察机关应当通知法律援助机构指派律师为其提供辩护。除了进行一般意义的辩护工作外，一方面，辩护人应当将认罪认罚从宽的内容及法律后果向犯罪嫌疑人做出详细的解释，尤其是使其明白做出认罪决定所可能引发的得与失；另一方面，辩护人可以帮助犯罪嫌疑人与公诉人进行认罪协商，通过专业的交流为其争取最大限度的从宽处理。

就被害人而言，起码应当获得如下权利保障：(1)知情权。被害人及其诉讼代理人有权知晓案件的处理进程，包括办案机关对犯罪嫌疑人、被告人所采取的强制措施、拟做出的程序及实体处置等内容，以便于其了解案件的运行情况。(2)认罪协商参与权。尽管认罪协商主要发生在控辩双方之间，但在有被害人的案件中应当允许被害人及其诉讼代理人参与进来，允许其对赔偿问题、和解问题、量刑问题等发表意见。(3)申诉权。对于认罪协商的结果，被害人如果认为不公正，可以向上一级的人民检察院或人民法院提出申诉，要求后者进行审查并做出回复。

五、结　语

中国正处在社会转型时期，各类刑事案件急剧上升，而司法资源却相对有限，这使得司法机关处理刑事案件的负担日益加重。因此，合理地配置、利用有限的司法资源，提高刑事诉讼效率就显得尤为重要。正是在这样的背景下，认罪认罚从宽制度得以成为人们关注的焦点，它对于实现案件合理分流、缓解案多人少的矛盾、节约司法资源、提高诉讼效率，均具有积极的促进作用。

然而，我们也不能忽视这一制度的局限性。可以说，首要的局限源自目前该制度的非系统性，表面上看实体法、程序法中有很多相关的规定，可以据此落实认罪从宽，并且速裁程序和认罪认罚从宽制度的试点也积累了不少的经验，但问题在于制度之间、程序之间往往衔接不畅，加之部分立法并不合理，使得制度目标的达成可能会遭遇一定的障碍。实际上本文重点研究的问题就是如何整合现行的诉讼程序以发挥其合力，特别是如何有效避免程序之间的不协调。

其次，局限性可能在于“认罪”与“认罚”的非同位性，严格来说二者并非同一位面的概念。陈瑞华教授指出，从理论上说，被告人“认罪”与“认罚”是两个性质截然不同的“供认”行为，前者是指被告人对检察院指控的犯罪事实和罪名给予了认可，后者则是指被告人对检察院提出的量刑建议不持异议。[1]司法实践中，“认罪”与“认罚”未必会同时发生，尤其是在较为重大的刑事案件中，如果将二者一起作为从宽的条件，那么客观上讲就会大大限制本制度的适用空间。况且，亦如陈瑞华教授所指出的，在被告人自愿认罪的情况下，即便被告人不认可检察机关的量刑建议，或者对量刑的种类和幅度提出异议，法院也应当对其适用宽大的刑事处罚。根据我国的司法经验，被告人的认罪态度向来都是一种重要的酌定量刑情节。被告人自愿认罪或者有“悔罪”表现的，法院通常都会酌情予以从轻处罚。[2]因此，从长远来看，建议将本制度的名称调整为“认罪从宽”而非“认罪认罚从宽”，同时原则上不应将“认罚”作为本制度适用的要件。

实际上，类似的问题早已出现在刑事和解程序的适用中，前文已经提及由于该程序的适用条件相对苛刻，这不仅限制了程序的适用范围，更间接造成了程序适用率低、违规适用本程序等问题。司法实践中，如果犯罪嫌疑人主动认罪、悔罪，并积极赔偿，即使没有得到被害人谅解，在审查起诉阶段，检察机关可以作出酌定不起诉的决定；在审判阶段，法院也可以从轻判罚。如果现行的立法结构不能得到合理的调整，那么司法机关适用刑事和解程序的积极性势必会受到影响。

综上，在进行制度创新的过程中，必须要解决好创新的方法、路径和目的之间的协调问题。创新本身并不能看成是目的，合理有效地解决问题才是目的。认罪从宽制度的生命力应当来源于制度本身的合理性和解决问题的实效性。说得具体一点，现行立法（包括实体法和程序法）中和司法改革试点中的制度、程序之间能否有效衔接，各项程序能否发挥实质性的功能，能否有效实现刑事案件的合理分流并提高诉讼效率，是检验该制度生命力的重要指标。

---

[1] 陈瑞华：《认罪认罚从宽改革的理论反思》，《当代法学》2016年第4期。

[2] 陈瑞华：《认罪认罚从宽改革的理论反思》，《当代法学》2016年第4期。

日本刑事协商制度的最新发展及其实践

尹治湘*

摘要：日本刑事协商制度又称之为侦查、审判协力型协商制度，指的是检察官（司法警察）与犯罪嫌疑人、被告人在特定案件中就他人所犯之罪进行协商并签署协议书，从而给予被追诉者从宽处理的制度。不同于辩诉交易或者认罪认罚从宽的是，该制度不仅在罪名和罪刑上有特别限制，而且针对的是他人所犯之罪，并非自己所犯之罪。日本刑事协商制度的逻辑起点是冤假错案的推动，目标预设是探索一种新的证据收集方法，以缓和过度依赖侦讯笔录的问题。该制度包括合意或协议的程序、审判程序的特例、合意的终了、合意履行的确保四个部分。自 2018 年 6 月实施后，在有组织犯罪，经济、贿赂犯罪中开始效果凸显。对比我国，认罪认罚从宽制度的全面推行还应重视以下问题：一是值班律师制度的完善；二是检察机关不起诉裁量权的规制；三是侦查协商的合理限制；四是法院审查方式的矫正；五是认罪认罚从宽应与自首、坦白形成层次性认识。

关键词：侦查；审判协助型协商；认罪认罚从宽；司法改革

一、引　　言

刑事协商[1]是效率指引下的一种新的司法范式，是犯罪嫌疑人、被告

---

* 尹治湘，三亚市城郊人民法院法官助理。

[1] 刑事协商在不同国家存在不同称呼，如美国为辩诉交易（Pleabargain），德国为刑事协商、合意制度（Verständigung），日本为司法交易、合意、协议等等。基于该理念的核心要义是协商，因此本文统称为刑事协商制度。

人与特定国家机关对话、协商、妥协的结果。在这个过程中,程序正义的内涵被重新解释,转化为新的正义状态,即当事人需要的正义抑或协商正义。[1] 1970年,美国联邦最高法院在"Brady V. United States"一案中率先确立了辩诉交易的正当性,之后,英国、加拿大、德国、意大利、西班牙以及东亚部分国家(地区)相继引进了该制度。如今,刑事协商已演变为世界范围内司法治理模式的重要抓手及实践。

辗转日本,从公布的《犯罪白皮书》来看,2015年至2017年,日本检察机关处理的犯罪人数为1191556人、1124506人、1063320人,起诉率为33.4%、33.4%、32.9%,裁量不起诉率(起诉犹豫)为64.4%、64.3%、64.8%。[2] 由此可知,日本约六成多的案件检察官会选择裁量不起诉,即相当体量的案件将会消解在审查起诉程序。此外,日本在侦查程序中规定了司法警察对轻微犯罪的非刑罚处置程序,审判程序中还规定了简易程序、略式裁判程序和即决裁判程序。综上可知,日本司法分流[3]的四梁八柱性工程已经构建并不断走向深入。

有鉴于此,日本在引进刑事协商制度时,已经充分认识到职权主义诉讼模式下的程序效率化改革的空间极其有限,转而将其定位为一种新的证据收集的方法。[4] 在2016年刑事诉讼法修正案中,进一步明确为侦查、审判协力型协商制度,即协助型协商制度。那么,这样的制度安排究竟会形成怎样的规范体系及其运行效果如何,在世界范围内都是崭新的课题。当然,这种新模式及其发展动向也是我国同类制度完善过程中必须关注甚至借鉴的样本。

---

[1] 参见唐力:《论协商性司法的理论基础》,《现代法学》2008年第6期。

[2] 参见日本法务省公布的历年《犯罪白皮书》,http://www.moj.go.jp/housouken/houso_hakusho2.html,访问日期:2019-04-06。

[3] 据日本学者研究,至少在1990年左右日本司法实务中就存在相当程度上的司法交易。如检察官以被告人认罪或者提供案件线索为条件,以较轻的诉因、求刑提起公诉,或者缓起诉、不起诉。参见[日]宇川春彦:《司法交易的思考(15)》,《判例时报》1997年第1614号。

[4] 参见黄士轩:《日本最近刑事程序立法动向概观——以刑事协商制度及刑事免责制度的引进为中心》,《月旦刑事法评论》2018年第12期。

二、日本刑事协商制度的立法经过

2016年6月3日，日本法务省正式公布《刑事诉讼法等部分修正的法律案》。此次修法主要集中在九个方面：一是引进讯问的录音录像制度；二是引进合意制度和刑事免责制度；三是通信监听的合理化、效率化；四是裁量保释判断时考虑事项的明确化；五是法律援助的充实化；六是扩充证据开示制度；七是扩大犯罪被害人、证人等的保护措施；八是提升毁灭证据等罪的法定刑；九是增加自白案件简单迅速处理的措施。[1]

以上措施仅仅围绕侦讯的规范化、证据收集的多样化以及庭审的实质化展开。从宏观角度来说，整体面向的是审判中心主义的刑事诉讼构造，对侦控审辩各主体关系矫正和职能优化具有建设性作用。从微观视角来说，引进合意制度，并同时运行录音录像制度和法律援助制度，其本质目的还是从侦查破题，希望通过多套措施来摆脱过度依赖口供、依赖书面审理的司法“顽疾”，让“检察官司法”朝着“核心司法”[2]的方向发展。基于以上事实，下文将对日本引进刑事协商制度的重要时点及其背景原因予以梳理。

（一）缘起：伪造、行使伪造公文案

2004年，一个名为“凛之会”的组织，为了获得邮费上的优惠，自称是残疾人的社会福利事业支援机构。为此，该组织向东京邮局提出申请，并取得了主管局长署名的证明文书。2010年，该组织因涉嫌大量偷逃邮费，大阪地检特搜部遂展开立案侦查，之后，大阪地方检察署以伪造公文书及行使伪造公文书之罪对主管部门的两名负责人进行逮捕并提起公诉。

令人诧异的是，庭审过程中，一向以精密司法、有罪率99.9%著称的日本检察官竟存在诱导证人作证、篡改证据等重大程序违法。以至于该案被一审法院判处无罪，二审（控诉审）继续维持原判，三审（上告审）时检察官最终放弃上诉。

---

[1] 参见日本法务省公布的《刑事诉讼法等部分修正的法律案》，http://www.moj.go.jp/content/001149703.pdf，访问日期：2019-04-06。

[2] “核心司法”是日本平野龙一教授提出的概念，是针对检察官决定司法的相对概念，即要求案件审理要通过公审庭上的示证获得心证，不能再依靠阅读笔录，为此要求侦查笔录必须简明扼要，突出核心内容。

该案之所以在日本司法系统具有标杆性意义或者说是日本司法改革的导火索，是因为涉及两方面的改革原因。一是政治上的原因(内因)。该案直接促成相关侦查人员、检察官被追究刑事责任，并导致时任最高检察署总检察长、副总检察长引咎辞职。这种追责力度及影响程度是空前的，引发了日本最高层的过问和重视。二是社会舆论的原因(外因)。该案连带触动了先前发生过的冤假错案，也挑战了日本民众最朴素的正义感，这种积累已久的"历史旧账"和"民愤"叠加要求司法必须改革。

基于上述原因，日本司法当局想纠偏、真纠偏的决心已然，首当其冲的是从检察体制改革入手，因为日本检察机关不仅具有自侦权，而且还可以指挥司法警察进行侦查。为此，日本法务大臣设立并召开了"检察应有状态研讨会议(2010年11月)""面向检察的再生(2011年3月)""法务大臣的咨询(2011年5月)"等多次全国性会议，形成了一系列文件精神。[1] 其中具有统一的认识是：要构建新的司法制度，重新检视过度依赖讯问与供述笔录的侦查方式和审判方式。

日本刑事协商制度正是在此认识基础上的产物，力图解决两方面的问题。一是通过量刑优惠来激发被追诉者在他人案件中作证的动力，从而拓宽证据收集的渠道，以解决组织、经济等犯罪中取证难的问题。二是通过量刑优惠促使被追诉者如实供述，以改善证据相对薄弱的案件中取证不规范的问题。

但究其根本，都是为了在防范冤假错案上做出新的制度贡献。因为，产生冤假错案最主要的原因就是，侦控审机关受"疑罪从无/轻""重口供、轻客观证据""留有余地的判决"等错误理念引导以及由此而形成刑讯逼供、暴力取证、伪造证据的司法陋习。日本恪守"精密司法"和"高有罪率"的诉讼传统，侦查中心主义的格局长期存在并深刻影响着侦查行为乃至审判活动的有效展开。这种侦讯笔录成为事实认定主要依据的做法，促使侦查机关会采取一切手段获得犯罪嫌疑人的口供，以让其"认罪伏法"。但是，这样的取证方式极有可能是犯罪嫌疑人不真实、不自愿的表达，甚至是侦查机关威逼利诱下的供述，也就为冤错案件的出现埋下了隐患。因而，通过量刑优惠，让犯罪嫌疑人提供他人犯罪的证据或线索，不仅可以改善侦查过度依赖笔录的问题，也可以让犯罪嫌疑人在量刑从宽下认罪，还可以让其他案件因犯

[1] 高一飞：《"审判中心"的观念史》，《国家检察官学院学报》2018年第4期。

罪嫌疑人的供述而侦破，最终让造成冤错案件的风险降到更低层级，以做到多方问题的有效衔接和解决。

(二)雏形：法制审议会形成最终报告

从 2011 年 6 月到 2014 年 7 月，日本法制审议会共召开 30 次特别会议、20 次专题会议来研究刑事协商及相关制度。[1]

2011 年 6 月，法制审议会成立了由刑事法学者(7 人)，司法实务人士(12 人)，被害人团体、劳动团体、经济界、媒体界等有志之士(7 人)为委员，14 位刑事法学者及实务家为干事的“新时代的刑事司法制度特别部门会议”(以下简称“特别部门会议”)。该特别部门会议的功能相当于立法编纂小组，是一个临时、专业的非政府机构，为日本刑事司法制度改革做了大量繁重的前期工作，刑事协商制度的考察、论证、起草乃至最终文本的形成都与他们息息相关。

2013 年 1 月，历经 18 个月后，该特别部门会议于第 19 次会议形成了《符合时代的新刑事司法制度的基本构想》，也称之为“中间报告书”。该“中间报告书”大篇幅地指出，过分依赖侦查口供、笔录会导致司法构造变形，审判沦为走过场。侦查中将追求真相的目标绝对化，会导致犯罪嫌疑人提供虚假口供，极易造成误判和冤假错案，也不利于程序正当。更为重要的是，该“中间报告书”的第一部分提出，在刑事程序法中制定协商制度与刑事免责制度。这是立法文件中首次提出引进刑事协商制度的声音，开启了刑事协商制度立法化的新纪元。

2014 年 2 月，法制审议会从立法工作精细化的视野出发，再次将特别部门会议的委员、干事各 7 人，分成两个分科会议小组。该分科小组针对不同领域的立法问题各召开了 10 次专题会议。分科小组还赴欧美国家进行实地调研，对欧美国家认罪型协商程序的发展有了较为充分的认识。在此基础上，分科小组极力在探索一条符合日本国情的刑事协商路径，并形成了相关草案，即提出了在刑事程序法上引进侦查、审判协力型协商制度以及刑事免责制度的立法构想。这一草案明确了日本刑事协商制度的方向，即针对他人刑事案件的协助型协商，将前期立法工作向实处推进了一大步。

---

[1] 以下内容参照日本法制审议会“新时代的刑事司法制度特别部门会议”的历次议事录及文件。

2014年4月,法务省主管部门出台了《事务主管当局试案》(以下简称《试案》)。《试案》旗帜鲜明地提出,在刑事程序法上要建立侦查、审判协力型协商制度。协助型协商得到了日本官方的认证,为之后的最终报告以及立法规范的出台做了一次事前确认。

2014年7月,在第30次特别部门会议上,法制审议会全体委员形成了回复法务大臣咨询的一致意见,即《关于构筑新刑事司法制度的调查审议结果的报告书》(以下简称《最终报告书》)。该《最终报告书》以准法案的形式再次确认了在刑事程序法上引进侦查、审判协力型协商制度。

(三)定型:国会审议并通过

日本法务省在《最终报告书》的基础上形成了《刑事诉讼法等部分修正的法律案》。该修正案经内阁审阅,于2015年3月13日提交日本第189次国会审议。

在参、众两院的审议中,部分与会议员[1]对引进刑事协商制度表达了强烈的质疑和担忧。主要包括两个方面:一是犯罪嫌疑人、被告人可能提供虚假或者不完整的供述来诬陷他人、转嫁责任。二是犯罪嫌疑人、被告人为了获得量刑上的优惠,可能顺从检察官的意思进行非自由意志或不自愿的供述。

就上述质疑,日本法务大臣在答复众议院咨询的过程中提出了三方面的应对措施。一是规定协商过程有辩护律师参与。二是规定协商的内容在日后作为协助的标的,在他人刑事审判程序中需受法院调查,由法院严格审查供述的真实性。三是新设刑法条款,专门处罚在协商程序中提供虚假供述之人。

众议院议员听取法务大臣的答复后,解除了牵连诬陷和证言不实的疑虑,并在修正案中细化了刑事协商制度的相关细节内容。2016年5月20日,该修正案同样得到参议院的认可,相关内容被纳入日本刑事诉讼法第二编第一审第四章"关于对协助收集证据等以及追诉的合意(第350条之2至第350条之15)",并于2018年6月1正式生效。

---

[1] 其中的典型代表有众议院的黑岩宇洋、井出庸生、井野俊郎委员,参议院的鱼住裕一郎委员。

三、日本刑事协商制度的内容

刑事协商作为日本刑事诉讼法中专门的一章，共 14 个条文。从立法体例的纵向面来说，主要包括合意或协议的程序、审判程序的特例、合意的终了、合意履行的确保四个方面。但是，为了更好地理解该制度，下文将从内容的横向角度进行切入。

（一）协商的对象及范围

首先，日本刑事协商制度针对的是他人所犯的特定刑事犯罪，并非是对犯罪嫌疑人、被告人自己所犯之罪进行协商。换言之，是以知悉他人所犯之罪的优势条件来获得量刑优待，从而承认自己所犯之罪。在认罪的时间顺序上与一般意义的认罪协商存在差异，即先协商后认罪，协商色彩更加浓厚。他人的刑事案件，包括侦查机关没有掌握的他人犯罪以及共同犯罪中的他人犯罪。

其次，协商的罪刑和罪名有特别限制。在罪刑方面，不能就法定刑为死刑、无期徒刑的案件进行协商。在罪名上，只能针对以下五大类犯罪进行协商：

第一类是，日本刑法第 96 条的破坏封印罪、第 96 条之 2 的以妨害强制执行目的损坏财产罪、第 96 条之 3 的妨害强制执行行为罪、第 96 条之 4 的妨害强制执行相关之拍卖罪、第 96 条之 5 的加重毁损封印等罪、第 96 条之 6 的妨害有关公契约关系之拍卖罪；第 155 条的伪造公文书罪或依第 155 条之例处断之罪；第 157 条的公证证书登记不实罪；第 158 条的行使伪造公文书罪（以有关第 155 条之罪、应依第 155 条之例处断之罪，或第 157 条第 1 项、第 2 项之罪者为限）；第 159 条至第 163 条之之罪（伪造私文书、有价证券及侵害支付卡电磁记录之各罪）；第 197 条至第 197 条之 4 的贿赂罪各罪；第 198 条的行贿罪；第 246 条至第 250 条的诈欺、恐吓与背信各罪或第 252 条至第 254 条的侵占、业务上侵占与侵占遗失物各罪（第 350 条之 2 第 2 项第 1 款）。

第二类是，关于处罚组织犯罪与犯罪收益规制之法律（以下简称“组织犯罪处罚法”）中，有关第 3 条第 1 项第 1 款至第 4 款、第 13 款或第 14 款所定各罪及其未遂罪，以及同条第 10 条或第 11 条之罪（同条第 2 款）。

第三类是，关于租税、私人垄断禁止与确保公平交易之法律、金融商品交易法之罪，或其他政令所定有关财政经济之犯罪（同条第 3 款）。

第四类是，爆裂物取缔法、大麻取缔法、麻药与精神药物取缔法、武器等制造法、鸦片法、持有枪炮刀剑类等取缔法、关于国际协力下为防止助长关于管制药物之不正行为之麻药与精神药物取缔法等特例之法律（即“麻药特例法”）所规定之罪（同条第 4 款）。

第五类是，日本刑法第 103 条的藏匿犯人罪、第 104 条的毁灭证据或伪造、变造证据或行使伪、变造证据罪、刑法第 105 条之 2 的胁迫证人等罪（同条第 5 款）。

从以上罪名来看，日本刑事协商的犯罪对象主要包括有组织犯罪、贿赂犯罪、部分财产犯罪、特别法上的财政经济犯罪、药物枪支犯罪。强奸、杀人等重罪以及需要裁判员参加的案件则不属于协商的范围。之所以如此，主要有两方面的原因：一是引进刑事协商制度的目的在于证据收集的多元化，因此在上述犯罪中实施能够更好地发挥这一功能。[1] 二是排除故意杀人等重罪以及裁判员裁判之罪，是因为担心制度首次实施，裁判员在量刑时可能很难理解协助后的减轻处罚，[2]同时也很难取得被害人的谅解。

（二）协商的主体及内容

一是司法警察与犯罪嫌疑人协商。日本的协助型协商规定了司法警察的参与地位。即，检察官就司法警察移送的案件或者正在侦查的案件，如果要与犯罪嫌疑人进行协商，需先与司法警察达成协议。检察官认为有必要时，也可以授权司法警察向犯罪嫌疑人要求提供证言或者进行其他必要行为。赋予司法警察协商权是日本协助型协商的特色，主要是考虑到正在侦查的案件一旦进行协商就会对整个侦查活动产生影响，因此有必要确立司法警察的协商角色，不仅有利于司法警察在收集证据中增加更多选项，也有利于提高办案效率，减少犯罪嫌疑人与侦查机关的对抗。但是，为了防止侦查协商的滥用和权力结构的异化，司法警察的协商结果会受到检察官的程序性审查，也即侦查协商的结果不具有终局性。

---

[1] [日]古川崇：《法制审议会议审议的经过及概要》，《論究ジュリスト》2015 年第 12 号。

[2] [日]池田公博：《刑诉法修正案的协议・合意》，《法律时报》2016 年第 4 号。

二是检察官与犯罪嫌疑人、被告人协商。检察官在起诉前、起诉后都能与犯罪嫌疑人、被告人进行协商。检察官与犯罪嫌疑人、被告人进行协商必须取得辩护律师的同意，达成的协议必须有检察官、犯罪嫌疑人（被告人）以及辩论律师的共同署名。但是，当犯罪嫌疑人、被告人对协议内容无异议时，也可由辩护律师代之，只需检察官与辩护律师签名即可。

三是协商的具体事项。检察官在协商时要根据协商所得证据的重要性、关联犯罪的轻重及状况、关联犯罪的相关度等进行综合把握。协商的情形主要包括三个方面：（1）根据日本刑事诉讼法第198条第1项或者第223条第1项的规定，检察官、检察事务官、司法警察讯问时认为是真实的供述；（2）作为证人受到询问时认为是真实的供述；（3）检察官、检察事务官、司法警察为收集有关证据、提出证据以及其他必要协助时。

就以上三种情况的一项或者多项进行协商时，检察官可以做出以下七个方面的减轻决定：（1）不起诉；（2）撤回起诉；（3）以特定诉因或处罚条款提起公诉，或者维持以此提起的公诉；（4）请求追加或者撤回特定诉因或处罚条款；（5）根据第293条第1项陈述意见的规定，陈述意见时对被告人科以特定的求刑意见；（6）申请法院适用即决裁判程序；（7）申请法院适用略式命令。

基于上述规范的价值导向，我们还应当注意日本刑事协商制度的以下四点内容：一是被告人进行协商的前提是提供真实供述，不得与检察官就特定目的下的特定内容进行供述；二是协商后达成的必要事项或附随事项，不涉及释放在押的犯罪嫌疑人、被告人等人身拘束方面的内容；[1]三是协商的最终决定权仍把控在检察官手中；四是合意或协议结果已经从量刑协商突破到罪名变更和审前的无罪化处理；

（三）协商内容的担保及责任

第一，协议内容的担保。在日本众议院审议刑诉法修正案时，就曾对如何保证证言真实性以及防止牵连诬陷的双重危险提出过质疑。日本法务省除提出协商过程有辩护律师参与和设立虚假供述罪之外，还特别提出证言必须受到法官的严格审查。具体来说，日本刑事诉讼法第350条之7、8、9

---

[1] ［日］最高检察厅新制度准备室：《关于合意制度当前运用之检察的思考》，《法律のひろば》，2018年第4号。

共同规定只要是协商或者被协商的案件进入审判程序，检察官就有义务向法院申请调查该协议的真实性及合法性，也称之为检察官的申请证据调查义务。法院调查证据的最大优势在于，可将被告人作为证人而作的供述明示为基于合意而作的供述，同时该供述还可以当庭接受反询问，供述的真实性可得到进一步检验。

第二，违反协议的责任。违反协议包括因双方原因或者其他原因而不能履行合意，前者属于主观履行不能，后者属于客观履行不能。就双方原因导致协议不能履行而言，又可以细分为以下两个方面：

一是如果检察官违反协议内容，将会有以下四种“处罚”方式：(1)被告人可以以书面形式脱离该合意；(2)当检察官出现违反任意一项减轻决定时，法院可以判决驳回起诉；(3)当检察官违反维持特定诉因或者处罚条款的合意时，法院不得同意其请求变更或者追加非合意的诉因或条款；(4)检察官在协商过程中取得的犯罪嫌疑人、被告人的供述以及基于被告人合意而得之证据，原则上不能作为证据使用，但是基于此证据而得的派生证据不受限制。

二是如果犯罪嫌疑人、被告人违法协议内容，即犯罪嫌疑人、被告人所做的供述为非真实的内容或者达成合意后查明该供述为非真实的内容或者提供的证据为伪造、编造的情形时，检察官可以脱离该合意。对于犯罪嫌疑人、被告人的虚假供述行为，可以根据日本刑事诉讼法第350条之15第1项之规定判处5年以下有期徒刑。

四、日本刑事协商制度的实践效果

(一)日本刑事协商制度的积极效果

我们可以看到，日本刑事协商制度在立法设计上至少存在三方面的优势：一是在证据不充分的案件中，有利于发现事实真相，给案件侦破提供重要方向；二是有利于案件的快速处理，从而节约司法资源和诉讼成本；三是有利于强化企业因担心被告发而选择合规经营的心理态势。就司法实践来说，这样的效果也逐渐得以彰显。

日本第一例适用刑事协商的案件是对外国公务员行贿(已决案件)。据

《NHK新闻》报道[1],三菱日立电力系统公司的职员因在泰国发电站项目中涉嫌对当地公务人员行贿,且行贿数额高达几千万日元。根据日本《刑法》及《反不正当竞争法》规定,公司与职员都可能构成犯罪。如果犯罪成立,那么公司将被处以3亿日元以下的罚金。为了免受刑事处罚,公司方向东京地方检察厅特搜部报告了相关情况,并申请适用刑事协商制度。协议达成后,作为优惠条件,东京地检撤销了对公司方的起诉。最终,东京地方法院认可了该协议,判决该职员构成犯罪。

日本第二例适用刑事协商的案件是经济犯罪(未决案件)。据《朝日新闻》报道[2],日产汽车公司前董事长卡洛斯·戈恩(Carlos Ghosn)和董事格雷格·凯利(Greg Kelly)涉嫌虚假记录有价证券报告书,多次少报实际报酬近40亿日元。根据日本《金融商品交易法》规定,公司与戈恩都将面临刑事处罚。日产汽车公司发现这一情况后,固定了相关证据并将情况反映给东京地方检察厅特搜部。之后,东京地方检察厅与日产汽车公司达成协议,东京检方保留了对公司方追诉的权力。

就上述两宗案件而言,都是企业法人刑事豁免或者部分豁免的典型案例,为企业的健康、稳定发展提供了新的制度支撑。换言之,通过刑事程序法的手段避免了企业因相关员工的行为而带来刑事责任,也倒逼了企业以刑事法律的标准来识别、评估公司业务上的法律风险。这种变化与实体法上的刑事合规(Criminal Compliance)理念也不谋而合,避免了刑罚责任的扩大化,直至摧垮整个企业的"多输"结果。[3] 另一方面,也激发了犯罪嫌疑人、被告人向侦查机关提供案件线索的积极性,增加了侦查机关取证的渠道和方式,瓦解了特殊犯罪中攻守同盟、证据单一的问题,有利于强化证据链及指控的力度。

---

[1] 参见《NHK新闻》:《在适用"司法交易"案件中的首次有罪判决——东京地裁》,https://www3.nhk.or.jp/news/html/20190301/k10011833191000.html,访问日期:2019-03-01。

[2] 参见《朝日新闻》:《戈恩前会长的公判,与日产不分开审理,审理期限不明》,https://news.goo.ne.jp/article/asahi/nation/ASM4V62CGM4VUTIL06Y.html,访问日期:2019-04-26。

[3] 参见孙国祥:《刑事合规的理念、机能和中国的构建》,《中国刑事法杂志》2019年第2期。

(二)日本刑事协商制度的不足之处

在日本刑事协商制度还未实施之前,田口守一教授就从比较法的角度提出了三方面的建议。一是必须保证协议程序的透明性。协议不应是在职权主义下达成,而是基于当事人主义的诉讼模式下形成,并且书面协议不应只是载明结论,而是要载明协议的过程。二是对于"他人的刑事案件"应当作限制性解释,犯罪嫌疑人、被告人应当是与其他罪犯在实体上存在关联性,排除强制措施等程序上的关联性。三是对于供述的真实性应当形成层次性认识。一般而言,被告人认罪案件的供述信用度高,协商理由更充分,反之则信用性低,协商应更为谨慎。[1]

田口守一教授提出的前瞻性、具体性建议,一定程度上指导了新法的适用,但是上述问题并未得到制度意义上的解决。从新法实施的情况来看,包括上述问题在内,日本理论界、实务界的其他人士也提出了相应质疑。总体来说,可概括为两个方面:

一是如何防范新的冤假错案出现的问题。日本刑事协商制度原本对防范冤假错案具有积极意义,但我们不能忽视这样类似于污点证人的制度,其作证豁免就是为了取得证言而进行的一种司法交易[2],使拟制化的证人放弃了"任何人不得强迫自证其罪"的宪法性特权,至少在理论上,与无罪推定的理念存在冲突。[3] 例如,在企业犯罪案件中,虽然事实行为者(犯罪之人)是法人,但法人代表的是企业,因此检察官与企业进行协商本身就存在自证其罪的嫌疑,也突破了双罚制原则。[4] 此外,犯罪嫌疑人、被告人为了自己获得量刑上的优待,供述他人犯罪事实时,无论供述的真实性如何,也有个人正义优位于他人正义或者社会正义的问题。基于这样的理念驱动,犯罪嫌疑人、被告人总会通过某种方式,哪怕是非正义的方式,以获得罪轻,甚至无罪的量刑优惠。

---

[1] [日]田口守一:《德国刑事诉讼合意制度的运用》,《信州大学经法论集》2017年第1号。

[2] 马登科、陈幸欢:《污点证人作证豁免制度探析》,《昆明理工大学学报·社科(法学版)》2007年第3期。

[3] [日]清水晴生:《司法交易与共犯者的自白》,《白鸥法学》2017年第24卷1号。

[4] [日]山本雅昭:《日本版司法交易的施行和企业犯罪》,《法科大学院论集》2019年第15号。

这就不排除犯罪嫌疑人、被告人仍可能提供虚假供述，无论虚假供述是其自由意志的表达还是受到侦查人员的诱导，在层层把控和形成统一认识后，对法庭审理都会造成新的极大挑战。如果法庭对虚假供述再次确认，并在另案中作为重要证据予以采信，则会造成新的不公，甚至出现冤假错案。据美国西北大学 2004 年的统计，死刑冤罪案件中有 45.9％是来自于证人的不实证言。从实体真实的角度而言，被告人的口供只具有证据法上的证明价值，并没有造成程序终结的价值，但无论是日本的协助型协商还是认罪型协商都打破了这个传统。不实证言抑或虚假证言的驱动力、证明力、终局力发生了根本转变，为冤假错案的发生提供的新的可能方向。

二是如何审查供述证言真实性的问题。从理论上来说，只要犯罪嫌疑人、被告人出自真诚的供述、悔罪，都应当给予一定量刑上的优惠。但不同于美国的有罪答辩程序，仅需审查被告人具有认罪的自愿性、明知性即可。日本作为传统的职权主义国家，实体真实的理念根深蒂固，因此作为证据的口供的真实性或者信用性就至关重要。退言之，既然程序上无法完全杜绝犯罪嫌疑人、被告人提供虚假供述或者受胁迫提供虚假供述，那么就有必要从程序或者实体上对证言的真实性做出限制和安排。从日本刑事诉讼法新规定的三个措施而言，还存在以下问题：

首先，辩护律师在场权的问题。虽然法律上规定了辩护律师的在场协商权，即协议必须由辩护律师在场签订，但没有规定辩护律师在场的时间和顺位。换言之，协议可能是犯罪嫌疑人、被告人与司法警察（检察官）之间达成后，再征求辩护律师同意的结果。[1] 这样的合意其实在真实性上就大打折扣，辩方的监督作用也就无从施展。

其次，形式供证的问题。尽管犯罪嫌疑人、被告人只是形式上的认罪并提供证言，但受限于透漏更多细节可能遭受其他不确定处罚或者民事赔偿，因而这种证言的真实性是有限度的。不过，基于诉讼便宜和其他综合因素的考量，法院可能也乐于接受这样的供证。[2] 这就可能导致最后的把关者

[1] 参见[日]清水晴生：《司法交易与共犯者的自白》，《白鸥法学》2017 年第 24 卷 1 号。

[2] 德国的疏勒曼教授曾向法官问道，如果在审判中没有提出足够的定罪证据，是否还会接受一个认罪口供，大约 72％的法官表示会接受这个口供，并把它作为认定有罪的主要基础。尽管德国存在审辩协商，但是这种裁判方式对大陆法系国家是具有共通性的。李昌盛：《德国刑事协商制度研究》，《现代法学》2011 第 6 期。

失守,全面调查证据(证据裁判原则)并接受反询问的规则无法落实。

最后,供述证言真实性担保的问题。理论上,供述真实性的审查主体应当是检察官和法官,不应将供述的责任过分加重到犯罪嫌疑人、被告人的实体性归责。从控辩对等的角度来说,将犯罪嫌疑人、被告人的虚假供述限定在 5 年以下有期徒刑也有违平等协商原则。检察官应当客观履行证据审查的义务,防止将"有病证据"一并带入审判程序。裁判者也应当重视证言真实性的调查,保持对供述证据的合理怀疑。因此,将证言真实性的担保责任完全放在一个涉嫌犯罪之人的身上,这是不可靠也是不现实的。

五、中日刑事协商制度的简要比较

2016 年 11 月至 2018 年 10 月,在历经两年左右的时间,我国认罪认罚从宽制度从部分试点走向了全国推行,并上升为一项重要的刑事诉讼法原则。毋庸置疑,认罪认罚从宽是解决人案矛盾的重要治理手段,在实践中也取得了可喜成绩。但是,对于实施过程中暴露的问题也引起了法律界的关注。有学者从认罪认罚案件的证明标准[1]以及上诉权[2]的问题进行了理论和实践分析。也有学者从概念理解、制度内容方面提出了不同见解。[3]还有学者从检察官裁量权、具结书的限制力、法院的审查义务等角度给予了有力批判。[4] 总体来说,可概括为认罪认罚从宽制度中的相关术语定义不明,检察官自由裁量权过大,律师参与、法院审查形式化以及证明标准、被告人上诉权存在认识不统一的问题。当然,这些问题是制度实施后逐步推进的实践总结,对认罪认罚从宽制度的新一轮发展具有正面引导的作用。

从日本来说,在历经 5 年左右才将刑事协商制度的内容转化为法律文本,充分体现了此次修法的谨慎,也区别于我国"先试点后实施"的推进方式。在目标设定上,日本的刑事协商仍是实体真实视角下为了查明犯罪事实的一种手段或方法,其解决的问题和承担的使命与我国的认罪认罚型协

---

[1] 参见孙长永:《认罪认罚案件的证明标准》,《法学研究》2018 年第 1 期。

[2] 参见孙长永:《比较法视野下认罪认罚案件被告人的上诉权》,《比较法研究》2019 年第 3 期。

[3] 参见周新:《认罪认罚从宽制度立法化的重点问题研究》,《中国法学》2018 年第 6 期。

[4] 参见魏晓娜:《结构视角下的认罪认罚从宽制度》,《法学家》2019 年第 2 期。

商具有差别。这也就决定了两者之间在内容和程序设置上必然存在不同。但是，基于刑事协商的大框架以及两国诉讼制度的共通性，两者之间又存在比较的前提和基础。

(一)立法技术上的选择

从立法技术角度来说，我国2018年对认罪认罚制度的修改与1996年、2012年修法一样，采用的是修正案模式。有学者对此解释为，刑事诉讼法本身具有体系性，并非个别修改与局部完善即能满足现实需求，是原则到规则的提升，具有灵活、高效的特点，因此修正案模式更符合实际情况。[1] 但是，从此次修法模式的效果来看，并未如此，条文序号和篇章结构混乱，一定程度上冲击了法的体系性和完整性。

因此，对照日本修法经验，采用原有序号基础上的"删减法"，即在修改法律条文时，明确对法典中某一条文进行改换、删除、增补或者在法典中专门辟出一部分来规定补充条款的法典延伸技术，可能更加符合成文法国家的通行做法。日本此次修法采用增补的方式，在日本刑事诉讼法第350条的基础上增加至第350条之12，体现了司法技术上的人性化。这对我国刑事诉讼法的修改是具有深刻意义的方面，当然日本修法过程的精细化以及尊重社会力量的做法也同样值得我们学习。

(二)侦查阶段刑事协商的边界

在我国，对于侦查程序能否适用认罪认罚从宽制度的讨论一直存在。实务上为了破案或者获得更多有罪线索，则呈现出开放态度，但理论界则呈现出相对保守的态度。不过，2018年刑事诉讼法第128条已经明确指出，只要犯罪嫌疑人如实供述，有重大立功或涉及重大利益，层报最高检核准后，公安机关就可以做出撤销案件的决定。

这一规定不仅肯定了我国侦查阶段可以适用认罪认罚从宽，更为重要的是肯定了公安机关具有撤销案件的权力。这种制度安排尽管具有严格的程序要求，但突破了侦查只是认罪认罚预备性程序的底线要求。从我国刑事诉讼法第15条、第162条、第166条对公安机关撤销案件的立法精神来

---

[1] 卞建林、谢澍:《刑事诉讼法再修改:解读与反思》,《中共中央党校学报》2018年第6期。

看，均限于不应当追究刑事责任的情形，实际上否定了侦查机关在犯罪嫌疑人已经构成犯罪、需要追究刑事责任情形下的裁量权。[1] 放眼域外，法国、德国的司法警察不仅没有撤销案件的裁量权，甚至无权自行侦查或者撤销案件，必须得到检察官的批准或者许可。

就日本而言，虽然司法警察具有协商权，但必须接受检察官的指挥，司法警察的处理权限并未涉及撤销案件，双方之间的协议仅是一个未签名的意向而已。不可否认，我国刑诉法第128条规定的情形会受到最高检察机关的审查和监督，但是公安机关做出撤销决定的基础和路径已发生改变，甚至冲击了公检法的职权分工原则。退言之，鉴于该条款的严格程序设定，在实践层面也难以启动，至少目前还未被适用。申言之，对于重大立功或涉及重大利益的情形，我们不仅要从宽处理，还要从快处理，层报最高检的方式未必就能做到从快、从速。

因此，根据日本及其他国家的经验，侦查协商应当严格限定为预备性程序，不应定义为实体处理程序，既然刑诉法第128条已成事实，那么有必要在司法实践中尽量慎用。此外，我国认罪认罚从宽应当排除“强制措施从宽”，“从宽”处理应严格限定为对案件的实体处理予以从宽。

(三)检察官追诉裁量权的规制

量刑协商确实增加了检察官不起诉或者选择性起诉的可能，或者说演化为一种新的追诉裁量权。我们当然有理由怀疑，如果检察官失控或者与被告人沆瀣一气，那些暗自达成且未受监督的协议将会造成新的司法不公。就我国检察机关而言，不仅可以与被告人进行量刑协商，甚至可以就涉嫌罪名的某一项或某几项不起诉，法定起诉的原则进一步被突破。

但是，从日本做法来看，一方面规定了检察官的法定证据提出义务，不仅对法院查明事实和证据认定具有提示作用，也有利于强化法官的内心确证，从而做出符合客观实际的判决。相较于我国，认罪认罚案件的审理程序极为简化，法庭对被告人自愿性、真实性、合法性的审查也就寥寥几分钟，法官庭前阅卷审查代替庭审审查的情况十分突出。但是，被告人认罪只是供述证据的形式之一，并不能免除或者减轻法庭调查事实的义务，法庭审查只是简化言词辩论等程序，以便快速结案。另一方面，日本也形成了较为完善

[1] 魏晓娜：《结构视角下的认罪认罚从宽制度》，《法学家》2019年第2期。

的检察权外部监督机制。日本为了监督检察官不起诉裁量权的滥用，设立了检察审查会制度，且在2004年修订时增加了强制起诉制度，进一步强化了对检察官不起诉裁量权的规制和约束。反观我国，人民监督员制度对制约检察权的效果有限。特别是在反渎反贪案件自侦权转隶至监察委的背景下，人民监督员原本监督检察机关“直接受理立案侦查的案件”的对象和前提已经不复存在。因此，在监督机制不尽完善的背景下，更有必要在认罪认罚案件中对检察官的追诉裁量权进行适度限制和平衡。

（四）辩护律师参与案件的程度

刑事协商得以在犯罪嫌疑人、被告人与检察官之间平等进行的基础就是有辩护人参与，而侦查阶段的辩护人参与又是整个合意达成最关键的环节。因为侦查阶段是犯罪嫌疑人最需要帮助，也是最可能出现不自愿或者虚假供述的阶段。为此，中日两国引进刑事协商制度的同时，也对辩护律师制度进行了配套规制。

我国在2018年刑事诉讼法中规定了认罪认罚案件实行值班律师全覆盖。值班律师参与协商的阶段包括认罪量刑环节和签署具结书环节，一定程度上为犯罪嫌疑人自愿如实供述提供了制度屏障。但是，相较于日本，我国的值班律师制度虽然在认罪认罚案件中实现了“有人帮助”的问题，但距离“有效帮助”还仍有差距。[1] 我国值班律师主要提供的是法律咨询、程序选择建议、申请变更强制措施等告知性、一般性的法律服务，并不具有“急诊科大夫”的作用。

然而，日本2016年刑事诉讼法规定，所有刑事案件的犯罪嫌疑人，在被羁押后，只要符合贫困条件，都有权获得国选辩护人的帮助。日本得以将国选辩护人制度推广到侦查阶段并逐步实现刑事案件全覆盖的重要原因就是值班律师制度（免费）的不断成熟和推动。日本大约有46%的律师登记为值班律师，每年有4万至5万的犯罪嫌疑人获得帮助，且值班律师只服务于犯罪嫌疑人被逮捕到法官批准逮捕的有限时段。此外，日本值班律师还可以成为犯罪嫌疑人后续阶段的辩护人，甚至为困难群体提供免费代理。这些制度上的优势是我国认罪认罚从宽所不能企及的。加之日本还规定了司

[1] 韩旭：《认罪认罚从宽制度中的值班律师——现状考察、制度局限以及法律帮助全覆盖》，《政法学刊》2018年第2期。

法警察的告知义务，形成了相对完整、规范的告知程序，在"保障犯罪嫌疑人自愿性"的预设功能上更为周全，是我们应该合理借鉴的部分。

（五）认罪认罚与自首、坦白的关系

就日本而言，对于自首与协商优惠是否存在适用冲突或者重复评价的问题，日本法制审议会也极为关注。正是基于这样的考量，日本选择了协助型协商，而没有引入认罪型协商。日本较为统一的观点是：从被害人立场而言，犯罪嫌疑人、被告人就所犯之罪理应如实供述，但如果引进认罪型协商，反而使犯罪嫌疑人、被告人可能在协商条件不充分时不认罪，本应认罪的当然行为变成了协商的筹码，会导致协商时相应量刑或者罪名因为被告的此种行为而大幅让步，最终使罪犯不能得到妥当处罚，令被害人难以接受。[1] 日本司法界的观点其实承认了自首（坦白）与量刑协商存在实体和程序上的冲突，担心犯罪嫌疑人可能会将不认罪作为协商的条件以讨价还价。日本将刑事协商限定为他人案件，其实已经将协商的筹码进行了置换，即犯罪嫌疑人是否有供述他人犯罪的证据（证言），至于协商中或者协商后的认罪或者不认罪表现只是后续评价的参考，关键在于犯罪嫌疑人提供的证据是否真实，协商优惠与自首（坦白）其实已经分离，并形成了层次性评价。

就我国而言，刑法第 67 条规定了自首和坦白的成立条件。在逻辑上，自首、坦白与认罪认罚存在量刑评价上的重复性，且认罪认罚的标准更高。以樊崇义教授为代表的多数观点来看，认罪认罚从宽应当是自首、坦白、认罪之外一个新的独立的法定量刑情节，两者应当是并列关系，可以累加适用。[2] 但周光权教授提出，对于认罪认罚从宽案件如果实体法上不作规定，实务上可能存在冲击量刑底线的问题，不能认为根据刑事诉讼法第 15 条的规定就可以直接对被告人减轻处罚，诉讼法上的认罪认罚无法成为独立的法定从宽处罚情节，必须刑法典化，缺乏实体法支撑的刑罚减让终究是有限的。[3] 鉴于我国对于该问题的认识还没有得到规范性文件的指引，因此可以从日本处理该问题的方法论中得出相应启示。即，对于认罪认罚与自首、坦白应当形成梯度认识，即自首型认罪认罚＞坦白型认罪认罚＞自首

---

[1] [日]川出敏裕：《论合意制度及刑事免责制度》，《論究ジュリスト》2015 年第 12 号。

[2] 樊崇义：《认罪认罚从宽与自首坦白》，《人民法治》2019 年第 1 期。

[3] 周光权：《论刑法与认罪认罚从宽制度的衔接》，《清华法学》2019 年第 3 期。

＞坦白，并根据犯罪的性质、动机、情节、社会危害性、所处的阶段等情形设计不同的从宽幅度。

六、结　　语

任何国家的刑事司法制度革新都有其本国或者本民族的烙印，都是本土诉讼制度、诉讼理念的更新和升华。但是，历史规律告诫我们，任何刑事司法改革从来就不会顺利过关。中日两国不仅要做好长期改革的思想准备，还需要正视问题、辩证施策。当然，就比较法的视角而言，我们更应该看到他国类似制度的经验和长处，以做到兼收并蓄、择善而从。

日本协助型协商援用的是西方认罪协商的模式，架构了一条追诉方和被追诉方交互协商的证据收集典范。对有组织犯罪、经济、贿赂等犯罪的侦破以及民营企业的保护发挥了刑事司法的智慧。日本的协助型协商的逻辑起点是冤假错案的推动，是一种证据收据的手段。在这一点上也是我国在深入推进认罪认罚从宽制度应当比照的地方，我国许多冤错案件的发生，正是侦查出了问题，正是证据不足、口供为王造成的，特别是在认罪认罚从宽的诉讼模式下，轻罪冤假错案的防范更应成为一个新的关注点。

此外，日本在立法技术、侦查协商、辩护律师参与、检察官不起诉裁量权、法官庭审调查等方面的做法也同样值得我们深思。日本协助型协商的改革经验还告诉我们，我国的认罪认罚从宽不能简单限定为程序的效率化，还应当从实体法、程序法和证据法意义上进行解释。当然，日本刑事协商中面临的新情况新问题新风险，也是我们应该察觉和警醒的。日本改革的经验未必完全适用于我国的认罪认罚从宽制度，但是两国类似制度的对比可以进一步深化改革的方向，为构建中国特色的认罪认罚从宽制度提供更多可靠样本。

有限责任公司股权转让限制条款的效力探究

——兼评最高人民法院指导案例第 96 号

郭靖祎*

摘要:我国《公司法》第 71 条第 4 款中"公司章程另有规定的从其规定"如何理解适用是司法实践的难题。面对司法实践中理解和思路的不统一,最高人民法院尝试通过指导案例第 96 号形成适用规则,但受制于案情效果不甚理想。如果说缺省性规范是立法者为问题解决给出的范例,那么当股东排除适用立法者范例时,仍应当以法律原有价值判断为其自治范围。司法实践中如何识别和判断,一方面需要充分关注包括股权转让价格、限制性条款形成路径、限制性条款程序性安排等核心要素,另一方面在司法案例中充分总结各类特殊情形亦非常重要,能够对尚不成熟的判断方法形成有益补充。

关键词:股权转让;章程限制;条款效力;指导案例

最高人民法院于 2018 年 6 月 20 日发布第 18 批指导性案例,其中第 96 号案例是宋文军诉西安市大华餐饮有限公司股东资格确认纠纷案。该指导案例明确了有限责任公司章程中限制股权转让条款的效力,只要不违反公司法等法律强制性规定,即可认定为有效。表面上看,该案例是对《公司法》第 71 条第 4 款中"公司章程对股权转让另有规定"的解释。然而第 96 号案例仅代表诸多股权转让限制条款类型的一种,或许难以实现对《公司法》第 71 条第 4 款的全面阐释。尝试以评析指导案例第 96 号为起点,进而探讨有限责任公司章程中股权转让限制条款的效力。

---

* 郭靖祎,宁波大学法学院讲师,法学博士。

一、从案情到问题

指导案例第96号是对“人走股留”型的章程条款效力的探讨。西安市大华餐饮有限责任公司(以下简称“大华公司”)2004年5月改制为有限责任公司,宋文军作为大华公司的员工,出资2万元成为大华公司的自然人股东。大华公司章程经全体股东签字通过,其规定“公司股权不向公司以外的任何团体和个人出售、转让。公司改制一年后,经董事会批准后可在公司内部赠予、转让和继承。持股人死亡或退休经董事会批准后方可继承、转让或由企业收购,持股人若辞职、调离或被辞退、解除劳动合同的,人走股留,所持股份由企业收购”。2006年6月3日,宋文军向公司提出解除劳动合同,申请退出其所持股份,并领到股金款2万元整。宋文军一审提出的诉讼请求是要求确认其股东资格,在二审和再审中提出的理由也以否定股份退回行为的效力为核心,认为大华公司收回其股份程序违法、行为本身违反公司法禁止性规定、章程中“人走股留”规定违反公司法关于股东权利的规定。再审法院陕西省高级人民法院驳回了宋文军的再审申请,确认了“人走股留”章程约定的效力。在指导案例的裁判要点中,进一步明确公司按照章程约定进行股权回购应当支付合理对价并进行合法处置。

回看陕西省高级人民法院的再审民事裁定书〔(2014)陕民二申字第00215号〕可以发现,指导案例第96号主要针对的是章程中“人走股留”约定的效力问题,股权对价和回购的程序并未特别涉及,是指导案例中延伸出的要点。宋文军和大华公司案件中,宋文军手书《退股申请》要求“全额退股,年终盈利与亏损与我无关”,并且在案件始终并未就股权回购价格提出异议。在程序上,虽然宋文军提出公司在回购其股份程序上的瑕疵,以及后续登记处理上的不妥当,但并未作为案件的争议焦点。

最高人民法院在进行指导案例生成的操作中,裁判要点作为“指导性的集中体现”[1],其编写不仅归纳提炼了“案例中具有指导意义的裁判规则、理念或方法”[2],还做了必要的延伸。作为指导性案例,对裁判要点进行延

---

[1] 《〈最高人民法院关于案例指导工作的规定〉实施细则》(法〔2015〕130号)第9条。

[2] 最高人民法院研究室《关于印发〈关于编写报送指导性案例体例的意见〉(指导性案例样式)的通知》(2011年12月30日,法研〔2012〕2号)。

伸是否妥当或有待进一步探讨[1]。但最高法院的指导目的较为明确，试图通过指导案例第96号实现对《公司法》第71条第4款形成一致理解[2]，并进而构建对股权转让限制措施合法性审查的规则[3]，包括从哪些角度、以何种标准对股权转让限制条款的效力进行考察。

二、股权转让限制自治边界的探讨

（一）对《公司法》第71条第4款的理解

《公司法》第三章对有限责任公司的股权转让做了专门规定，并在《最高人民法院关于适用〈中华人民共和国公司法〉若干问题的规定（四）》中做了补充。《公司法》及司法解释对股权转让规定的原则为，对内自由转让（《公司法》第71条第1款），对外转让需要其他股东过半数同意（《公司法》第71条第2款）。虽然《公司法》及司法解释尽力对股权转让各种情况做了规定，却在股权转让规则（《公司法》第71条第4款、司法解释四第20条）、自然人股东资格继承（《公司法》第75条、司法解释四第16条）、股权转让程序性规定（司法解释四第19条）为股东自治预留了空间，“如章程另有规定的，从其规定”，或“全体股东另有约定的除外”。

根据公司法理论研究对规则性质的类别化研究，我国《公司法》第71条、第75条和司法解释四第16条法律规范属于缺省性的任意规范，即如果公司股东没有主动选出相关规范，则会获得自动适用。此类规范体现了立法者在平衡有限责任公司人合性和资合兴特征的取向，如股权对内自由转让、对外转让需经人数三分之二以上股东同意等。但立法者也并不排除其所设计的规范并不一定适合所有公司的实际情况，所以允许其自行做出更有效率的安排。[4]

---

[1] 吴建斌：《指导性案例裁判要点不能背离原案事实——对最高人民法院指导案例67号的评论与展望》，《政治与法律》2017年第10期。

[2] 赵磊：《商事指导性案例的规范意义》，《政法论坛》2018年第2期。

[3] 楼秋然：《股权转让限制措施的合法性审查问题研究——以指导案例96号为切入点》，《政治与法律》2019年第2期。

[4] 潘林：《论公司法任意性规范中的软家长主义——以股东压制问题为例》，《法制与社会发展》2017年第1期。

排除适用法律规定后自行约定的安排，是否可随心所欲？实际上，自行安排仍存在效率不高的情况或随着公司情况变化效率下降的风险[1]，也存在控股股东利用优势地位使自行安排更有利于其自身利益的情形。法律或许应当为这种自治应设定边界，防止自行安排违背法律的本意或打破法律设计形成的权利保护平衡状态。梳理公司法及司法解释相关规定，可以发现法律在有限责任公司的股权转让问题上，似乎并未完全放任由公司或股东自由发挥[2]，在遇到如法院强制执行股权(《公司法》第 72 条、第 73 条)等情形时适用法律强制性规定。但公司法及司法解释目前的规定尚无法形成有效的边界，也可能是为司法实践有意留白，通过司法判例、学说等途径进行补充。

(二)方法的讨论

缺省性规范是立法者对此类问题解决给出的样板和范例，立法者也允许当事人不采纳法律给出的样板。但不可忽视的是，立法者的价值选择集中和凝练在法律规范之中。当事人自行做出的安排和设计，虽然法律允许其不遵循立法者给出的方案，但在价值选择上应当与立法者保持一致。

一方面，《公司法》第 71 条、第 75 条以及司法解释四第 16 条至第 21 条，是通过授权股东自由安排治理结构以及优先购买权的设计等手段来平衡有限责任公司对于人合性的需求。[3] 但公司法的这种调整，并未撼动公司资合的本质，股权仍保有流动性。[4] 如虽然设计有限购买权，但仅当条件同等情形下使用，且规定当其他股东不同意对外转让又不购买的视为同意转让。另一方面，《公司法》在第 71 条的设计中，将“股东人数半数”作为股权对外转让的条件，本身即是对非控股股东的倾向性保护。[5] 因此，即使当股东自行安排时，仍应遵循公司法的价值选择，不得做出背离的选择。

---

[1] 伍坚：《章程排除公司法适用：理论与制度分析》，华东政法大学 2007 年博士学位论文，第 96～101 页。

[2] 赵莉：《公司章程限制股权转让的合理性审查》，《法学杂志》2012 年第 9 期。

[3] 王建文：《有限责任公司股权转让限制的自治边界及司法适用》，《社会科学家》2014 年第 1 期。

[4] 张其鉴：《我国股权转让限制模式的立法渊源与偏差校正——兼评〈公司法司法解释(四)〉第 16～22 条》，《现代法学》2018 年第 4 期。

[5] 潘林：《论公司法任意性规范中的软家长主义——以股东压制问题为例》，《法制与社会发展》2017 年第 1 期。

(三)原则的建议

1.最低限度:不得违反股东平等原则

封闭性是有限责任公司的特点,股东人数少,且往往直接参与经营。由于此类公司经常由控股股东把持和控制,小股东不仅容易受到压迫和排挤,其股份也没有市场,退出困难。[1] 因而在有限责任公司的公司关系探讨中,股东平等原则作为公司存续和有序发展的根本保障[2],发挥着灵魂般的指引作用。正是由于股东之间平等,才能达成共同投资谋求利益的目标,并通过契约形成一定的运行秩序。[3] 因而任何法律规定或自治性规范均不得撼动股东平等的基石。在美国司法实践中,面对小股东因受压迫排挤寻求保护的情况,法院会关注股东是否获得了平等对待,并审查股东是否对其他股东尽到了最高的忠实义务。[4] 为了保障有限责任公司的运营效率和商事效益,法律允许股东自行达成约定、制定规则,但应当以不牺牲小股东的机会和利益为底线。

我国公司法并未将股东平等原则写入,但公司法制度设计中通过知情权、分红权、转股权、退股权、解散公司诉权等安排平衡股东之间权利义务的主线较为清晰。[5] 我国公司法在有限责任公司股权转让的规则和程序方面允许章程"另有约定",但如其内容违背了小股东利益或形成对小股东的不公平对待,小股东应有权对其效力提出异议或就其遭受的损害请求赔偿[6]。这些可能尝试的救济措施,均体现出对股东平等原则的遵循。公司法的基本原则并不限于股东平等原则,但由于股权转让限制更大程度上影响着股东之间的利益平衡,因而将股东平等原则作为最低要求,而非采用更为宽泛的表述如"公共政策"等。

---

[1] 朱锦清:《公司法学(修订本)》,清华大学出版社2019年第2版,第417～419页。

[2] 田尧:《股东平等原则:本体及其实现》,吉林大学2013年博士学位论文,第96～102页。

[3] 田尧:《股东平等原则:本体及其实现》,吉林大学2013年博士学位论文,第15～27页。

[4] 朱锦清:《公司法学(修订本)》,清华大学出版社2019年第2版,第420～421页。

[5] 刘俊海:《现代公司法(第三版)》,法律出版社2015年第3版,第318～324页。

[6] 刘强、熊沩:《有限责任公司章程限制股权转让条款效力研究》,《广西政法管理干部学院学报》2011年第6期。

2.方向要求:不得限制股东的退出权

有限责任公司由于股东少、规模小、人合性强等特点,股东在形成合作意向或设立公司阶段更希望这种合作和相互信赖的关系能够长期持续,共同创造价值。因而,在股权协议或章程设计时,往往会有对转让的限制,或禁止转让如"有生之年不得转让",或强制转让如指导案例第96号的"人走股留",或"股权不得继承"等。美国公司法上要求此类限制不得不合理地限制或者禁止流通性,原因在于如果封闭公司的股东无法退出,则意味着其利益将完全暴露在控股股东的权力之下,极大诱发控股股东的滥权行为。[1]只要股权能够退出,股东均能获得一定对价,价格或高或低,但已脱离被控股股东持续压迫的风险。因而对于"人走股留"等强制转让的限制性约定,由于并未切断股东退出之路,美国法并未完全否定其效力,但需要此类安排有合理的商业理由,并且小股东退出时的股权价格能够符合其合理预期[2]。

我国公司法在股权限制转让的方向上并未做进一步区分,司法实践面对情形纷繁复杂,也多以保护公司治理的人合性为思路。而对于人合性过于包容和宽泛的理解,反而使得那些为小股东退出设置障碍的限制措施获得认可,如"股权对外转让需全体股东一致同意"或"股东相互之间转让股权需经全体股东同意"等。[3]因而在找寻股权转让限制的自治边界时,有必要先确定正确的方向。

三、股权转让限制条款效力判断的考量因素

在不违反股东平等原则和不限制股东退出权的原则所圈定的范围内,对于有限责任公司股权转让的限制条款进行效力审查,显得过于原则和抽象。一方面不利于司法实践中审判者统一观点和思路,减少了法律保护的可预测性;另一方面容易引导当事人选择适用原则性保护,降低了司法效率。因而,有必要尝试探讨效力审查中一些可供考量的因素,为构建股权转让限制措施合法性审查的规则进行铺垫。

---

[1] 罗培新:《抑制股权转让代理成本的法律构造》,《中国社会科学》2013年第7期。

[2] 朱锦清:《公司法学(修订本)》,清华大学出版社2019年版,第423~425页。

[3] 楼秋然:《股权转让限制措施的合法性审查问题研究——以指导案例96号为切入点》,《政治与法律》2019年第2期。

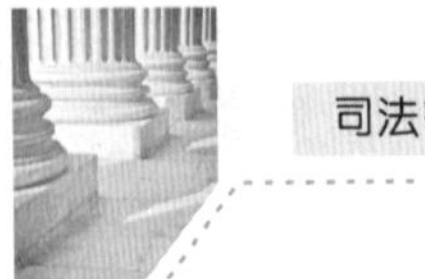

(一)限制性条款的形成途径

股权转让限制性条款有几种形成途径,如出现在初始章程中、章程修正案中和股东协议中等。在几种形成途径中,章程修正案是根据资本多数决原则形成,因而容易形成对小股东的压迫。相比之下,初始章程制定阶段,股东如反对相关限制性条款,有权选择不加入或离开。如果股东选择认可初始章程,必定是经过理性思考和判断,则应理解为其认可该限制性安排,不应再就该限制性条款的效力提出相反意见。章程作为公司的重要文件,应当保持一定的稳定性,因而可能有些内容会通过股东之间的协议约定,并未纳入章程规定中。如果是全体股东之间达成的协议,其效力自然毋庸置疑,全体股东应受其约束。若协议是由控股股东或者与部分小股东达成,该协议效力自然对未达成协议的小股东不发生效力。但若股东协议是大股东分别与小股东达成,其效力则值得反思,大股东在与小股东分别谈判和协议过程中,是否有可能对小股东产生不当的压迫或引导。

(二)股权转让的价格

股东退出权作为方向性的要求,保障了股东无论何种情形下均能够转让其持有的股权。对于人合性较强的有限责任公司而言,当股东之间存在不愉快或分开的意愿时,股东退出是最终必然的结果。但对于退出的股东而言,更为关键的在于其股权转让的价格。有些章程中对于股权转让的价格做了限制,如约定退还股款、按照"上一年度经审计机构审计确定的公司净资产计算"[1]等。章程中限制性条款设计时,往往会将股权转让价格限制得越低越好。指导案例第96号虽然没有明确股权转让的价格,但宋文军退股申请书中仅要求退还其2万元认股款,公司也按照2万元退还。拿到钱后仍提起诉讼、不服上诉甚至再审,不排除宋文军随后意识到退还股款对其而言并不公平。约定"按净资产计算"股权转让价格,虽然约定的是计算方法,并未锁定某一价格,但实际上强行剥夺了股东对于净资产之外其他公司财产、财产性权利或价值的享有。因而,无论是约定价格还是计算方式还是参考途径,都应务必反映出转让时该股权公允的市场价值。

实践中情况可能更为复杂。对于规模较小的公司而言,可能很难向股

---

[1] 浙江省杭州市中级人民法院民事判决书(2010)浙杭商终字第1526号。

东分红，或者出于避税的考虑，转为工资、奖金、福利进行发放。在股权转让时，工资、奖金、福利或者其他替代性收入均无法反馈在股权价格上。此类情形下，能否将工资、奖金、福利等收入综合考虑计入股权转让价格，值得进一步探讨。

（三）程序性安排

在股权转让限制条款中，不免会带有程序性的安排。甚至部分条款设计中，限制的内容即通过程序性安排体现出来，或需要复杂的流程，或可能安排由公司回购股份，或可能安排由工会回购股份，等等。司法实践中，股权转让限制性条款对于程序性安排或多或少存在一些瑕疵，而这些瑕疵往往成为当事人主张条款无效的理由。如指导案例第 96 号中关于公司回购的约定。司法裁判中往往对于程序性安排的问题采取较为宽容的态度。当然，对于那些程序性约定本身违反法律规定的情形，如工会回购股份、股份转让后不进行变更登记等，毋庸置疑应否定其有效性，至少应部分否定其有效性。对于程序性安排过于复杂、流程过长、导致当事人获得退出概率过小等情形，也应充分考虑做出此等安排的商业合理性和必要性，进而判断其是否有效。

此外，在审查过程中，应同时关注举证责任的分配和审查的方法。虽然小股东在有限责任公司内也会参与一定的管理，有些甚至仅仅是普通的工作人员，但对于公司的情况、账目、某些安排的考量和原因等均难以得知、难于证明。因而在限制性条款有效性的审查过程中，除了对条款本身的考察外，亦应当对公司具体情况、限制性措施安排等在必要时加入考虑。而这些情况的说明、提供均应由控股股东承担。同时，在存在某些特殊安排情况下，应要求控股股东对特殊安排的商业目的和商业合理性做出说明。

四、结　　论

我国《公司法》第 71 条第 4 款、第 75 条等条款是立法者通过缺省性规范方式给有限责任公司股东预留的空间，允许对其公司运营、股权转让事宜自行安排。但这种自行安排的自由并非随心所欲，特别是当这种自行安排可能损及法律为小股东设置的最为基本的保障时，这种自主安排的合法性将受到质疑和调整。最高人民法院指导案例第 96 号即是对这种自由安排合理边界厘清的一次有益尝试。然而与对法律条文做正向的解释和补充不

同，对法律预留空间划定应有的范围和边界不仅需要把握立法者的价值判断，也要充分考虑到可能的各种情形。如果说缺省性规范是立法者为问题解决给出的范例，那么当股东排除适用立法者范例时，仍应当以法律原有价值判断为其自治范围。司法实践中如何识别和判断，一方面需要充分关注包括股权转让价格、限制性条款形成路径、限制性条款程序性安排等核心要素，另一方面在司法案例中充分总结各类特殊情形亦非常重要，能够对尚不成熟的判断方法形成有益补充。

体系化视角的家事调查制度完善进路

聂小兰*

摘要：通过对实践基本状况的分析，目前各试点法院对家事调查规范的设计有所差异，尚未形成体系化的家事调查制度，出现调查员职能定位不明确、选任机制不科学、程序规定不一致、保障制度措施缺失等诸多问题。为提高家事审判的水平以及规范家事调查制度的应用，应针对上述问题进行体系化建设，从原则、制度等方面系统完善家事调查制度。

关键词：家事审判；家事调查员；事实调查；制度体系化

家事调查是指在家事案件审判过程中，家事调查员接受法院的委托，利用自身的专业技能和社会经验，通过采用访谈、观测、心理鉴别等手段了解家事纠纷的相关事实，制作调查报告递交法庭并出庭质证，为案件的裁判提供参考，帮助解决纠纷的一种调查方式。家事调查制度即此种调查方式得到具象化和规范化后设置在审判体系中而得到普遍适用的制度。实践中，部分法院将之称为“家事调查员制度”，也有个别法院借鉴日本的做法将之称为“家事调查官制度”。笔者认为，本文的目的在于阐述家事调查制度本身对于审判活动带来的意义，而不在于是调查官抑或调查员对于案件的影响，域外对于该制度的探讨均从主体的角度切入，笔者则是从制度适用的角度探讨，因此，本文仅就“家事调查制度”展开论述。

* 聂小兰，上海市铁路运输法院法官助理。

一、现状考察:我国家事调查的现实问题

(一)家事调查的实践

1.以宁波市海曙区人民法院实践数据为例。海曙区人民法院是我国较早一批进行家事调查试点的法院,其不仅在调查模式上形成了具有海曙特色的"2+2"模式,更是在实践中取得了许多成果,可供其他试点法院借鉴。

据统计,海曙区人民法院自 2015 年 1 月至 2017 年 9 月间,共受理家事案件 1284 件,结案件数为 1204 件,结案率达 93.7%,可见家事案件的审判在海曙区的改革模式下获得了显著成果。就案件类型而言,包含离婚纠纷、抚养纠纷、继承纠纷、离婚后财产纠纷、分家析产、无效婚姻等类型,具体各类案件所占比例如图 1[1]:

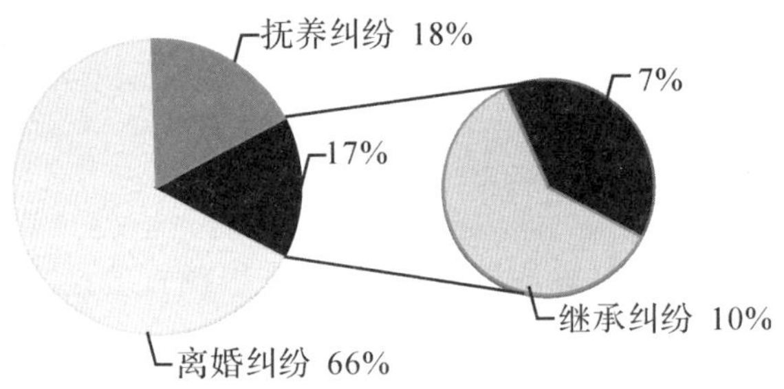

图 1　案件类型占比图

由上图可看出,传统的离婚案件及离婚后财产纠纷案件占据所有家事纠纷的 69%;抚养继承纠纷类案件占家事纠纷案件的 26%;非婚同居、分家析产类案件仅占 5%。新型财产模式,例如股票、股权、无形资产等的出现,挑战了传统的举证模式以及审理模式,给法官的审理带来困难。为解决此类问题,同时也为了提高案件审判质量,海曙区法院于 2015 年 4 月引入家事调查制度。截至 2017 年 5 月,该法院适用调查制度的案件共 158 件,其中调解成功的案件 89 件,撤诉案件 35 件,判决案件 34 件,调解撤诉率高达

[1] 参见《宁波市海曙区人民法院家事案件审理情况报告》(2015—2017 年度) http://www.nbhsfy.gov.cn/News_View.aspx? CategoryId=132&ContentId=8410,2019-6-20

78.48%，环比上升 14.48 个百分点。[1] 具体结案占比情况见图 2：

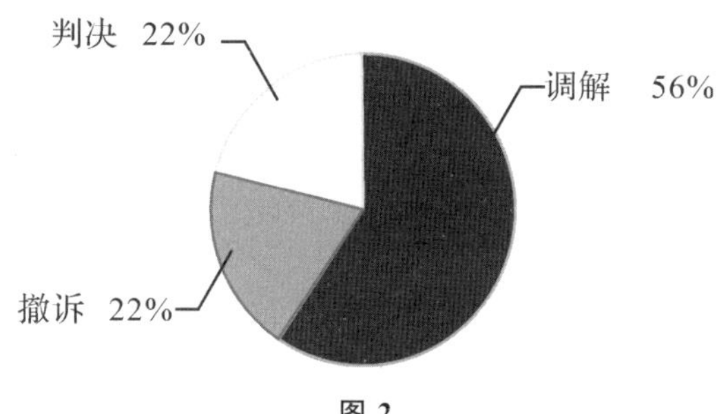

图 2

海曙区法院 2015 年 4 月至 2017 年 5 月的家事案件收结量约为 1000 件，适用家事调查制度的案件只有 158 件，故引入家事调查制度审理的案件仅占家事案件的 15.8%。

2.以中国裁判文书网判例为例。从各个法院公布的文书中可以了解家事调查制度在实践中运行的情况，并了解家事调查报告在实践中各个法院的采用情况。截至 2018 年 12 月，搜索中国裁判文书网，获取的采用家事调查制度帮助审理的案例共有 22 例。文书涵盖七省一市，基本是基层人民法院的判例。

从文书类型来看，分为判决书和裁定书。其中，判决书一共有 21 份，裁定书共 1 份，从适用主体来看，明确由法院依职权委托家事调查员的有 14 例；由其他社会组织委托家事调查员的有 2 例；未明确委托主体的有 6 例。所占比例如图 3。

就家事调查报告的效力而言，选取的样本文书中，确定家事调查报告的证据效力的有 13 例，剩余 9 例则多为案件判决的参考。就比例而言，证据占比 58.82%，案件参考占比 41.18%。

从家事调查制度适用的案件类型来看，几乎所有的家事案件的类型都可以适用家事调查制度，主要包含以下几种案件类型，其具体案件数量分布如图 4：

除以上信息外，笔者在研究这些文书时，同时发现各个法院就家事调查

[1] 参见《宁波市海曙区人民法院家事案件审理情况报告》（2015—2017 年度），http://www.nbhsfy.gov.cn/News_View.aspx? CategoryId=132&ContentId=8410 2019-6-20。

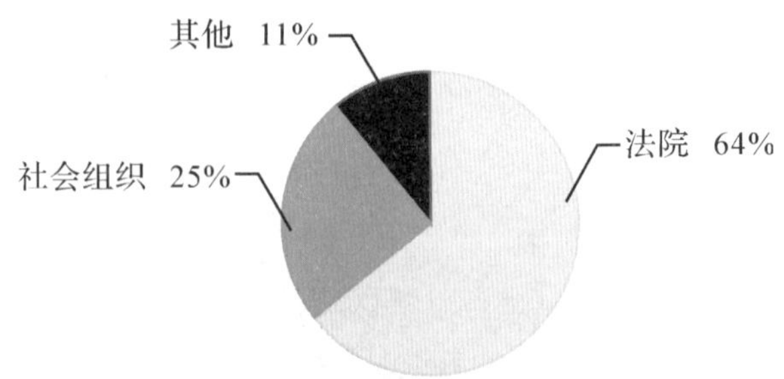

图3　委托主体统计图

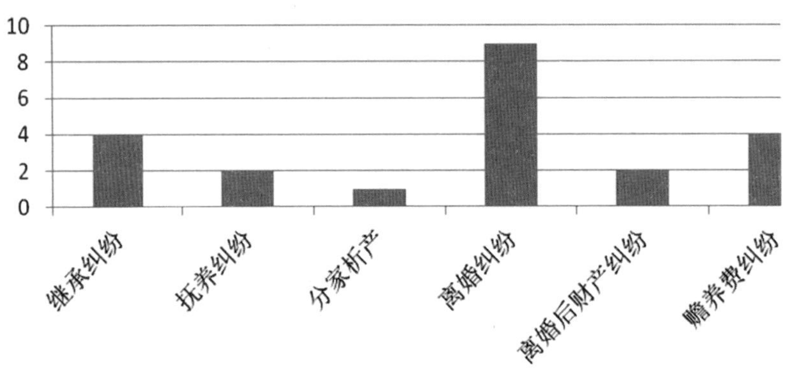

图4　案由数量分布图

的适用存在不同的方式:部分法院在文书中阐明案件适用家事调查制度的原因,并对家事调查报告的内容进行了较为简短的介绍,且对法院的采纳结果进行了说明;另有部分法院未在文书中明确调查内容,法院是否采信也未单独说明,仅仅在查明事实部分之后列明家事调查报告是事实来源;还有小部分法院在文书中仅出现了"家事调查"四字,更未对证明事实进行说明,使人难以明确家事调查报告在确定案件事实中发挥的具体作用。

(二)家事调查的现实问题

1.职能定位模糊。家事调查行为本身的职能定位在实践中是模糊的,有学者认为家事调查制度来源于法官调查取证权,故家事调查是法官辅助机制,也有学者认为家事调查制度设立的初衷是保护弱势群体正当权益,其应当为一种社会救济机制。家事调查究竟是一种司法调查还是社会调查?司法调查与社会调查最大的区别在于调查的主体不同,家事调查的主体是非官方的社会主体，司法调查的主体是司法机关的司法工作者，有人认为既然家事调查来源于法官调查取证权，那么其应当属于司法调查的行列，也有学者认为应当严格按照调查主体区分列入社会调查的范畴。从家事调查报告的证据属性讨论，调查报告本身属于证据还是仅仅作为事实参考，在实践中也存在不同意见。因此家事调查本身的职能定位还处于模糊阶段。

2.选任机制不科学。各地法院的家事调查员选任机制混乱，导致家事调查员队伍结构混乱。实践中有的法院采用外聘制，将社会力量引入司法程序，聘任社会工作者、返聘退休法律工作者等作为家事调查员，例如海曙区人民法院、北仑区人民法院等。也有法院采用内设制，在法院内部挑选具有调查能力或者调解能力的法官、法官助理、书记员等法院工作者担任调查职务，同时也有部分法院聘任家事调查员基本依照家事调解员的标准，更有仅仅聘请毫无社会经验的在校大学生作为家事调查员。这样的选任机制导致调查员队伍混乱，业务能力参差不齐，难以达到调查目的。

3.启动方式单一。《北仑区人民法院家事调查员工作规程》[1]中第八条规定："本院根据案件审理需要，可以委托家事调查员调查下列事项：……"《宁波市海曙区人民法院家事案件审理规程》[2]第十四条规定："人民法院根据案件审理需要，可以委托社会调查员调查下列事项：……"日本的《人事诉讼法》中规定，调查命令由家庭法院依职权决定，未认可当事人对事实调查的申请权。[3] 以上是节选的我国部分试点法院出台的调查员工作规程和域外有关调查命令的启动主体。从各个法院发布的《家事调查员工作规程》和试点法院在实践中法律文书的撰写来看，法院启动家事调查程序的途径就是法官根据对案件的了解，认为需要进行家事调查的才启动调查程序。笔者认为如此做法使得法官的自主裁量权过大，难以最大程度保护当事人利益。

4. 程序设置有缺陷。目前法院对于家事调查的调查内容，调查手段以及调查的程序等均未设置统一规定，各地的试点活动也呈现片面零星的特点，各个法院对于家事调查制度的适用程序设置较缺乏，现有的程序设置也

---

[1] 宁波市北仑区人民法院，http://www.nbblfy.gov.cn/doc/splc/sfwj/19785.shtml，2019-6-20。

[2] 关于印发《宁波市海曙区人民法院家事案件审理规程》的通知 http://www.nbhsfy.gov.cn/News_view.aspx? ContentId=5299&CategoryId=122，2019-6-20。

[3] [日]松本博之：《日本人事诉讼法》，厦门大学出版社 2012 年版，第 271 页。

存在一定的缺陷,不能更好地发挥家事调查制度的作用。就调查内容而言,《北仑区人民法院家事调查员工作规程》第八条[1]做了详细规定。首先是当事人的基本情况,包括感情状况、财产状况、社会关系等。其次是未成年人的生活状况、学习情况、性格等。最后的兜底条款将其他可能需要的调查事项进行了囊括。海曙区人民法院在其家事案件审理规程中规定的调查内容也做了相同的规定,然而第三条的兜底条款在此处显得空洞而宽泛,实践中就容易出现越界的现象。调查手段上,多数法院仅仅采用了访谈、观测的调查方式,这种调查方式过于表面。调查的程序在各法院及实践中更是几乎处于空白的情形,如此现状也会导致调查活动常处警戒线边缘,侵犯被调查人权利的现象时有发生,忽略程序的正当性将会导致调查结果无效的同时,调查人员还将承担侵权责任。

5. 缺乏配套保障制度。针对各地先后出台的《家事调查员工作规程》的研究,以及各试点法院对此制度的适用,大多数法院能够在工作规程中针对家事调查制度的主体部分进行较为完整的规定,虽然地区之间存在差异,内容上尚待完善,但形式上较为完备。但是,家事调查的保障机制却鲜有说明,并且在实践中也多为空白。制度的运行需要财政的保障和人员的保障,保障机制不到位的后果就是制度得不到落实。除此之外,初次聘请的调查人员不是专业的调查者,其在调查过程中应当具备的各项沟通能力和专业调查技巧还是需要不断的业务培训来完善。有培训机制自然应当设置考核机制,定期对现有家事调查员进行考核方能保证家事调查员队伍的业务能力,发挥家事调查员的作用。

6.监管主体不明确。任何一项权力都应当关在笼子里,如此才能最大程度发挥制度的作用。家事调查作为一项可能左右裁判结果的工作,必须受到监管。家事调查活动常处警戒线边缘,侵犯被调查人权利和隐私的现象时有发生。现有的家事调查员工作规程中,与监管相关的条例几乎没有,具体监管主体更是没有涉及。现行的家事调查制度中,监管尚处空白状态,目前部分法院出台的工作规程中北仑区人民法院有规定家事调查员在调查的过程中不应作为的一些行为。例如:不能在调查的过程中招揽业务;不能向当事人收取费用;不能收取礼品谋取不正当利益;等等。工作规程中虽然

[1] 宁波市北仑区人民法院,http://www.nbblfy.gov.cn/doc/splc/sfwj/19785.shtml,2017-12-20.

规定了调查员的禁止性事项，但是并没有规定相应的惩罚或者是处置措施，没有后果的禁止行为在实践中常常导致制度的架空，没有可以执行的内容将会导致条款形同虚设，正如一个没有后果的禁止性行为是达不到禁止的目的的，所以监管机制还有待完善。

二、价值厘定：家事调查制度的构建原则

家事调查制度作为诉讼法中一项新兴制度，必须遵循一定原则，笔者依据国内外相似制度，就家事调查制度设立及实施必须遵循的原则进行阐述。

（一）客观中立原则

客观中立实际上应当属于所有司法活动行为的要求和准则，但是，正因家事案件性质的特殊性，使得调查实践中客观中立难以得到满足。家事案件涉及的情理纠纷并非白纸黑字的法律能够评判清楚，其中涉及亲情伦理正是其不同于一般的民事诉讼纠纷的客观性，从而导致案件接触人员很有可能在调查的过程中被当事人或者被调查人的情绪和经历所感染，得出的调查结果存在情感倾向。故而，将这一原则提到家事调查的基本原则中来具有重要提示意义。

首先，保持中立可以避免被调查者对调查人员的过度依赖，要正确区别依赖和信赖的概念。其次，保持客观中立的态度可以提高调查人员的威信，使得调查人员能够在调查活动中取得被调查人员的信任，被调查者才会放心将事实袒露，从而达到调查的目的。最后，虽然家事案件不是简单的对法律问题的裁决，还有对法律问题背后情理的判断，但是，作为法院判断的基础必须是公正客观的。作为裁决的基准，家事调查的事实内容必须体现客观中立性。

因此，家事调查设置回避制度正是出于这一原则的考量，只有置身事外，中立才有可能等于客观。除了在选任的过程中以回避制度保持中立外，还应确保在调查的过程中调查人员保持客观中立的态度，不将自身的价值标准掺杂于调查中，如此才能最大限度地保证调查事项的客观性。

（二）全面调查原则

家事调查应当遵循全面调查原则。《联合国少年司法最低限度标准规

则》中第十六项[1]规定所有涉及未成年人违法行为的案件，除非是轻微违法的案件，都必须在案件给出最后判决之前对相关未成年人进行品格调查，包括未成年人的生活背景以及犯罪的深层原因。这一条规定就是全面调查的内容。全面调查原则是指在案件调查的过程中，除了要查清案件事实之外，还要查明这背后的深层原因。我国 1991 年制定的《中华人民共和国未成年人保护法》中第 40 条[2]以及 1999 年制定的《中华人民共和国预防未成年人犯罪法》中第 44 条第二款[3]可以认定为是社会调查制度的源头文件，其中规定的对未成年人的保护就体现了全面调查的内涵。家事调查制度本身是借鉴少年案件中的少年调查官，故全面调查原则家事调查制度中的一项基本原则。

全面调查的要求首先体现于家事调查制度中的主要调查事项，故而，在其后将要阐述的家事调查内容必须要考虑全面，各个法院规定的工作规程中均对家事调查的内容进行了限定，这些规定应当体现全面调查原则。其次，也应在调查的过程中强调调查的全面性，包括调查的问题及调查的对象，调查问题是法院在审理案件时认为应当要明确的问题，调查对象则是为了找到问题的答案而必须涉及的被调查人。

（三）未成年人利益最大化原则

未成年人利益最大化原则是家事调查制度的核心原则，也是少年调查官在民事领域使命的延伸。未成年人利益最大化原则又称儿童利益最大化原则。“成年人不同，孩子的痛苦并非在父母关系破裂之时达到顶峰后慢慢减少，正相反，离婚所造成的伤害，对孩子而言是一个累积的过程，它的影响

[1] 《联合国少年司法最低限度标准规则》第 16 条：“所有案件除涉及轻微违法行为的案件外，在主管当局做出判决前的最后处理之前，应对少年生活的背景和环境或犯罪的条件进行适当的调查，以便主管当局对案件做出明智的判决。”

[2] 《中华人民共和国未成年人保护法》(1991 年版)第 40 条规定：公安机关、人民检察院、人民法院办理未成年人犯罪的案件，应当照顾未成年人的身心特点，并可以根据需要设立专门机构或者指定专人办理。公安机关、人民检察院、人民法院和少年犯管教所，应当尊重违法犯罪的未成年人的人格尊严，保障他们的合法权益。

[3] 《中华人民共和国预防未成年人犯罪法》(1999 年版)第 44 条第二款规定：司法机关办理未成年人犯罪案件，应当保障未成年人行使其诉讼权利，保障未成年人得到法律帮助，并根据未成年人的生理、心理特点和犯罪的情况，有针对性地进行法制教育。

随时间而增加。[1]”陈爱武学者曾说我国涉及未成年人的案件一般都体现了两个特点，一方面，儿童作为未成年人在诉讼关系中都处于被动的状态，故而诉讼的过程中难以表达自己的内心真意，同时也未提供给未成年人这样的表达机会。基于“父母本位”思想的引导，一旦成人利益与未成年人利益发生冲突，多数情况下会忽略后者的利益而进行选择。儿童也很容易在成人利益争夺战中成为争夺利益的工具。另一方面，儿童对于理解亲属关系的变更存在难度，父母之间关系发生变更，对于孩子而言，只能是伤害。因此，在涉及儿童的家事诉讼中基于儿童这一特殊主体的司法保护，具有天然的正当性和正义性。[2] 在保护未成年人利益这一前提之下，最大限度地保护未成年利益是家事调查制度设置的初衷之一，之所以将这一原则作为设立基本原则，正在于此。

在未成年人利益最大化原则的指导之下，家事调查制度应当以维护未成年人利益为核心，将对未成年人的保护贯穿始终，从调查的内容、手段再到调查员的选任，并最终体现在家事调查报告中，从而对最终的家事裁判提供保护未成年人的参考。

(四)保密原则

保密原则是社会工作中十分重要的原则之一，许多职业道德均包含保密原则的要求。家事调查的过程中，调查员获取的信息包含各方当事人或关系人的性格、经历、身心状况、家庭情况、夫妻关系、财产状况、教育程度、工作状况等，这些信息都是与被调查人密切相关的信息，更有一大部分属于个人隐私的范畴，调查员获取这些信息之后如何处置就涉及保密原则的应用。

首先，在调查阶段，家事调查员通过调查行为获取的当事人信息，负有保密的义务，不得向无关人员透露调查内容和结果，此处是对调查员的职业道德要求。其次，对于调查结果的使用，家事调查员在调查行为结束之后向法院提交一份调查报告，调查报告仅仅只在庭审中使用或者作为法官做出判决之前的参考性文件，除此之外，任何无关人员不得申请查看该份调查报

[1] [英]安东尼·W.丹尼斯、罗伯特·罗森:《结婚与离婚的法经济学分析》，王世贤译，法律出版社 2005 年版，第 118 页。

[2] 参见陈爱武:《家事诉讼与儿童利益保护》，《北方法学》2016 年第 6 期。

告，也不得将该份调查报告用作他途。

但是，有规则就有例外，保密原则也是如此，我国《律师法》中也规定律师的保密义务。律师在执业的过程中接触到的当事人的隐私信息、商业秘密等，未经当事人同意不得向第三方透露。但是，《律师法》第38条第二款规定获知的委托人或第三人准备或者正在实施危害国家安全、公共安全以及其他严重危害他人人身、财产安全的犯罪事实和信息的必须披露。家事调查制度也是如此，调查过程中获知的涉及被调查人本人或他人重大生命利益、财产利益的，或者法律规定的必须要披露的信息，调查员不得隐瞒，而应向必要的对象披露以尽早终止中断损害。

三、路径突破：家事调查制度的体系化完善

（一）家事调查制度的职能定位

家事调查应是社会调查的一种，社会调查即事实调查，事实调查属于不进行口头辩论的非正式的、非讼案件特有的由家庭法院进行的裁判资料的收集方法。[1] 从社会调查的主体来认定，家事调查不仅是一种法官辅助机制，也是一种社会救济机制。当家事纠纷的相关事实无法查明时，法院提供给当事人双方一种不同于司法调查的救济方式。仅仅将家事调查作为法官辅助机制，而忽略家事案件特殊性，不能维护弱势一方当事人合法权益，那么，家事调查制度将不能发挥其全部作用，并且与其他调查手段相比不再具备特殊性。

将家事调查报告定性为证据更能发挥其作为一项辅助材料的作用。家事调查是一项以事实调查为内容的活动，其目的在于辅助法官，为法官对案件的实质审查提供辅助，同时也帮助当事人掌握有利于自己的事实证据。因此应当将家事调查报告定性为证据。我国诉讼法中明确规定的证据类型包括：物证、书证、证人证言、当事人陈述、电子数据、视听资料、鉴定意见、勘验笔录八种。我们应在不突破证据类型的前提下，将家事调查报告尽力归于其中一类。笔者倾向于将其归于书证一类。书证是能够依据其记载的内

---

[1] 参见［日］松本博之：《日本人事诉讼法》，郭美松译，厦门大学出版社2012年版，第270页。

容或者表达的思想查明案件的一切物品。[1] 由此可见，书证最突出的特点在于其表现的内容是与案件事实之间存在待证关系，也即所有证据类型包含的证据属性其所包含的外延相对广泛。家事调查报告的内容正是调查员收集的用以证明案件事实的内容，与书证存在异曲同工之处，家事调查报告作为特殊类型的书证并入证据种类既满足了证据需求，又保全了证据类型的确定性，维护法律的稳定。

(二)家事调查制度的适用范围

有关家事诉讼类案件，当事人有举证的权利和义务，过度适用家事调查制度将会架空当事人双方的举证义务，加重法院负担，故而针对家事诉讼案件应当有条件的适用。将家事案件分为家事诉讼案件和家事非讼案件，其中家事非讼案件因其对抗性减弱，举证的义务也降低，适用家事调查制度可以更加清晰地了解案情，便于解决矛盾。对于家事诉讼案件，"谁主张，谁举证"的举证规则下其对当事人双方举证要求较高，除法官要求采用家事调查制度外，当事人不应有权要求启动家事调查。同时，笔者在对现有文书的分析中发现，部分法院对一些仅与家事案件有联系的事件采用家事调查，这导致了家事调查的边界模糊，也导致在实践中家事调查制度的滥用。因此笔者认为，家事调查制度适用范围虽包含所有家事纠纷案件，但是涉及的权利义务关系程度不一，案件的具体适用还应稍作区分。家事非讼案件因对抗性的弱化，没有民事权益的争议，仅仅是确认某种事实和权利的有无，从这一角度来看，启用家事调查查清事实十分必要。而诉讼类案件的对抗性，强调举证的权利和义务，除法官因案件审理需要，对相关问题启动家事调查进行调查以外，慎重考虑启动调查程序。

(三)家事调查制度的基本内容

1.家事调查员的选任。笔者认为家事调查员队伍应当包含两类人员：一类是体现其专业性的具有心理学、社会学、医学、法学等背景的人士参与调查；另一类则是擅长交流的，具有中国特色的居委会、妇联等与基层人民交往密切的人员参与家事调查。针对每个不同的案件情形，由法院采用"2＋2"的模式指定每个案件的调查员，在两种类型中共选择四个人组成调查

---

[1] 参见肖胜喜:《论书证》,《法学研究》1987 年第 1 期。

组，组长由专业性代表担任，指导调查组的调查活动。一方面保持家事调查员制度本身的专业性，一方面在于结合我国国情，积极调动人民群众的积极性，将群众运动结合专业行为达到更好的调查结果。

具体选拔笔者给出如下建议：第一，校园志愿者形式，部分有兴趣成为家事调查员的法学专业研究生可以提交申请成为一名家事调查员；第二，发布公告聘任制，聘任相关专业人士，在法院网站、公告栏、报纸等公开场所将家事调查员的聘任要求公布于众，使符合条件的专业人士能够参与其中；第三，在妇联、居委会、社工组织、公益服务中心等组织中聘请杰出代表兼任家事调查员；第四，以市为单位设立家事调查员管理机构对调查员进行日常培训、考核和管理。

2.家事调查的启动方式及时间。家事调查制度可规定法官依职权采取家事调查的手段，当事人也可基于需要请求法院启动调查制度，再由法官审查必要性，决定是否启动家事调查制度。实践中，有些法院在询问当事人与证人后，发布调查命令；或完成与侵权人指定有关的争点整理后，与辩论准备和证据调查程序同时进行。[1] 笔者认为，家事调查是指案件事实存在争议或者模糊时，启动的一项制度，对于启动时间不应规定过于死板，在案件审理的过程中灵活运用为佳。在案件审理终结之前，依据法官的需求或者当事人的需求进行调查。

3.家事调查的内容。“家事调查员的职能主要是受家事法官的安排，从事事实调查、资讯收集、陈述意见等工作。”[2]从各个法院的规定来看，调查内容大同小异，且调查的内容大多是事实问题，尤其对于未成年人的情况有做特别规定。结合家事调查制度设立的理论基础，设立家事调查制度，一方面是法官调查取证权的探索，另一方面是家事纠纷特殊性的要求。根据设立目的确定调查内容，维护家庭婚姻稳定的前提之下，注重保护妇女儿童以及老年人的权益，故而在调查的过程中着重针对妇女儿童以及老年人的基本情况做详细调查，包括这一群体的生活现状、经济来源以及针对诉讼问题的内心想法等都应在调查内容中体现。

4.家事调查的方式。现有的试点法院中，采取的家事调查方式多为访

[1] 参见冯源、姚毅奇：《家事司法改革中调查官的角色干预》，《甘肃政法学院学报》2017 年第 5 期。

[2] 李兴艳：《论家事诉讼中“一官一监三员”的职能定位与协作体系——以未成年子女利益保护为视角》，《法院改革与民商事审判问题研究》(下)，第 1364 页。

谈、走访等会面的方式，但收到的实际效果不甚理想。那么，探索更多符合实际需要的调查方式将为家事调查提供更多的调查途径。笔者认为应包含以下四种方式：(1)访谈。访谈是一种获取信息的常用方法，在特定地点通过谈话获取需要的信息。针对不同的主体采用不同的谈话方式，充分考虑未成年人的精神状态和心理状况，在最大程度保护未成年人的前提之下获取未成年人的真实意愿。(2)观测。观测又称实地考察[1]，是指调查员感知、记录与案件当事人有关的人、行为和环境等所进行的调查。[2] 这一调查方法的优点在于，让被调查者处于最自然的状态下，在不干涉被调查者行为的前提下，观察其行为活动，探知其内心世界。(3)心理测试或心理鉴别。对未成年人的心理状况进行调查，通过心理测试的方式或者心理鉴别的方式探知未成年人的内心世界，尽量在尊重未成年人意愿的前提下做出有利判决。(4)信息查询。"为了落实家事调解制度，家事法官可以依职权命家事调查员调阅相对人的个人资料，比如出入境资料、户籍资料等"[3]，故为获取必要信息可以运用信息查询方式。

5.家事调查时限。各个法院在调查时限上所作规定存在一定差异：北仑区人民法院规定家事调查员应在法院委托调查之日起 10 日内完成调查工作，并在期限届满前提交法院，确有困难的，可以向法院申请延长调查时限，但最长不得超过 20 日；海曙区法院规定的调查时限为 15 日，确有困难申请延长不得超过 30 日。我国《民事诉讼法》[4]规定举证期限根据案件的具体情形进行规定。《最高人民法院关于民事诉讼证据的若干规定》[5]中则规定了指定举证期限的期限不得少于 30 日。笔者认为家事调查作为特殊的证据收集过程，其调查的内容过于全面，信息分散，在短期时限内难以完成。家事调查作为收集证据的一种，其调查时限也应当遵循民事诉讼法的一般规定。笔者认为家事调查制度的调查时限应限定为最长不超过 30 日，且不能超过法院最终举证日期，并在期限内向人民法院提交调查结果。

---

[1] 周德民：《社会调查原理与方法》，中南大学出版社 2006 年版，第 198 页。

[2] 肖建国：《发展中的少年司法制度》，上海社会科学院出版社 1997 年版，第 93 页。

[3] 刘作翔：《法律文化理论》，商务印书馆 1999 年版，第 161 页。

[4] 《中华人民共和国民事诉讼法》第 65 条：人民法院根据当事人的主张和案件审理情况，确定当事人应当提供的证据及其期限。

[5] 《最高人民法院关于民事诉讼证据的若干规定》第 33 条规定：人民法院指定举证期限的，指定的期限不得少于三十日。

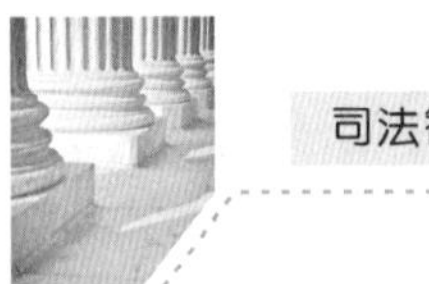

(四)家事调查结果的提交形式与采用标准

1.家事调查报告与当庭陈述调查意见。实践中有走访邻居、工作单位等熟知当事人的婚姻状况、未成年人抚育情况，随后完成撰写报告的义务，提交给法院并提供一些解决问题的意见；[1]也有法院采用表格方式，调查人员依据表格进行填写；也有采用叙述式的，运用各种调查手段之后，将获取的内容进行整合，形成一份包含调查经过、调查手段、调查资料等内容的报告。笔者认为家事调查最终应以“调查表+报告”的方式呈现。首先设计一份模板调查表，其中包含调查主体、调查对象、调查手段、调查时间、调查内容、调查意见以及调查对象的签名栏。再根据调查表撰写调查报告并附上调查表原件，最后进行概括性总结并附上调查员的调查意见。当庭陈述意见是指调查结束之后，在参与调查的人员中选择一位于开庭之时在法庭上作意见陈述。陈述的内容包含法院在委托之际要求的调查内容，以及调查员在调查中形成的调查意见。

2.采用标准。调查报告作为证据的一种，首先必须遵循证据采纳的一般规则，对证据三性进行质证，家事调查的内容是法院在委托之时已经明确，故关联性无须质证，仅对调查报告的真实性及合法性进行质证，经过法庭质证的调查内容可以作为法官做出裁判的依据。其中，合法性包括调查手段合法、调查过程不违法、调查结果不侵权等。真实性、合法性无异议时，法官应当在判决时将之作为认定案件事实的依据，并在做出裁判结果的同时参考调查报告。因此家事调查获取的家事调查报告必须在庭审中或者庭前证据调查的过程中通过双方当事人的质证，双方无异议时法庭采纳作为案件裁判事实依据，对有异议的部分，法庭可要求调查员出庭针对异议部分进行解释说明，故而家事调查报告的证据效力与一般证据无异，证明效力并未优先。

---

[1] 高星阁：《家事诉讼中法院证据调查制度研究——以我国诉讼模式的转换为背景》，《甘肃理论学刊》2014年第5期。

四、制度配套:家事调查制度的保障机制

(一)家事调查员之培训与奖励机制

为了保证调查员的业务水平以及应对新情形的发生,需要不定期对调查员进行培训,同时也是为了使家事调查制度更加专业化、规范化,我们也必须对调查员进行理论知识的培训。具体做法如下:以市为单位,司法局可以聘请经验丰富的心理学专家、突出贡献的社会工作者以及法院调解经验丰富的审判人员等对家事调查员进行理论培训以及实践技巧培训,其中包括对法律法规的熟悉、调查小技巧、心理引导技巧等,同时在培训的过程中交流各地调查心得,相互促进。

在家事调查过程中,业务水平突出的调查员应当获得一定的奖励,奖励机制的设置可以激励调查员提高其业务水平。奖励标准可以依据各地情况制定。因此,配套建立奖励制度对于促进家事调查制度的发展具有重要意义。奖励的标准应参照每年调查员工作量以及调查报告的质量进行确认,结合调查结果的最终采用情况,选取每年突出贡献的家事调查员进行奖励。奖励应以精神奖励为主,物质奖励为辅。

(二)家事调查员之回避制

我国《民事诉讼法》第四章规定了回避制度,其审判人员、书记员、翻译人员、鉴定人及勘验人均适用该回避制度。回避制度的设立在于维护审判工作的公平性,家事调查员作为参与案件的第三方,其倾向性将会影响案件的发展方向,影响案件的公正性,因此家事调查员也应当参照适用回避制度。但是,因家事调查行为的独特性,存在特殊情形,调查员有时利用其与当事人的特殊关系将更有利于调查活动的进行,所以,家事调查员的回避仅适用当事人申请的情形。该特殊身份如果有利于调查的进行并且当事人双方对此没有反对意见的,可以不适用回避制度。当事人或者被调查人对调查员的身份有疑问并申请回避时,审判长可以参照民事诉讼法回避制度确定是否准许回避。

(三)家事调查之案后回访机制

回访作为家事调查的独特制度有其特殊意义。许多家事案件在法院判决或调解结束之后法院即不再参与后续情况发展,而家事调查制度中的回访制度将会更好地保证判决或调解的执行,对于矛盾的解决以及处于不利地位一方的权益的保护起着重要作用。山西临汾中院对家事案件开展判后回访[1],不仅发挥了家事审判情感修复的功能,更是保证判后良好执行,产生良好的社会效果。但是,在我国审判资源有限的情况下,法官对案件进行回访存在很多问题。首先,司法资源有限,法官在审判工作之外还进行案后跟进工作将大大消耗法官精力;其次,对于法官身份的混淆,法官最重要的作用是定纷止争,过度与当事人交流接触不利于树立法官威严。在家事调查制度中引入回访机制能很好地解决上述问题,同时也充分体现了家事调查员在解决案件纠纷的重要地位。回访制度本身也能够反向验证之前调查信息的准确性,及时纠正错误的信息和结果。

(四)家事调查员之考核机制

笔者于前文中阐述了部分家事调查员在调查过程可能违反法律或者相关规定的行为进行了阐述,例如,采用不当的调查手段获取信息的行为、违反保密义务的行为、在调查过程中借机招揽业务、接受当事人的请托或收受不正当利益等。可见,家事调查员在履行职责的过程中必须拥有配套责任制度约束其行为。

家事调查员管理机构应对调查员进行考核,考核应分为个案考核和年度考核。考核结果分为合格、基本合格和不合格三档。个案考核是指针对每个案件,调查员出具调查结果后进行的考察,家事调查报告应当作为家事调查员工作考核的对象之一,调查工作是否尽力将会具体反映在报告质量之上,其客观性、合法性以及内容的详略都将反映调查员的工作态度和工作能力。个案考核采取累积制,当调查员累积三次考核为不合格时应当认定为其难以胜任调查员工作,予以辞退。年度考核是指每年一次的、固定的,对调查员的工作进行考核。考核包括工作态度、工作内容以及工作纪律。

---

[1] 《临汾中院对家事案件开展判后回访突出人文关怀》,山西新闻网。http://www.sxrb.com/sxfzb/erban/6491995.shtml,最后访问日期:2019-06-20。

针对消极怠工，多次无法完成调查工作的调查员，法院应当撤销其资格，另行聘请新的调查员；针对违反调查纪律，接受请托、谋取不正当利益或违反保密义务的调查员要进行清理，情节严重的应追究其刑事责任。

个案考核结果与调查报告的采用息息相关，若调查员当次考核结果为不合格的，该次调查报告视为无效，应重新委托调查员进行调查。

五、结　　语

“家是最小国，国是千万家。”家是组成社会的细胞，更是社会安定的基础，解决好家事矛盾更是为建设社会主义和谐社会做出贡献。为更好地将矛盾化解，保护未成年人、妇女、老人的合法权益，在家事案件中引进家事调查制度具有实践意义。

制度的推行需要时间去验证，过程中一定会遇到很多问题，我们应该做的是正视问题，并在失败的基础上总结出更好的经验，不断地完善，不断地探索。一项制度永葆生命力的法则就是不断更新以适应新的现实。家事调查制度也是如此，本文仅在现有实践基础之上提出存在的问题并试着提供解决方向用以完善该项制度，愿有幸成为完善该项制度的万千奠基石中的一块。

实务研究

从视觉中国事件反观我国图片版权保护问题

李硕颖* 杨大可**

摘要：视觉中国事件暴露出目前我国的图片版权保护已经落后于该产业的发展，在视觉中国“钓鱼式维权”深受诟病的同时，应当警惕由于该单一事件而全面否定类似版权代理公司的商业模式。分析视觉中国的知识产权策略与诉讼策略，并且针对视觉中国涉讼案件进行评析。“鹰眼系统”的开发与2014 年最高院的判决是视觉中国提起海量诉讼的两大重要前提。而对于如何解决目前的图片版权保护问题，应当完善司法实践中对于著作权权属的认定规则，对现行版权登记制度进行革新，以及版权代理机构与集体管理组织之间应形成有效竞争。

关键词：视觉中国事件；图片版权保护；著作权权属认定

一、视觉中国的知识产权策略

（一）“视觉中国事件”时间线梳理

2019 年 4 月 11 日，因将欧洲南方天文台（ESO）公布的首张黑洞照片

* 李硕颖，同济大学上海国际知识产权学院研究生。

** 杨大可，同济大学法学院助理教授、中德（国际）经济法研究所专职研究员，法学博士。

纳入自己的版权图片库中，视觉中国文化发展股份有限公司(以下简称“视觉中国”)遭到了网友与媒体的广泛质疑。[1] 在被网友发现我国的国旗与国徽图片也出现在视觉中国的付费图库中后，这家名为“视觉中国”的图片版权公司终于引发了民众与主流媒体对其大规模的舆论讨伐。

相关部门对此的反应是极为迅速的，引发舆论当天，天津市网信办就连夜约谈视觉中国，责令其进行全面整改。针对视觉中国的处罚也已在 4 月 18 日做出，视觉中国公司被从重处罚 30 万元，其网站被关闭。[2] 国家版权局也宣布将图片保护纳入即将开展的“剑网 2019”专项行动。[3]

在这一系列事件中，视觉中国的“钓鱼式维权”“勒索式维权”深受诟病，在这其中扮演关键角色的是视觉中国的全资子公司华盖创意(北京)图像技术有限公司(以下简称“华盖创意”)和另外一家子公司汉华易美(天津)图像技术有限公司(以下简称“汉华易美”)。[4] 这两家公司均是涉案数量庞大的公司，尤其是与知识产权权属侵权纠纷有关的案件。根据裁判文书检索网站 OpenLaw 显示，关于视觉中国在知识产权权属与侵权纠纷领域的法律诉讼，其文书数量已经达到了 18774 件。[5] 2014 年对于视觉中国而言是一个转折点，从 2014 年始，视觉中国的诉讼量开始实现井喷，至 2018 年达到其最高峰，2019 年的诉讼量则展现出了“断崖式下跌”，可见视觉中国在被要求进行整改之后，其提起的诉讼已经大大减少。

在这惊人的涉案量背后便是视觉中国庞大的版权维权生意。当然，如果维权是为了保护视觉内容创作者的权益，为了鼓励社会的整体创新，那么类似视觉中国的版权代理公司的存在便是在为社会增加福祉，但是，如果所

---

[1] 欧洲南方天文台(ESO)对图片、视频和音乐均采用 CC4.0(Creative Commons Attribution 4.0 International License)进行授权许可，任何人都可以免费使用该作品，包括商业使用，只要注明出处即可。参见 https://www.eso.org/public/copyright/，2019-06-15。

[2] 新华网：《天津网信办依法对视觉中国网站做出行政处罚》，http://www.xinhuanet.com/legal/2019-04/18/c_1124385702.htm，2019-06-15。

[3] 人民日报：《黑洞图片捅破版权黑箱》，http://paper.people.com.cn/rmrbhwb/page/2019-04/24/08/rmrbhwb2019042408.pdf，2019-06-15。

[4] 澎湃新闻：《视觉中国的维权生意：版权追踪系统曾让新增年度协议客户增半》，https://www.thepaper.cn/newsDetail_forward_3291557，2019-06-15。

[5] 参见 OpenLaw 裁判文书检索网：http://openlaw.cn/analytics/search? type=&typeValue=&lawyerId=&lawFirmId=&courtId=&keyword=%E8%A7%86%E8%A7%89%E4%B8%AD%E5%9B%BD&causeId=d8347b89678645e1887045b4200e822f&，2019-06-30。

谓的维权仅仅是利用制度漏洞为自身牟利，那么对之加以规制只是时间问题。当我们反观该事件时，一个值得警惕的问题是，在视觉中国"黑洞照片"事件引起舆论发酵之后，若仅依据该单一事件而全盘否定类似于视觉中国的版权代理公司，这对于解决互联网环境下的图片版权保护问题毫无裨益。在中国人民大学举办的视觉中国事件法律问题研讨会上，提到了签约摄影师的收入来源问题，在视觉中国目前这种商业模式下，签约摄影师除了有来自原创内容的销售收入，也有来自视觉中国帮摄影师维权的一部分收入。[1] 因此，应当警惕由单一事件引发出的连锁反应与过度反应，目前对于互联网环境下的作品保护还远远不足，应当防止舆论导向对于原有版权市场的恶化。

(二)视觉中国的平台运营模式

视觉中国这家公司的本质就是一家图片版权代理商，它为市场的两边搭建了一个可以进行批量图片交易的平台，市场的一边是拥有版权的摄影师和图库，即签约供稿人和机构供应商，此两者作为视觉中国平台的主要图片来源。市场的另一边是用图方，视觉中国在购买到大量的图片版权之后，会向公司或者个人进行销售。因此，视觉中国的平台运营模式就是通过与签约供稿人和机构供应商之间签署代理协议，由此获得原创视觉内容的分销权，且视觉中国设立了专门的线上管理系统，与供稿方按照约定进行比例分成，同时视觉中国可以就侵犯其著作权的行为进行维权，而使用平台图片的公司或者个人则可以通过该平台获得版权内容的使用授权。

因此，从推动互联网环境下的图片市场保护而言，视觉中国提供了一种较为方便与高效的大批量图片交易模式。但是在目前新媒体盛行的形势下，许多中小广告商以及自媒体人在使用图片的时候并没有规范的版权意识，加之互联网上的图片并非都需授权，导致企业和个人身处复杂的版权环境中，稍一疏忽就极易实施侵权行为。对于个体摄影师而言，如果没有类似于视觉中国的在线图片交易平台，就会陷入自行寻找市场的困境，获得合理收入的渠道也大大限缩，长此以往很可能会造成整个行业停滞发展的窘境，因此版权保护需要多方面引导，而不是简单取缔现有平台。

---

[1] 人民日报：《黑洞图片捅破版权黑箱》，http://paper.people.com.cn/rmrbhwb/page/2019-04/24/08/rmrbhwb2019042408.pdf，2019-06-15。

(三)视觉中国的“集体管理模式”

著作权集体管理制度是对著作权进行保护的一项基础性制度,对于保护原创者的利益,促进文化繁荣发展有着重要意义。由于这种集体管理活动本身具备准公共权力的属性,因此必须受到国家行政机关的监督,否则便可能产生滥用的后果。

视觉中国的知识产权策略与其运营模式是相配合的。如前所述,视觉中国是作为克服交易信息不对称的市场中介出现的。对于视觉内容生产者,视觉中国会通过现有平台获取其著作权许可并向其转付使用费;对于使用者,视觉中国会以自己的名义对其提供著作权使用许可并收取费用,如果对方没有取得授权,那么视觉中国便会提起维权诉讼。根据我国《著作权集体管理条例》第二条的规定,著作权集体管理组织需要满足四项条件,即:与使用者签订与著作权相关的权利许可使用合同;向使用者收取使用费;向权利人转让使用费;以自己的名义进行涉及著作权的诉讼仲裁等。如果将视觉中国的运营模式与这四项特征进行比对,可以发现视觉中国的行为已经完全落入了著作权集体管理组织的范畴,因此视觉中国虽然名为版权代理公司,但事实上从事的是著作权集体管理活动。且无论是签约供稿人的数量还是视觉内容作品的数量,视觉中国在业内已经具备了广泛的影响力与控制力,在这种情况下,视觉中国的经营状况、组织架构等信息都应当披露出来并接受国家行政部门的监督。[1]

但是根据我国的法律规定,著作权集体管理组织应当依照有关社会团体登记管理的行政法规和《著作权集体管理条例》的规定进行登记并开展活动,未经批准,擅自从事著作权集体管理活动的应当依法取缔。[2] 视觉中国以版权代理公司之名,行著作权集体管理活动之实,应当已经涉嫌非法从事著作权集体管理,但是迄今为止,版权行政管理机关并没有针对视觉中国该行为进行查处。之前天津市网信办针对视觉中国做出的30万元罚款的处罚,依据的是《网络安全法》的第47条与第68条,即针对的是视觉中国滥用国旗、国徽等个别行为,而非针对视觉中国从事著作权集体管理的一般行

---

[1] 澎湃新闻:《专家谈视觉中国版权问题:行政部门可主动依法监管》,https://www.thepaper.cn/newsDetail_forward_3326382,2019-06-15。

[2] 参见《著作权集体管理条例》第3条、第42条。

为。虽然在此次视觉中国的事件中，非法从事著作权管理并没有成为一个主要被关注的问题，舆论重点都集中在其恶意维权上，版权行政管理机关也未对视觉中国从事集体管理活动进行查处。但是在实践中，法院通常会依据《著作权集体管理条例》第 2 条与第 6 条将版权代理公司进行著作权集体管理活动认定为非法从事集体管理，而这样的认定又被一部分学者持否定态度，认为司法实践上对于版权代理公司进行非法集体管理的认定上应当谨慎，使得版权代理与集体管理之间可以形成有效竞争以解决著作权市场许可效率低下的难题。[1]

二、视觉中国的诉讼策略

(一)“鹰眼系统”的开发

视觉中国提起海量诉讼有两大重要前提：一是“鹰眼系统”的开发，二是 2014 年最高院的判决。视觉中国于 2017 年研发了“鹰眼系统”，通过该系统发现的潜在客户数量较去年同期增幅超 84%。[2] 该系统是一套网络追踪系统，可以追踪视觉中国图库中的图片在网络上的使用情况，并提供在线侵权证据保全等服务，只要是视觉中国图库里盖有水印的照片都会被查出。如果有企业或者个人在未经视觉中国的授权而使用图库中的图片的情况，该系统可以进行定位，后续会由视觉中国联系侵权方，并向对方推销自己的一揽子许可，如果对方不能接受，视觉中国就会向对方提出天价赔偿，由此形成自己的一套索赔机制。

可以说，“鹰眼系统”是视觉中国进行大量索赔与创收的开端，该系统的开发使得维权营销在视觉中国的核心业务中逐渐稳固，相比较于之前人工发掘侵权对象，该系统大大降低了视觉中国获取客户的成本。很多企业本身也确实存在不规范使用图片的行为，加之对于诉讼成本的考虑，会选择与视觉中国和解，并接受其提出的一揽子许可，因此，“鹰眼系统”的开发也为视觉中国带来了源源不断的客户量。

---

[1] 华中科技大学法学院：《熊琦：视觉中国事件与刻不容缓的版权许可机制改革》，http://law.hust.edu.cn/info/1158/6701.htm，2019-06-20。

[2] 澎湃新闻：《视觉中国起诉的侵权案，为什么胜诉率可高达 96%?》，https://www.thepaper.cn/newsDetail_forward_3293991，2019-06-15。

但是，视觉中国利用"鹰眼系统"所做的远远不止如此。在刚开始发现侵权行为的存在时，视觉中国往往不会立即维权，而是等到侵权图片的数量积攒到一定程度，再就一张或几张图片提起高额索赔，从而迫使对方与自己达成和解，接受视觉中国方推出的一揽子许可。[1] "鹰眼系统"已经成为视觉中国进行"勒索式维权"的重要工具。

(二)2014 年最高院的判决

2014 年最高院的判决可谓是开启了视觉中国的"漫漫"维权道路。视觉中国的全资子公司华盖创意诉正林公司的著作权权属侵权纠纷一案得到了胜诉，该案例被最高院作为经典案例纳入 2014 年的知识产权案件年度报告中。在该报道中，可以看到这样的评论："网站中对作品的署名，包括权利声明和水印，在没有相反证据的情况下，构成著作权权利归属的初步证明。"[2]最高院认为：如果对初步证据要求过高，那么对权利人而言无疑是巨大的负担。[3] 该判决的确减轻了类似于视觉中国这样的版权代理公司的举证负担，在 2015 年华盖创意诉江中药业股份有限公司和微梦创科网络技术有限公司的案件中，华盖创意就凭借带有水印的图片，Getty 公司的确认授权书以及美国华盛顿州公证员所出具的公证，就完成了对该案件的全部举证[4]，且该案件还一度作为典型案例被列入北京市法院知识产权保护十大创新型案例中，法院认为在互联网网络环境下，往往由被告掌握着侵权相关证据，对于权利人来说，通过公证的方式进行取证意味着费用的支出，从而构成权利人的维权负担。[5]

北京市海淀区人民法院对华盖创意诉江中药业和微梦创科公司一案做出的判决仅是 2014 年最高院判决所带来的一系列辐射影响之一，从裁判文书检索网站 OpenLaw 对于视觉中国涉诉案件的统计来看，视觉中国及其

[1] 新华网：《从视觉中国版权事件谈起：滥用版权碰瓷式维权或违法》，http://www.xinhuanet.com/yuqing/2019-04/16/c_1210109706.htm，2019-06-15。

[2] 中国法院网：《最高人民法院知识产权案件年度报告（2014 年）摘要》，https://www.chinacourt.org/article/detail/2015/04/id/1600446.shtml，2019-06-30。

[3] 参见最高人民法院(2014)民提字第 57 号民事判决书。

[4] 参见北京市海淀区人民法院(2015)海民(知)初字第 25408 号民事判决书。

[5] 北京法院网：《2016 年度北京市法院知识产权司法保护十大创新性案例》，http://bjgy.chinacourt.gov.cn/article/detail/2017/04/id/2820818.shtml，2019-06-15。

子公司华盖创意与汉华易美自2014年后,在知识产权权属与侵权纠纷领域的法律诉讼与往年相比呈直线上升趋势,直到2018年到达顶峰。[1]

2014年最高院的判决看似是促使视觉中国进行海量维权的动因,但笔者认为其根本原因还是在于部分基层法院对该判决流于形式的理解与执行。在视觉中国提起的一系列著作权权属侵权纠纷诉讼中,虽然每个案件的模式都大同小异,但只有在2014年与正林公司一案中其提供的证据最为完善。该案中华盖创意一审时提交的证据仅包括Getty公司的确认授权书,以及华盖公司网站上涉案图片的权利声明和水印,虽然华盖创意就此已经尽到了初步的举证责任,但是正林公司却提交了相反证据,证明自己使用的图片在其他三家网站上也在公开销售,华盖创意由此提交了补充证据——摄影师的授权证明,完成对自己享有照片著作权权属证明的全部举证。因此,在2014年与正林公司著作权权属侵权纠纷一案中,视觉中国方提供的证据链中包含五部分:Getty公司的确认授权书、网站权利声明、图片水印、公证文件和摄影师的授权证明。[2] 2015年华盖创意诉江中药业以及微梦公司一案与该案十分相似,江中药业质疑了Getty公司是否享有涉案图片的著作权,但是在没有提供摄影师授权证明的情况下,法院依然认可了华盖创意提供的证据,认为其已足够构成享有著作权的初步证据。可以发现在该案件中,华盖创意已经可以在不提供摄影师授权证明的情况下就进行维权了。因此,虽然最高院2014年的判决意在减轻权利人的举证负担,但是基层法院对该判决流于形式的理解与执行也为著作权权利归属带来了新的问题,使得类似于视觉中国的版权代理公司利用此判决结果实现自己的牟利,甚至在没有授权的情况下就可以主张权利。

(三)视觉中国维权手段

视觉中国的维权手段大多被称为"钓鱼式维权"或者"勒索式维权",而视觉中国则将自己的维权手段视为有力的创收点,并形成一套"视觉中国式"的维权模式:首先是通过销售团队去发现疑似侵权客户,除了"鹰眼系

---

[1] 参见OpenLaw裁判文书检索网:http://openlaw.cn/analytics/search? type=&typeValue=&lawyerId=&lawFirmId=&courtId=&keyword=%E8%A7%86%E8%A7%89%E4%B8%AD%E5%9B%BD&causeId=d8347b89678645e1887045b4200e822f&,2019-06-30。

[2] 参见最高人民法院(2014)民提字第57号民事判决书。

统”在发挥作用外，视觉中国团队也会通过各大展会寻找侵权图片，各企业在展会上的宣传册会被重点关注，由于目前国内公司的版权意识普遍有待提高，因此在这些公司的宣传册上会有大概率发现侵权图片。一旦发现，则立马进行图片来源的核实，查看其是否有购买记录。如果没有购买记录，则尝试与未获授权的客户协商签订销售合同；对方若不配合，则移交律师或者其他代理机构处理，最后进行和解或者发起诉讼。

在有的案件中，被告明明使用了几十张或者几百张图片，但是视觉中国仅对其中的一张提起高额诉讼，迫使被告对其他图片的使用行为与其达成和解。在华盖创意诉广州风行牛奶公司与北京微梦创科公司的案件中，被告之一的广州风行牛奶就指出，原告作为图片的供应商，对于网络上存在的普遍的使用情况非常清楚，但是并没有采取任何合理合法的维权方式，并没有向网络服务提供者以及搜索引擎提出声明，因此，被告认为华盖创意的做法完全属于钓鱼式维权或恶意维权。[1] 视觉中国的问题在于一方面自诩保护知识产权，另一方面却行侵权之实，在视觉中国的图库里，可能有相当一部分的图片无法自证其版权。但它滥用司法推定，将本不属于自己的作品打上水印，将一定数量的图片做成图库，以图库的名义向国家版权局进行登记，得到图库的著作权证书，作为之后进行诉讼的证据准备。[2]

除了钓鱼式维权的问题，类似于视觉中国的版权代理公司，在许可模式上也由原先的具体许可转变为一揽子许可。虽然一揽子许可有利于提高交易效率，但是对于不需要此类照片的使用者来说，一揽子许可就是一种变相搭售。并且由于图片没有固定价格标准，当对方不接受一揽子许可时，视觉中国起诉对方并开出高价赔偿以迫使对方接受自己的和解提议。利用诉讼让使用者支付过高的许可使用费，这一现象不仅在著作权领域，在专利领域以及商标领域也都存在，因此法院在做出判决以及赔偿金额的时候，应当更多结合起诉人的主观恶意，或者诉讼双方的现实状况来进行综合考量。

---

[1] 参见广东省广州市天河区人民法院(2016)粤 0106 民初 6996 号民事判决书。

[2] 澎湃新闻:《知识产权政策红利，别被视觉中国截和》, https://www.thepaper.cn/newsDetail_forward_3292392, 2019-06-30。

三、视觉中国知识产权策略的法律规制与司法应对

(一)完善司法实践对著作权权属的认定规则

如上所述,2014 年最高院对于华盖创意诉正林公司著作权权属侵权纠纷一案中做出的判决认为,对于著作权权属的审查一般以作品上的署名为初步证据,包括权利声明和水印,除非有相反证据予以推翻,这一判决也对应了《关于审理著作权民事纠纷案件适用法律若干问题的解释》中相应的规定。[1] 但是由此导致的一个现实问题就是,视觉中国的维权之路从此开始便“一帆风顺”,其举证责任被大大减轻并事实上借此判决进行牟利。类似于视觉中国的版权代理公司也开始不加审查地将不属于自己的图片纳入图库中,并标记上自己的水印,进行所谓的“维权”。而互联网环境则进一步导致了目前版权保护的复杂性,对于版权代理公司而言,抓取图片加上自己的标识是一件毫无技术难度的事情。

因此在司法实践当中,如何认定著作权权属也需要结合案件与作品的具体情况进行综合考虑。对于著作权权属初步证据的认定,笔者赞同 2014 年最高院在华盖创意诉正林公司一案中的观点:如果对初步证据要求过高,比如对每一张图片都要求取得摄影师的授权证明,或者每一张图片去做著作权登记的话,对权利人而言无疑是巨大的负担。这样的要求在实践中并不利于权利人维权,且考虑到著作权缺乏像专利权以及商标权那样的审查和公示程序,权利人是否进行登记并不影响其取得著作权,因此也就不能以权利证书来主张权利。因此,笔者认为:在没有相反证据的情况下,网站的权利声明和图片水印可以构成著作权权利归属的初步证明,但是如果有相反证据,则需要进一步提供摄影师的授权证明,或者作品的底片以及未经修改的数码照片文件等作为补充证据以证明自己的权利主体资格。

2019 年 4 月 22 日,最高院民三庭的副庭长在“2019 年知识产权宣传周活动发布会”上表示,对于照片作品维权的法律问题,应当严格审查权利归

---

[1] 参见最高人民法院《关于审理著作权民事纠纷案件适用法律若干问题的解释》第七条第二款:在作品或者制品上署名的自然人、法人或者其他组织视为著作权、与著作权有关权益的权利人,但有相反证明的除外。

属证据，以市场价值为基础判赔。[1] 并且提出地方法院在参照最高院典型案例时要准确领会案例指引，不能仅以水印当作照片作者的署名来认定权利归属，防止片面性和简单化。

（二）对现行版权登记制度进行革新

对于视觉中国事件的反思，也有一种声音认为目前我国缺乏版权归属的共识手段，缺乏有效率的登记机制。根据版权领域最基本的国际条约《保护文学和艺术作品伯尔尼公约》的规定，目前遵循的是版权自动产生原则，对版权的保护不需要权利人以版权登记为前提。[2] 版权登记机制固然可以明晰权利人的作品以及权利状态，但是其付出的行政管理成本也是巨大的，尤其是在互联网时代，几乎人人都是创作者，并且在版权登记中如何去描述作品的保护范围也是一大难题。[3] 因此，尽管版权登记制度可以增加法律上的确定性，对于社会公众而言是一种权利的公示，有利于作品的进一步传播并降低交易的法律风险，但是，这种确权代理的巨大管理成本以及如何描述权利保护边界的问题都需要进一步考虑。[4]

对于版权登记制度的探讨，已经有基于确权为目的的登记制度以及以侵权救济为目的的登记制度的提出，但前者被认为是对版权法的倒行逆施，后者则因受制于自身的局限性而不能向社会公众提供全面的版权信息，因此，有学者提出了基于交易的版权登记作为版权登记制度革新的第三条道路。该观点认为，经济激励是权利人进行登记的潜在动机，而版权制度应重点保护具有经济价值的作品，在线版权交易平台则是一种非常适宜的途径。[5] 在线版权交易平台本身就是一个海量数据库，社会公众可以从该平台上获得作品的公示信息以及作者的联系途径，且在线版权交易平台可以实现信息的及时更新，从而保证信息的时效性和交易的成功率。这种操作

---

[1] 人民网:《最高法:针对视觉中国版权问题应坚持法治原则》, http://ip.people.com.cn/n1/2019/0423/c179663-31044903.html, 2019-06-30。

[2] 参见《保护文学和艺术作品伯尔尼公约》第五条。

[3] 吕炳斌:《版权登记制度革新的第三条道路——基于交易的版权登记》,《比较法研究》2017 年第 5 期。

[4] 陈爱碧:《著作权重复转让中的权属认定》,《知识产权》2017 年第 9 期

[5] 吕炳斌:《版权登记制度革新的第三条道路——基于交易的版权登记》,《比较法研究》2017 年第 5 期。

模式并没有背离现有的制度框架，在现有的版权自动保护原则与非强制性版权登记制度下，基于交易的版权登记制度完全可以由在线版权交易平台自行实施。技术的发展与创新对于版权登记制度的完善具有推动作用，对于现行版权登记制度，可以考虑采取技术手段与行业自律的形式进行革新。

(三)版权代理机构与集体管理组织之间应形成有效竞争

视觉中国作为一个可以提高著作权市场交易效率的平台，为促成视觉内容创作者和使用者之间的信息交换与有效沟通提供了良好的商业平台，我们应该用产业发展的眼光去看待集体管理组织的存在方式，因此，有学者指出我国应该构建开放式的著作权管理制度，尤其是考虑到互联网平台已经完全可以充当集体管理组织的角色，在此背景下引入良好的竞争环境可以促使著作权许可市场的良好发展。加之版权代理与集体管理彼此业务是交叉的，尤其是在互联网环境下，图片的许可、转让等业务量急剧上升，以非法集体管理组织的认定打击版权代理活动的做法并不可取。[1]

我国目前的版权产业处于一种高速发展的状态，著作权市场的许可效率也亟须提高。但是我国法律对于集体管理组织垄断性地位的肯定，以及版权代理公司时常陷入非法进行集体管理活动的窘境，使得集体管理和版权代理之间的冲突无法愈合。我国法律对于集体管理组织垄断性地位的肯定也是由于集体管理组织与版权代理机构之间的诸多差异导致，因此决定了集体管理要受到政府的监督，而版权代理只是私权交易。一方面，集体管理只能是非营利性组织，而版权代理既可以是营利性组织，也可以是非营利性的个人或组织；另一方面，集体管理组织通常以自己的名义进行活动，而版权代理以被代理人的名义进行活动。[2] 因此集体管理组织在我国通常只设一家，而版权代理处于多家竞争的局面。有学者认为，我国对于集体管理组织垄断地位的肯定对互联网环境下的作品传播与利用并无益处。集体管理组织处于垄断地位，会导致其严重缺乏对现有的著作权许可制度进行革新的动力，加之互联网环境下的作品保护问题本身比较复杂，从而造成大量著作权人会通过自身进行直接许可或者通过类似于视觉中国这样的版权

[1] 澎湃新闻:《专家谈视觉中国版权问题:行政部门可主动依法监管》,https://www.thepaper.cn/newsDetail_forward_3326382，2019-06-15。

[2] 中华人民共和国国家版权局:《著作权集体管理组织的有关情况》,http://www.ncac.gov.cn/chinacopyright/contents/540/20699.html，2019-06-30。

代理公司进行许可。而在司法实践中,诸如此类的版权代理公司又面临着被认定为非法进行集体管理活动的风险,从而进一步巩固了集体管理组织的垄断地位。创立集体管理组织的初衷本是为了更全面地保护权利人的利益,更有效率地进行版权许可,从而促进文化繁荣与社会发展,但是现在看来,并没有很好的践行初衷。[1]

因而我国著作权市场许可效率低下的根源还是在于集体管理组织的垄断性,如果司法实践上对于版权代理公司进行非法集体管理的认定上重新开拓思路,谨慎认定非法集体管理,使得版权代理与集体管理之间形成有效竞争,著作权市场许可效率低下的状况才能被真正解决。

(四)小结

视觉中国目前被开了罚单,并责令整改。可能在整改之后,视觉中国会对其平台上的图片进行更加负责有效的过滤审查,不会再进行钓鱼式维权或者勒索式维权。在视觉中国事件发生后,也出现了各种舆论,但是这其中很多观点都应当理性看待,否则就会引起版权意识的倒退。譬如说,图库这种版权保护方式有自身的益处,不应因为有版权代理公司利用图库进行牟利而全面否定图库的价值,图库交易作为一种图片的集合形式,可以提高权利人与用图方之间的交易效率。考虑到目前微利图片在域外已经拥有非常成熟的发展模式,而我国微利图片市场起步较晚[2],还有长足的发展空间,因此需要完善司法实践中对于著作权权属的认定规则,需要对现行版权登记制度进行革新,以及版权代理机构与集体管理组织之间应当形成有效竞争,毕竟对于视觉中国事件及时的反思与处理也是对未来版权市场的有效保护。

[1] 华中科技大学法学院:《熊琦:视觉中国事件与刻不容缓的版权许可机制改革》,http://law.hust.edu.cn/info/1158/6701.htm,2019-06-20。

[2] 崔丽莎:《中国网络图片库市场竞争现状分析》,《竞争政策研究》2018年第3期。

网络犯罪专业化办案工作机制研究

郭丹阳[*]　王　嫣[**]

摘要：网络科技的快速发展，也带来了网络犯罪频发，犯罪手法不断更新、升级等问题。针对网络犯罪跨地域性、隐蔽性、低龄化等特点，其在司法实践中与传统犯罪呈现出较大区别。以检察机关网络犯罪工作机制为视角，探索构建检察引导侦查的提前介入工作机制；通过整合专业化办案资源，成立互联网专家组等措施充分运用“检察大脑”；完善网络犯罪相关法律解释，推动网络犯罪立法的科学性与合理性，为司法机关提供可操作性的行为规范，提升检察机关网络犯罪办案能力，更好地打击犯罪。

关键词：网络犯罪；提前介入；专业人才；法律完善

随着网络技术的快速发展，社会进入“互联网＋”的大时代。在网络科技进步的同时，一些不法分子利用互联网的快捷、便利、匿名等特性，将互联网作为一种新型的犯罪平台，实施网络犯罪，网络犯罪相较于其他普通犯罪，具有犯罪手法更加隐蔽、犯罪跨地域性、社会危害性更大等特点。因此，有必要针对网络犯罪进行实务经验的总结、研究，以提升网络犯罪的办案质量。本文以检察机关的网络犯罪工作机制角度分析网络犯罪的特点、难点，以期对相关研究及实务有所裨益。

---

* 郭丹阳，上海师范大学硕士研究生。

** 王嫣，上海市徐汇区人民检察院第一检察部主任。

一、网络犯罪基本情况

(一)网络犯罪涉及的罪名及特点

1.网络犯罪在实务中常见的罪名

网络犯罪案件罪名涉及非法获取计算机信息系统数据罪、破坏计算机信息系统罪、侵犯公民个人信息罪、盗窃罪、诈骗罪、非法经营罪、开设赌场罪、组织卖淫罪等十余个罪名。这些罪名分为两大类。一类是以网络为工具的传统犯罪案件,该类型案件在网络犯罪中占据较大比例,包括盗窃、诈骗、非法经营、开设赌场等罪名。另一类是制作破坏性程序、使用黑客技术等以网络、数据为对象或网络源头性、技术性犯罪,即纯正的网络犯罪,该类型案件在网络犯罪中占比例较小。

2.网络犯罪特点

(1)低龄化、低学历化

网络犯罪的主体总体呈年轻化的趋势,文化水平不高。2014 年 1 月 1 日至 2018 年 12 月 31 日期间,在上海市徐汇区人民检察院办理的涉计算机、网络犯罪案件中,涉案的 285 名犯罪嫌疑人中,未成年人数量为 22 人,占比 7.72 %,远高于我国未成年人犯罪人数占全体犯罪人数的比率[1]。18 岁至 29 岁的 128 人,占比 44.91 %;30 岁至 39 岁的 91 人,占比31.93%;40 岁至 49 岁的 30 人,占比 10.53%;50 岁及以上年龄的仅有 14 人,仅占比 4.91 %,从人数占比看网络犯罪主体呈犯罪年轻化趋势。

在该 285 名犯罪嫌疑人中,大专及以上文化程度 110 人,高中及中专以下文化程度 175 人,其中包括高中及中专文化程度 65 人,初中文化程度 89 人,小学及以下文化程度 21 人。涉及黑客技术手段、木马软件制作的源头性犯罪的 27 名犯罪嫌疑人中,17 名为高中及以下文化程度。由此可见,当前涉计算机、网络犯罪与犯罪嫌疑人的文化程度不存在必然的关联,一些学历不高的犯罪嫌疑人通过对网络、计算机学习研究,也会成为高技术“文化人”。

---

[1] 根据最高人民检察院工作报告,2018 年被提起公诉的未成年人人数为 39760 人,全国被提起公诉的人数为 1692846 人,未成年犯罪人数占全体犯罪人数比例为 2.35%。

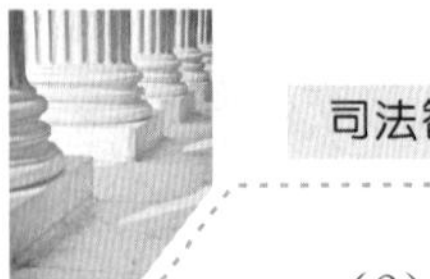

(2)跨地域性、非接触性

随着互联网的广泛覆盖,网络犯罪的传播变得更加普遍。网络犯罪不再受空间限制,具有跨区域特征。在网络犯罪中,犯罪行为地与犯罪结果地可能分布各个省份,被害人与犯罪嫌疑人相隔数万里。与普通犯罪不同的是,网络犯罪嫌疑人之间也具有跨地域性的特征。相当数量的涉计算机、网络共同犯罪案件中,犯罪主体之间、帮助行为主体与实行行为主体往往都不认识,仅通过QQ、微信等线上通信工具进行联系,犯意联络认定困难,相互指证存在障碍,具有非接触性的特征。

(3)隐蔽性、快速性

随着网络技术、人工智能与大数据的快速发展,网络犯罪已经变得更加隐蔽。很多网络犯罪行为通过隐藏进程进行,被害人难以从网络终端的变化中看到犯罪行为,而近年"云计算"技术的兴起,使得被害人无法对所有数据全面检查。在一些信用卡诈骗案件中,被害人一直卡不离身,也未泄露过银行卡密码,直到看到交易的短信才惊觉钱财被盗。同时,由于网络犯罪的跨地域性,被害人和犯罪分子地点不一致,在任何一个地方都可以接入网络。犯罪分子可以通过隐藏其真实位置实施犯罪,致使侦查机关难以查获其真实的IP地址,以此来逃避侦查。

技术的发展使得网络犯罪的手段也"日趋成熟",犯罪过程越来越快速。在网络犯罪早期,犯罪分子往往需要自己进行编程、解码,"单打独斗"。随着互联网科技的逐渐发展,出现了第三方平台和各类搜索引擎,在便利广大网民的同时,也给犯罪分子提供了新的"犯罪思路"。通过网上下单、在引擎中搜索,就很容易获得技术支持。犯罪分子对网络利用程度的转变使得作案时间也逐渐缩短,"一个犯罪指令的执行可能只需要几毫秒时间,而且难留蛛丝马迹"。[1]

(4)产业化、组织化

与传统犯罪相比,纯正的网络犯罪具有明显的产业化、组织化的特征。纯正网络犯罪的产业化体现在上中下游分工明确,产业化链条特征明显。产业链上游负责网络技术层面,通过制作相关网页、链接等诱导被害人访问、下载,以此来获取被害人相关身份信息、财产信息。产业链中游负责将

---

[1] 于志刚主编:《计算机犯罪疑难问题司法对策》,吉林人民出版社2001年版,第17~18页。

被害人的相关信息通过数据平台清洗，清洗过后既可以直接获取被害人财产，也可以将被害人信息转卖来获利。产业链下游将获取的被害人信息以盗窃、诈骗等犯罪形式变现。[1]

随着互联网技术的高速发展，信息传播更加方便快捷，犯罪的组织策划也更为便利，网络犯罪呈现出组织化的特征。网络犯罪的组织化是指犯罪分子通过互联网交流相关犯罪方法和犯罪手段，分工协作、互相配合，形成了严密的犯罪群体。在网络犯罪中，单个犯罪分子通常难以实施大规模犯罪。许多犯罪团伙以注册公司的形式，有组织、有规模地实施网络犯罪行为。

（二）当前办理网络犯罪亟待解决的问题

1.侦查难度较大，难以有效打击

网络犯罪的隐蔽性、快速性，使其成为一场"闪电战"，这无疑加大了侦破犯罪的难度，给公安机关的侦查带来了较大挑战。网络犯罪人大多以虚拟身份实施犯罪，行为隐蔽，身份认定困难，不利于相关证据的收集。很多网络犯罪的被害人分散在全国各地，侦查取证工作量较大。侦查取证的窗口时间稍纵即逝，侦查难度较大。同时，网络犯罪往往是跨地域犯罪，这就要求公安机关高度的配合协作。案件线索的调查、电子证据的固定提取、犯罪分子的抓捕，都不是一个区域公安机关能够完成的，通常要突破行政区域的界限，就犯罪线索、协助调查取证等多方面开展深入而广泛的合作。但是目前我国还未就此问题建立起稳定而长效的协作机制，不同区域之间网络犯罪侦查的协作还具有临时性、局部性、滞后性。

2.网络专业知识储备不足，认知程度相对滞后

网络犯罪的严峻形势，迫切需要一批高素质的人才队伍。网络犯罪的一线办案人员不仅需要具备一定的实务经验，还需要了解计算机和互联网的相关知识。网络犯罪中，电子数据的提取与固定、计算机系统的勘察、数据跟踪等手段都是具有高科技性的。[2] 目前，这种复合型的一线办案人员在实务机关中较为缺乏，应该加强对这方面人才的培养，探索有效办案方法来应对网络犯罪活动，提升网络犯罪的打击力度。

---

[1] 参见《北京市海淀区人民检察院网络安全刑事司法保护白皮书》。

[2] 刘品新：《论网络时代侦查模式的转变》，《山东警察学院学报》2006年第1期。

3.立法边界模糊,法律适用困难

随着网络技术的发展,传统犯罪与网络技术相结合,传统犯罪开始向网络社会延伸和扩张,新形势下产生了新的问题。目前,对游戏账号、游戏装备、游戏币等网络游戏虚拟物的性质仍未有定论,检察机关针对非法获取该类虚拟物的刑事案件处理也没有统一。究其原因在于立法边界模糊,我国法律尚未明确网络游戏虚拟物的法律性质、流通规则等方面。

在网络发展的新形势下,纯正网络犯罪也存在法律适用困难的现象,亟须再次进行解释。《刑法修正案(九)》(下文简称修正案(九))新增了 4 种新的网络犯罪罪名,并对 6 种与网络相关的犯罪罪名进行了立法修改,加大了对网络犯罪的惩治力度。[1] 我国网络犯罪最新立法修正总体上是必要和合理的,但是仍有一些立法技术与内容上的问题。危害行为的边界宽泛,情节要件弹性大,不便把握定罪量刑标准,司法适用率低,没有实现有效遏制新型网络犯罪的立法目的。[2] 这些问题对司法机关造成一定程度上的困扰,影响司法的正确适用。

自修正案(九)生效至 2019 年 7 月 1 日期间,以拒不履行网络安全管理义务罪判决的案件仅有 1 件。[3] 互联网发展快速,涉及网络犯罪的案件繁多,在几年时间里不应该有且仅有这一件案件。这侧面印证了该罪名在立法中存在有较大问题。该项罪名中网络服务提供者的管理义务边界尚未完全厘清,仍包含许多抽象内容。这些未厘清的边界不仅使得实务工作中司法机关缺乏可操作性规则,还可能阻碍我国互联网产业的良性发展。因此,我国应当立足于网络犯罪的特点,在立法内容、技术上进一步完善,推进法律适用统一。

二、积极发挥提前介入优势,建立检察引导侦查工作机制

检察引导侦查机制是指检察机关为了指控犯罪,保障侦查的合法性,在适当时间介入公安机关的侦查工作,引导公安机关搜查、取证,确立正确的侦查方向;行使侦查监督权,预防侦查过程中出现的违法行为。由于网络犯

[1] 赵秉志、袁彬:《我国网络犯罪立法的合理性及其展开》,《南都学坛》2019 年第 3 期。

[2] 皮勇:《论新型网络犯罪立法及其适用》,《中国社会科学》2018 年第 10 期。

[3] 参见上海市浦东新区人民法院刑事判决书(2018)沪 0115 刑初 2974 号。

罪的特殊性，更加强调检察机关与公安机关加强沟通，以公诉为共同目标，强化侦诉合力，将公安机关的侦查优势和检察机关的运用法律优势相结合。

（一）积极行使侦查监督权，走出侦查中心主义

检察引导侦查机制是检察机关积极行使侦查监督权，走出侦查中心主义诉讼模式的重要环节。历史与现实的种种原因导致了我国刑事诉讼中出现的“侦查中心主义”，侦查中心主义是指将本来仅仅带有公诉预备性质的侦查程序视为刑事诉讼的中心，而审查起诉和审判都变成对侦查结论的审查和确认过程。[1] 法院审理查明案件事实应该以控辩双方对案件的举证、质证等环节为前提。但在侦查中心主义的诉讼模式下，法院在审理案件过程中通常采纳的是公安机关与检察机关的证据和意见，缺乏对辩护人以及被告人的重视，庭审环节被虚置。我国《刑事诉讼法》第 7 条规定：“人民法院、人民检察院和公安机关进行刑事诉讼，应当分工负责，互相配合，互相制约，以保证准确有效地执行法律。”按照这一规定，公、检、法之间的关系犹如“流水线”作业：公安局负责侦查；检察院负责起诉；法院负责审判。三家各管一段。[2] 公安机关是这条流水线上的中心，在对犯罪证据收集和犯罪事实认定等方面，发挥着至关重要的作用。

检察引导侦查机制的功能不仅包括公安机关与检察机关共同打击犯罪、提高办案效率，还包括检察机关可以在侦查阶段更加有力地行使侦查监督权。[3] 检察引导侦查的机制一定程度上改变了公、检、法之间的关系，是行使侦查监督权，走出侦查中心主义的重要环节。在检察引导侦查的机制下，检察机关在侦查阶段引导公安机关搜查、取证，帮助其把准正确的侦查方向；在公安机关对嫌疑人人身自由违法处置、对涉案财物违法处分等情况出现时，予以及时纠正。在一定程度上制约公安机关的侦查权，防止侦查权的滥用，保障司法公正，对走出侦查中心主义具有重要意义。

---

[1] 陈瑞华：《论侦查中心主义》，《政法论坛》2017 年第 2 期。

[2] 何家弘：《从侦查中心转向审判中心——中国刑事诉讼制度的改良》，《中国高校社会科学》2015 年第 2 期。

[3] 2002 年 5 月全国检察引导侦查的学术研讨会上社科院法学研究所的陈泽宪教授说：“检察引导侦查所建立的机制、所做的工作，包括建立的联系制度以及一些具体的措施，使得检察机关行使侦查监督权更加具备有利的条件，而且更加容易发现问题，更加有针对性地行使侦查监督。”

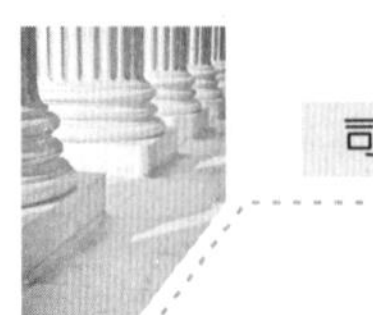

(二)强化侦诉合力,共同服务于公诉

检察引导侦查机制是集中追诉力量。强化侦诉合力的需要。公安机关与检察机关同属于刑事诉讼中的追诉一方,二者的共同职责都是为了打击犯罪而查获犯罪嫌疑人、搜集、固定证据,行使国家对犯罪的追诉权,共同服务于审判。目的的一致性使得两者尽可能地互相配合、协助。因为侦查是一种服务于公诉权的附属性司法权力,不是一种分散独立的司法力量。[1]侦查取证的全面性、及时性是公诉取得成功的前提和基础。

检察机关引导侦查的重要性在网络犯罪中尤其突出,网络犯罪的侦查初期强调对电子证据的固定,受互联网媒介的限制,取证窗口时间稍纵即逝,电子证据取证困难,并且具有灭失后不易恢复的性质。如果侦查机关在取证阶段导致电子证据污染、证据链无法形成,很可能会导致庭审中出现非法证据排除等问题。不能及时有效地收集网络犯罪的证据,不仅会造成诉讼资源的浪费,更有甚者可能就此放纵犯罪,导致司法权威受损,影响司法公正。[2]

检察机关提前介入侦查取证工作,加强与公安机关一线办案民警沟通交流,以便在案件定性、证据认定、鉴定等关键问题上尽早达成共识,有效提升案件质量,确保打击效果。针对网络犯罪的证据具有专业性强、数量多等特征,检察机关引导取证应该从证据的质量和数量两方面进行引导,两者不可偏废,不仅要关注证据的质量,更不能忽视证据的充分性。探索“证据清单”机制,在信息互联互通基础上,按照罪名罗列相应证据目录,发送侦查机关;在证据能否指控犯罪的最低标准方面达成共识,增强侦查人员的证据收集意识,提高证据质量;[3]对信息数据提供鉴定方向,确定侦查方向。网络犯罪中,犯罪主体对电子数据的添加、删除、修改、对系统的破坏等不同行

---

[1] 陈卫东、郝银钟:《侦、检一体化模式研究——兼论我国刑事司法体制改革的必要性》,《法学研究》1999年第1期。

[2] 习近平总书记在《关于〈中共中央关于全面推进依法治国若干重大问题的决定〉的说明》中明确指出:“在司法实践中,存在办案人员对法庭审判重视不够,常常出现一些关键证据没有收集或者没有依法收集,进入庭审的案件没有达到‘案件事实清楚、证据确实充分’的法定要求,使审判无法顺利进行。”

[3] 吕继东:《检察引导侦查取证的程序构建》,《国家检察官学院学报》2004年第2期。

为，需要检察机关依照指控的路径向鉴定机关提供相应的鉴定方向，否则容易造成效率太低等不利后果；检察机关还可以对瑕疵证据提出补充和完善建议，提高网络犯罪打击实效，引导侦查取证工作全面、及时、规范地进行。

（三）推进诉讼制度改革，落实庭审实质化

检察引导侦查机制是落实庭审实质化，推进以审判为中心诉讼制度改革的必要措施。庭审实质化是以审判为中心诉讼制度改革中的重要环节，庭审实质化的基本目标是“保证庭审在查明事实、认定证据、保护诉权、公正裁判中发挥决定性作用”[1]，“实现诉讼证据质证在法庭、案件事实查明在法庭、诉辩意见发表在法庭、裁判理由形成在法庭”。[2] 通过网络犯罪中检察引导侦查机制的建立，可以将侦查活动纳入侦查和审查起诉统一的审前规范程序之下，优化侦诉机关在审前程序的关系[3]，是提升追诉质量、落实庭审实质化的必要措施。

在当前司法改革的背景下，为落实庭审实质化，法院对证据审查的标准将会更加严格，对证据和事实之间逻辑联系的审查将会更加严格，这必然要求包括公安机关、检察机关按照法院的审判标准来开展工作，获取的证据都要按照法庭裁判的标准收集、固定，否则便不符合庭审实质化的改革要求，甚至可能导致非法证据排除等后果。检察机关在网络犯罪案件中提前介入开始于初查阶段，引导侦查人员以法院裁判标准及时获取相关证据，提高网络犯罪侦查的效率与质量。司法改革不仅要触及审判阶段，也要延伸至侦查、审查起诉程序，否则就会失去前提与基础，改革将会无果而终。

三、构建专业化人才团队，创新检察机关工作机制

（一）整合专业化办案资源，实行办案机构专业化

网络犯罪的特殊性要求检察机关将办案资源进行整合，实行办案机构专业化。检察机关针对网络犯罪应成立涉计算机、网络犯罪案件专业化办

[1] 参见《中共中央关于全面推进依法治国若干重大问题的决定》。

[2] 参见《人民法院第四个五年改革纲要》。

[3] 王贞会：《重大疑难案件检察引导侦查制度探讨》，《人民检察》2017年第9期。

案组，由具有丰富计算机网络知识和办案经验的检察官，带领一批互联网知识丰富、办理网络犯罪案件较多的年轻检察官，整合检察机关专业化办案力量，实现办案机构专业化。专业化办案组与随机分案的工作机制不同，可以对网络犯罪的作案手段、犯罪规律、证据标准等多个方面开展专业研究，提高办理网络犯罪的水平。

（二）推行“法律＋技术”办案模式，成立互联网专家组

为了提高侦查取证过程中的规范化和案件办理的专业化水平，检察机关可以聘请在计算机互联网安全、网络犯罪侦查等方面的实务专家学者成立互联网专家组，该专家组可以帮助检察机关解决法律人难以解决的技术性问题，充分发挥检察机关的法律优势和专家组的技术优势。

侦查起诉阶段，互联网专家组在签订相关保密协议后，可以参与案件论证、研讨会，协助引导侦查等工作，在审前诉讼阶段发挥重要作用。针对司法鉴定中的技术难点提供专业化意见，确保精准有利打击犯罪，帮助检察机关深挖案件线索，破解犯罪手法。在办案过程中，专家组可以向检察机关开设各类前沿知识讲座，以授课、座谈会等多种形式与办案人员进行沟通、交流。提前提示庭审中可能出现的技术难点，帮助检察官制定针对性的预案。强化办案人员相关网络知识，提升办理网络犯罪的能力。

审判阶段，建立疑难案件专家组证人出庭制度。在“以审判为中心”“庭审实质化”的诉讼制度改革背景下，建立互联网专家组证人出庭制度，有利于提升庭审质证效果，突出审判阶段在整个诉讼过程中的重要地位。围绕电子数据、网络安全等问题，专家组可以对相关问题发表专业意见，将复杂的专业知识变得简单易懂，为查明案件事实、准确适用法律、实现庭审实质化提供保障。

（三）积极参与社会治理创新，切实推动网络安全保护

检察机关应该加强与网络安全执法机关、行业协会的沟通。督促前置的行政机关积极履行责任，共同商讨预防、打击网络犯罪的对策；增强与行业协会协作，及时了解互联网行业动态，对于已经出现的社会综合治理情况，以检察建议等方式加强检查监督。

网络环境的净化需要互联网企业增强相关法律意识。在计算机网络犯罪案件中，一些单位未完全履行《网络安全法》的规定，对重要的数据未采取

备份加密、未保留网络日志，这些情况对后续的案件取证与办理都产生了消极的影响。检察机关在办理网络犯罪的同时，需要加强相关互联网企业网络安全意识，落实相关安全规定。

四、完善网络犯罪法律解释，为司法机关提供可操作性规范

（一）纯正网络犯罪的法律规制

1.拒不履行信息网络安全管理义务罪的问题提出

为了更好地打击网络犯罪，修正案（九）中新增了拒不履行信息网络安全管理义务罪、非法利用信息网络罪等新型网络犯罪。我国网络犯罪最新立法修正总体上是必要和合理的，不过在网络服务提供者刑事责任、虚假信息犯罪立法范围、侵犯公民个人信息犯罪立法模式等问题上仍存在诸多立法内容与技术上的问题。

如前所述，自修正案（九）生效至2019年7月1日期间，以拒不履行网络安全管理义务罪判决的案件仅有1件。互联网发展快速，涉及网络犯罪的案件繁多，在几年时间里不应该有且仅有这一件案件。这从侧面反映了该罪名存在一定的法律适用困难，实务中司法机关没有可操作性规范。本文将具体讨论拒不履行网络安全管理义务罪中，网络服务提供者的安全管理义务。

拒不履行信息网络安全管理义务罪为网络服务提供者设定法律义务，是充分认识到网络服务提供者在网络空间中的关键作用，是对其技术优势等方面的利用。该安全管理义务具体被立法机关解释为“落实信息网络安全管理制度和安全保护技术措施”“及时发现、处置违法信息”和“对网上信息和网络日志信息记录进行备份和留存”等三个方面。[1] 虽然立法机关对网络服务提供者的义务予以了说明，但是并未彻底厘清义务边界，其中仍然包含许多抽象的内容。这不仅影响司法机关实务工作的开展，还可能阻碍我国互联网产业的良性发展。

2.合理限定网络服务提供者的义务

[1] 参见全国人大常委会法制工作委员会刑法室编：《〈中华人民共和国刑法修正案（九）〉条文说明、立法理由及相关规定》，北京大学出版社2016年版，第215～216页。

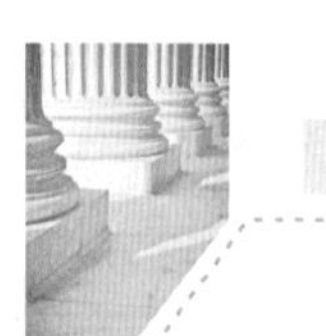

2012 年全国人大常委会颁布的《关于加强网络信息保护的决定》第 5 条规定："网络服务提供者应当加强对其用户发布的信息的管理，发现法律、法规禁止发布或者传输的信息的，应当立即停止传输该信息，采取消除等处置措施，保存有关记录，并向有关主管部门报告。"[1]如何理解网络服务提供者对违法信息的"发现"是对其预先审查义务肯定与否的关键[2]，认同需要"主动发现"的肯定者们认为网络服务提供者对管理其平台内的信息具有天然的优势，更有利于发现违法信息；否定论者认为网络服务提供者"主动发现"违法信息需要其对信息进行预先审查和实时监控。在大数据时代，对大量信息的审查与监控无疑加大了网络服务提供者的责任，阻碍其经营的自由；[3]同时，也是对公民言论自由与隐私的侵犯。笔者赞同大部分刑法学者认可的否定论，认为网络服务提供者没有主动发现违法信息的义务，其在被告知或有证据证明其明知相关违法信息时才承担相应义务。

根据《刑法》第 286 条的规定，拒不履行信息网络安全管理义务罪的入罪前提是"经监管部门责令改正措施而拒不改正"，因此合理认定"拒不改正"具有重要意义。虽然网络服务提供者基于自身的特殊位置，对违法信息的屏蔽、删除、断开链接具有天然优势，但网络服务提供者仍然受限于互联网技术、网络平台的管理技术和条件、经营成本等诸多方面。笔者认为，对网络服务提供者"拒不改正"应采取实质审查标准，应从"在技术上有可能阻止""进行阻止不超过其承受能力"两方面进行认定。[4] 如果网络服务提供者履行该义务耗费时间过长、成本过大或者根本没有能力履行，则不应认定其违背义务。立法机关应对该部分内容予以细化、规范化，为司法机关提供一个准确的可操作性规则。

顺应互联网的发展，加强网络服务提供者的管理义务已然成为共识，但是在哪些领域引入哪些义务仍然需要立法机关对此重新考量。修正案(九)是对网络犯罪修法幅度最大的一次，但仍然存在诸多立法内容、技术上的问题。针对网络犯罪的特点及问题，我们国家应合理确定网络犯罪的治理策

---

[1] 参见《全国人大常委会关于加强网络信息保护的决定》。

[2] 参见刘艳红：《无罪的快播与有罪的思维——"快播案"有罪论之反思与批判》，《政治与法律》2016 年 12 期。

[3] 参见涂龙科：《网络服务提供者的刑事责任模式及其关系辨析》，《政治与法律》2016 年第 4 期。

[4] 皮勇：《论新型网络犯罪立法及其适用》，《中国社会科学》2018 年第 10 期。

略,进一步完善网络犯罪的刑事立法,推动我国网络犯罪刑事立法的科学性与合理性,更好地应对新形势下的网络犯罪。

(二)传统犯罪网络化的法律完善

1.非法获取网络游戏虚拟物的问题提出

如今网络游戏产业日益繁荣,对游戏账号、游戏装备、游戏币等网络游戏虚拟物的性质仍未有定论,检察机关针对非法获取该类虚拟物的刑事案件处理也没有统一。罪名认定的分歧主要表现为盗窃罪和非法获取计算机信息系统数据罪。上海市徐汇区人民检察院办理的周某某、荣某某非法获取计算机信息系统数据罪案中,被告人周某某在离职前利用其账号权限登录公司后台服务器网站,将脚本文件植入公司游戏服务器和中转服务器,离职后利用脚本文件,为游戏账号随意添加游戏币,进而在网上出售相应游戏账号非法获利。徐汇区人民检察院最终认定周某某盗窃网络游戏虚拟物的行为不应当被认定为盗窃罪,应当被认定为非法获取计算机信息系统数据罪。笔者认为以上做法符合网络游戏虚拟物电子数据的属性,是遵循罪刑法定原则的体现。

2.合理认定网络游戏虚拟物的法律性质

网络游戏虚拟物是指以网络游戏为基础,在网络游戏玩家账号下所记载的该账号通过各种方式所拥有的“货币、实物、武器、宠物、级别、段位”等保存在游戏服务器中,能供游戏玩家随时调用、创建或加入游戏的各种数据资料或者参数。[1] 笔者认为网络游戏虚拟物的性质为电子数据,并非财物。首先,物权具有对世性、绝对性和排他性。网络游戏虚拟物不符合物权的这一特征,当游戏玩家言论严重不当、使用恶性外挂等情况出现,游戏运营商有权对该游戏玩家进行封号等其他操作,使得该游戏账号中的数据消失,游戏虚拟物不复存在。如果该游戏账号、货币、武器、宠物等网络游戏虚拟物是游戏玩家的财物,则游戏运营商无权进行该操作。其次,网络游戏虚拟物具有可复制性。网络游戏虚拟物对于运营商只是二进制01串,运营商可以对其进行无限复制,边际成本非常低。最后,网络游戏虚拟物具有场域特定性。虚拟物只能在特定的网络环境中使用,依附于网络空间存在。游

[1] 于志刚主编:《网络空间中虚拟财产的刑法保护》,中国人民公安大学出版社2009版,第25页。

戏玩家行使权利需要运营商的配合。我国相关规范性文件也明确规定禁止用网络游戏中的虚拟物品进行交易[1],这也表明网络游戏虚拟物不具备财物属性。针对非法获取网络游戏虚拟物的刑事案件处理结果尚不统一的情况,应尽快出台相关司法解释予以规范。明确虚拟物的法律属性,结束“同案不同判”的局面。

五、结　　语

我国互联网的高速发展以及大数据时代的到来,也带来了网络犯罪频发,犯罪手法不断更新、升级等问题,给理论层面和实务层面都带来了很大挑战。检察机关针对网络犯罪案件的特点、难点,应该探索构建专业化、一体化的侦查指引模式。完善专业化办案、专家咨询组等工作机制,加强与行政监管部门、行业协会、互联网公司等各方的协作。发挥“检察大脑”的作用,不断总结实务经验,提高网络犯罪的办案质量,维护网络安全。同时,立法机关应进一步完善网络犯罪的刑事立法,推动网络犯罪立法的科学性与合理性,完善立法内容、技术,为司法机关提供实践中的可操作性规则,更好地应对不断发展的网络犯罪。

---

[1] 参见文化部、公安部等 14 个部委联合印发的《关于进一步加强网吧及网络游戏管理工作的通知》。

涉案企业转让后的刑事责任承担问题研究

——以虚开增值税专用发票罪为视角

张晓江[*]　何湘萍[**]

摘要：企业在股权转让前有虚开增值税专用发票行为，并已达到立案追诉标准。依照单位犯罪的处罚规定，不仅要对企业原直接负责的主管人员和其他直接负责人员判处监禁刑，还需对企业判处罚金。机械地按照法条规定对单位判处巨额罚金，并由善意受让人作为诉讼代表人参加庭审，不利于民营经济保护。在企业运营越来越注重商业信誉和企业诚信的现代经济发展大环境下，有必要明确转让人的告知义务，区分善意和恶意受让人，将单位与自然人刑事责任彻底分离后按照不同情形分别予以处罚，以保障受让人的合法权益。

关键词：善意受让；告知义务；双罚分离；公平正义

发票在我国税收体制中扮演着重要的角色，它不仅是纳税人经济活动的重要凭证，也是财政、税收、审计部门进行财务税收检查的重要依据。近年来，非法代开、虚开发票充斥着经济生活的各个领域，涉税类刑事案件频发高发，并且呈现出犯罪集团化、公司化运营的趋势，严重危害了国家税收秩序和经济秩序。同时，在资本市场的交易行为日趋活跃的形势下，企业股权变更、转让业务日益增多，形式也日益复杂，背后隐藏的非法避税行为，也逐渐成了影响企业持续正常运转的突出问题。根据《公司法》及相关法律，只要满足法定条件，股东之间可以相互转让股权，股东也可向股东以外的人转让股权。股权转让协议主要受《民法通则》《合同法》等民商事法律规则调

* 张晓江，苏州市吴中区人民检察院党组副书记，副检察长。

** 何湘萍，苏州市吴中区人民检察院第二检察部副主任。

整。通常情况下,人们提及股权转让的风险,主要是关注权力掌控、财富盈亏,很少会考虑刑事责任的承接。一些守信经营的商事主体,在股权转让过程中,可能因为其他主体的恶意或消极告知行为,使得自身正常经营建立起来的良好的商事信用瞬间崩塌,有些企业为这些非因本人的过错而受到了突发性的严重损害,甚至于面临倒闭的危机。

一、问题的提出

案例:被告人孙某某在担任苏州某某金属制品有限公司负责人期间,于2014年2月至2014年4月,在无真实货物交易的情况下,以支付7.5%开票费的方式,通过中间人杨某某接受江西某某铝业有限公司虚开的增值税专用发票5份,价税合计人民币444000元,总税额人民币64512.84元,并已全部向税务机关申报抵扣。经查,该公司于2010年3月23日注册成立,因孙某某亏欠游某某部分钱款,于2014年9月12日将公司法人代表由孙某某变更为游某某,股东也由孙某某等三人变更为游某某,并办理了相应的变更登记手续。因公司现法定代表人游某某称此犯罪与己无关,自己并不知情,且让现有公司来承担罚金的支付显属不当,坚决不予应诉。故检察院经提交检察官联席会议讨论后认为,在这种情况下将被告人孙某某作为个人犯罪向法院提起公诉更为客观和准确,要求追究其虚开增值税专用发票罪的刑事责任。但法院却依据《全国法院审理金融犯罪案件工作座谈会纪要》(法〔2001〕8号)第三条的规定,以孙某某犯虚开增值税专用发票罪,判处有期徒刑六个月,缓刑一年,未判处罚金,目前判决已经生效。

根据《刑法》第205条的规定,虚开增值税专用发票罪的犯罪主体既可能是单位,也可能是自然人。单位犯本罪,应对单位判处罚金,并对直接负责的主管人员或者其他直接责任人员,按照虚开的税款数额,分别处三年以下有期徒刑或者拘役、三年以上十年以下有期徒刑或者十年以上有期徒刑或者无期徒刑。《刑法》第30条规定,公司、企业、事业单位、机关、团体实施的危害社会的行为,法律规定为单位犯罪的,应当负刑事责任。本案中,孙某某作为企业中具有决策能力和执行能力的负责人,以单位的名义并为了单位的利益,让他人为自己虚开增值税专用发票的行为,属于单位犯罪。因单位在实施犯罪时和被追究责任时的情况发生重大变化,出现不适宜继续追究单位刑事责任的情形,因而检察院仅作为自然人犯罪案件提起公诉。

法院根据2001年1月21日最高法出台的《全国法院审理金融犯罪案件工作座谈会纪要》第3条的规定，对于应当认定为单位犯罪的案件，检察机关只作为自然人案件起诉的，法院应当经依法审理，对被起诉的自然人根据指控的犯罪事实、证据及庭审查明的事实，依法按单位犯罪中的直接负责的主管人员或者其他直接责任人员追究刑事责任，并引用刑法分则关于单位犯罪追究直接负责的主管人员和其他直接责任人员刑事责任的有关条款。故本案中，法院仅按照单位犯罪中的直接负责的主管人员对孙某某判处监禁刑，而未对其判处罚金。

尽管我国涉税犯罪的刑事立法工作取得了很大成就，但与违法行为的多样性相比，立法上的不周延性和经济形态的多变性导致了在对犯罪刑事处罚上的不公正和不客观，判决的情与理之间存在巨大的冲突。就本案而言，单位实施犯罪后，对自己的股权依法进行了转让。如果严格依照单位犯罪进行惩处，对受让人而言，即使仅仅是以继受的财产为限交纳罚金，也是属于为别人的过错买单，从而产生意外的经济损失；更是因为接手了一个"有污点"的企业，不仅需要作为被告单位的诉讼代表人参加公开开庭审理，并且庭审还有可能被直播同时名字被写入起诉书和判决书，对企业和其本人的商业信誉影响巨大。从诉讼程序上看，如果受让人作为企业的实际经营负责人，拒不提供企业公章并拒绝作为诉讼代表人应诉，将导致整个案件的诉讼进程难以推进。因此需要重新考量，在此种情况下将企业作为被告单位提起公诉，对企业的受让人是否公平，对于企业转让人的处罚是否失位。

二、虚开案件企业转让的情形分析

企业转让过程中，受让人对标的企业是否已经涉嫌犯罪的主观明知程度，直接决定该受让人是否需要与企业捆绑在一起承担相应的刑事责任。但涉税企业的善意与恶意转让在司法实践中往往难以区分，一定程度上纵容了通过"金蝉脱壳"等手段规避刑事责任的违法行为。建议以从刑事诉讼的进程入手，推断各行为人的主观心理，从而为判定涉案企业转让后的刑事责任承担提供依据。

(一)犯罪行为未被立案查处就已经转让

小规模纳税人在发票使用中存在不规范情况,特别是加工类企业经常向生产类企业的经营门市部以不含税的价格购买数量较少的原材料。在企业进行利润核算时,时常发现缺少进项发票,因而需要交纳较高税款。该类企业为了降低成本,经中间人介绍后向第三方购买发票来增加公司账面的成本,使利润额看起来少一些,由此达到少缴企业所得税的目的。司法实践中,发现有些涉税刑事案件的当事人是由于缺乏相关法律知识而走上犯罪道路。比如有人误认为只要购买的增值税专用发票是真票,是否与对方存在实际交易,以及交易是否与票面一致都无关紧要。有人认为购买发票时支付的百分之十左右的开票费就是给国家交纳的税额,自己并没有逃避纳税义务。还有人认为,只要按照开票金额与开票方进行资金走账,同时做好企业记账凭证以及准备好若干份与票面金额匹配的虚假购销合同,就能逃避税务部门稽查。由于税务检查与犯罪侦查分别属于税务部门和公安部门,犯罪行为发生后并不能即刻被予以立案查处。企业作为市场经济的主体,可以遵循市场经济规则进行自由交易转让。在被立案查处前存在两种情况:一是作为公司实际经营负责人的转让人,明知没有真实货物交易,而为他人虚开、为自己虚开、让他人为自己虚开、介绍他人虚开了增值税专用发票,并清楚知道这种行为是违反法律法规的;二是虽有以上行为,但存在法律认识错误,并未意识到行为已经触犯法律。因为开具和抵扣发票属于企业的内部财务管理行为,理论上并不对外公示。受让人作为非企业直接负责人时,默认其对于受让企业有过虚开发票的行为是不知情的,所以应当直接推定其为善意受让人,除非能提供充分证据证实受让人曾经参与或者明确知晓企业有虚开发票的行为。如本案实施犯罪的时间为 2014 年 2 月至 4 月,企业转让时间为 2014 年 9 月,立案查处却发生在 2017 年 7 月,属于犯罪行为未被立案查处就已经转让。孙某某作为企业负责人虚开增值税专用发票时,游某某并未参与公司经营管理,在无确切证据证实游某某曾经得到孙某某关于企业涉嫌虚开的明确告知时,可以推定游某某对于所受让的企业涉嫌犯罪的事实毫不知情。

(二)犯罪行为被立案查处后再行转让

目前市场监督管理部门与税务部门以及司法部门的系统并不联网,所以即使企业涉嫌犯罪正在被查处也不影响企业转让的变更登记。同时，由于侦查保密性的需要，警务公开也不包括将辖区内已经立案的刑事案件信息供外界查询。因此对于受让人而言，目前还没有官方渠道可以查到待转让的企业有无因为涉嫌犯罪而被立案查处。我国刑法对于单位犯罪采取双罚制，涉案企业极有可能因涉嫌犯罪被判处罚金，同时在征信系统里进入黑名单，在办理融资、贷款等业务时受阻，因此受让企业往往会面临巨大的风险。如果企业的转让人未如实告知自己企业正在被查处的事实，在这种情况下，可以推定受让人善意取得公司，其对于所受让的企业涉嫌犯罪不知情，因此转让手续完毕后的企业也可以免除责任。但如果有充分证据证明受让人应当明知该公司被立案查处却接受转让，如曾作为证人参与了案件的调查或者参与了为掩饰虚开的行为而进行的资金走账等等，则应当认定单位犯罪的风险在其认知范围内，企业转让虽已完成，但仍然需要承担罚金责任。

三、新的思路：正确清算转让人和受让人的责任

(一)转让人的告知义务

企业股权转让合同是平等主体之间设立、变更、终止民事权利义务关系的协议。双方当事人的意思表示一致是合同成立的本质要素，双方当事人的意思表示真实是合同发生法律效力的关键要素。所以，在订立合同的过程中，一方以欺诈的手段使对方在违背真实意思的情况下订立的合同，受损害方有权请求人民法院予以撤销。同时，欺诈不仅包括积极欺诈，也应涵盖消极欺诈。前者是指合同一方以积极的言辞，故意提供虚假情况，使得对方在意思形成的过程中，受到自身以外其他因素的影响，导致其意思表示错误；后者是指合同一方根据法律或者诚实信用原则，具有对事实予以说明的义务，但是行为人却违反这种义务，故意不作说明，致使对方认为自己的行为建立在真实的基础上，作出判断并为意思表示。

因此，在标的企业已经被立案查处时，侦查机关按照程序将立案决定书等正式文件送达该企业后，是否可以考虑同时在市场监督管理部门进行登记备案，以供受让人查询。转让人具有强制性的义务，应及时并全面地将涉嫌犯罪的信息向受让人如实披露，由其自主决定是否继续受让该公司；在被

立案查处前，转让人应在双方协商阶段，将不涉及商业秘密的员工考勤、生产销售报表、报税记录、会计账簿等能真实反映公司的经营状况的材料交由受让人审阅，并如实告知可能存在的违法违规操作。

（二）责任划分

1.善意受让。一是对于有强制告知义务却没有遵照履行的转让人，可以由受让人提起民事诉讼，由法院依法判决企业股权转让合同无效，要求转让人赔偿受让人的经济损失，同时由检察院继续追究该企业和转让人的刑事责任，此时应依照单位犯罪的处罚条款，适用双罚制。二是对于未被立案查处的企业，因转让人的告知义务不是强制性的，在主观明知有违法违规行为而未主动告知的，应当比照上述所言进行处罚，以防止个人利用转让企业的契机达到逃脱罚金刑的目的，如同本文开头所述的案件中，法院以孙某某犯虚开增值税专用发票罪，判处有期徒刑六个月，缓刑一年，但按照单位犯罪处罚的罚金刑并没有能真正的落实；对于转让人因存在法律认识误区，也未知晓行为违反法律的情况，因不存在民事欺诈成分，股权转让合同应当判定有效，公司转让登记继续有效。由于企业转让形式多样，虽法律规定合并、分立后的企业可以在继受的财产范围内承担罚金刑事责任，但现实中经常存在"空壳"企业转让的情况，其中不乏转让人在转让前就将财产秘密转移走的行为。这无疑给罚金刑的执行带来诸多困难，带给国家的税收损失也无法弥补。在转让标的企业财产为零的情况下，如果能查实存在恶意转移财产的行为，则对单位犯罪时的直接负责的主管人员和其他直接责任人员判处监禁刑，同时判处转让标的企业缴纳罚金，但由转让人向法庭支付罚金。此外，建议考虑对该企业的违法前科予以封存，使受让人免于因他人过错而接受一个信誉有"瑕疵"的企业，从而最大限度地保护受让人的合法权益。完善立法需要一定的时间，在现有法制框架下，可以由政府相关部门完善企业转让过程中的服务职能，加强宣传引导，督促企业转让合同双方秉承诚实守信的原则签订和履行合同，在善意受让人的合法权益受到侵害时，鼓励并支持其通过合法途径获得相应的赔偿。

2.恶意受让。一是涉案企业转让时已经因为涉税问题被立案查处，并且转让人已经如实履行了相应的告知义务。这种情况下受让人因法律认识错误而认为该涉税查处情况不会对自己受让公司后的利益产生影响，并自愿接受该企业，则不能认定转让合同无效，应当由受让人自行承担转让企业应当承担的单位犯罪的责任，包括缴纳罚金。二是受让人虽然明知转让的企业在被立案查处，并且明确认识到企业涉嫌刑事犯罪可能对自身的财产利益及企业信誉产生不良影响，却因为双方存在债权债务关系，在转让人无能力偿还债务的情况下，将涉案企业转让给受让人用于抵债，受让人属于被迫接受一个明知有“瑕疵”的企业，又或者受让人虽明知涉案企业有法律风险但看到该企业的可取之处和长远发展，而主动接受有“瑕疵”的企业，则可以在受让人主观明知的范围内以及继受的财产范围内，直接依法追究该单位的罚金刑事责任，同时对原单位直接负责的主管人员和其他直接责任人员处以刑罚。

四、受让人作为诉讼代表人应诉的保护机制思考

(一)以继受财产为限的实体法保护措施

转让人履行告知义务后，受让人仍然接受转让，则应视作其愿为涉案企业承担相应的单位犯罪责任。虽实体法没有直接对作为单位犯罪的企业完成了转让后如何追究刑事责任进行规定，但可以参照最高人民法院、最高人民检察院、海关总署关于《办理走私刑事案件适用法律若干问题的意见》(法〔2002〕139 号)第 19 条的规定关于单位发生分立、合并后的处理意见，即单位走私犯罪后，单位发生分立、合并或者其他资产重组等情况的，只要承受该单位权利义务的单位存在，应当追究单位走私犯罪的刑事责任。走私单位发生分立、合并或者其他资产重组后，原单位名称发生更改的，仍以原单位(名称)作为被告单位。承受原单位权利义务的单位法定代表人或者负责人为诉讼代表人。人民法院对原走私单位判处罚金的，应当将承受原单位权利义务的单位作为被执行人。罚金超出新单位所承受的财产的，可在执行中予以减除。

以上可以看出，实体法上以受让人承受的财产作为承担罚金的责任范围来实现公平正义。但在程序法上，却依然规定受让人作为企业的新法定代表人或者负责人，作为诉讼代表人参加诉讼。在网络信息社会，同为企业家的受让人因担心自身声誉受损，往往对此十分抵触。根据我国刑法犯罪主体和刑罚主体相统一的原则，受让人没有参与之前的单位犯罪，却由受让人作为诉讼代表人代表单位这个被追诉对象，在诉讼过程中享有权利和履

行义务并不妥当。并且在受让人本人拒绝应诉，并且拒绝委托其他员工应诉时，会影响诉讼进程。

(二)单位犯罪中诉讼代表人制度的优化

以当事人主义为主导的庭审改革模式是现代化、科学化诉讼模式的必然选择，而实现当事人主义的坚实基础是控辩双方的均衡对抗。检察机关与被告单位作为控辩双方，在诉讼中具有对等的关系。[1] 按照最高法《关于适用〈中华人民共和国刑事诉讼法〉的解释》(法释〔2012〕21 号)第 279 条、281 条、282 条的规定，诉讼代表人可以由法定代表人或者主要负责人担任；例外情况下经被告单位委托，可以由其他员工担任，但知晓案情、负有作证义务的优先担任证人。单位的法定代表人或者主要负责人被依法追究刑事责任或者因其他原因无法参与刑事诉讼的，人民检察院应当另行确定被告单位的其他负责人作为诉讼代表人参加诉讼。该规定看似明确，但事实上操作性不强。首先，由检察机关指定诉讼代表人是否存在利益冲突？诉讼代表人是被告单位在诉讼中利益与诉求的代言人，由具有对抗关系的对方来指定代表自身利益的人员，不仅犯罪单位难以接受，也容易使指定陷入缺乏客观公正的猜疑中。其次，在司法实践中，常会遇到无法找到合适诉讼代表人的情况，包括：(1)涉案企业虽仍然正常营业，但法定代表人、主要负责人员因涉案被采取强制措施，单位其他人员无人愿意作为诉讼代表人出庭应诉；(2)涉案企业虽未注销，但名存实亡，除法定代表人或主要负责人外，无其他工作人员；(3)涉案企业拒绝确定诉讼代表人。因此，在司法实践中，公诉机关提起公诉时，若无法确定诉讼代表人，结果要么是继续寻找合适的诉讼代表人，耽搁诉讼进程；要么因诉讼代表人的缺位，放弃对单位的追责，变相放纵单位犯罪。这不仅有违罪刑法定原则的实现，也违背了刑法平等原则。同为单位犯罪，原则上应当适用相同的处罚，除非有特别的事由，否则不可区别对待。[2]

单位犯罪的犯罪主体只有一个即单位本身。但是，单位犯罪的诉讼主

---

[1] 宋英辉：《刑事诉讼原理导读》，中国检察出版社 2008 年版，第 68 页。

[2] 参见叶良芳：《论单位犯罪的形态结构——兼论单位与单位成员责任分离论》，《中国法学》2008 第 6 期。

体可以是两个,即单位和有直接责任的主管人员或者其他直接责任人员。[1] 由于单位是一个拟人化的社会组织,在庭审中,单位本身自己不能行使权利、承担义务,需要有诉讼代表人代表单位出庭受审。因此,诉讼代表人作为犯罪嫌疑单位或者被告单位代表的角色,在选取时应当慎重处理。单位一般职工作为诉讼代表人,难以切实维护被告单位的利益。他们不可能了解单位的核心业务和经营策略,作为诉讼代表人很难从被告单位的角度充分发挥辩护的功能,也很难对指控进行有力的质证、辩论,往往形同虚设。因此,有学者提出,诉讼代表人不限于法定代表人,可以由单位中熟悉案情且没有参与犯罪的人代表单位参与诉讼,并认为确立被告法人诉讼代表人是追究法人刑事责任的前提,也是现代诉讼民主和进步的必然要求。[2] 诉讼代表人制度的设立,是保障犯罪单位平等参与诉讼的权利,是完善民主与法治、加强人权保障观点的具体体现。根据上文对恶意受让人情形的分析,在因法律认识错误或者因抵债而被迫接受企业的情形下,建议选取实施单位犯罪时就已经在职的资深员工,以最大限度地维护好单位的利益,并避免企业家的声誉受损;在明知涉案企业有法律风险但看到该企业的可取之处和长远发展,而主动接受的情形下,可以由受让人直接作为诉讼代表人参加诉讼。为避免声誉受损,建议检察院和法院在两种情形下,对相应的文书公开时均将诉讼代表人姓名隐去,并为企业和企业家本人提供类似于行受贿档案查询的无犯罪记录查询结果明细,以防止冤受不利后果。

五、结　　语

目前我国社会主义市场经济制度还不够完善,部分民营企业在利益驱使下有一些不规范行为。为此,习近平总书记在 2018 年 11 月 1 日民营企业座谈会上强调,对一些民营企业历史上曾经有过的一些不规范行为,要以发展的眼光看问题,按照罪刑法定、疑罪从无的原则处理,让企业家卸下思想包袱,轻装前进。中共中央国务院《关于完善产权保护制度依法保护产权的意见》亦明确要求:“严格遵循法不溯及既往、罪刑法定、在新旧法之间从

[1] 何叶颖:《浅析单位走私犯罪诉讼程序中的诉讼主体及诉讼代表人制度》,《黑龙江省政法管理干部学院学报》2010 年第 6 期。

[2] 李忠诚:《试论被告人法人的诉讼代表人》,《政治论坛》1995 年第 6 期。

旧兼从轻等原则，以发展眼光客观看待和依法妥善处理改革开放以来各类企业特别是民营企业经营过程中存在的不规范问题。”因此，准确理解同一罪名下分设单位犯罪和自然人犯罪的立法本意，并仔细辨别企业转让过程中受让人的善意与恶意，有助于正确对各方主体进行定罪量刑，从而得以实现保护民营企业合法权益、服务和保障非公有制经济健康发展的目标。

焦点观察

异步审理模式对民事诉讼法理的挑战与回应

杨　瑞*

根据杭州互联网法院颁布的《涉网案件异步审理规程(试行)》之规定，所谓“异步审理”，是指将涉网案件的各个审判环节分布在互联网法院的网上诉讼平台，法官、当事人及其他诉讼参与人在规定期限内，按照各自选择的时间登录平台，以非同步的方式完成诉讼的审理模式。与之前的“在线同步审理”相比，异步审理模式可谓是一项颠覆性的创新。在这种新型审判模式中，当事人及其他诉讼参与人无须同步上线，只需在规定的期限内，自由挑选适合自己的空闲时间，各自上线完成自己部分的问询、举证、质证等环节。可以时空不一致，可以诉讼行为不同步，却能达到信息完全对称的良好效果。

异步审理模式是把现代化的互联网技术运用于具体司法实践的又一次大胆尝试，这种尝试既为处在不同地域、不同时空的当事人提供了极大的便利，进而提升当事人的诉讼服务体验，同时又能提高法官的办案效率，让当事人和法官同时享受到现代科技与司法实践融合带来的方便。但是，“作为依照自然规律产生的技术规范，在与人为理性所形成的民事司法制度相结合的过程当中，表现出很大的排斥反应”[1]。客观来看，作为新生事物的异步审理模式及其在实践中的运用已然对传统的民事诉讼法理造成了一定冲

---

* 杨瑞，华中农业大学文法学院副教授，法学博士。

[1] [美]帕特森:《法律与真理》，陈锐译，中国法制出版社 2007 年版，第 129 页。

击并提出了巨大挑战。面对冲击和挑战，单纯的对新生事物即异步审理模式本身进行否定或批判并无任何意义，也不能解决问题。恰恰相反，在互联网迅速发展的背景之下，在互联网技术与司法不断融合并切实改变传统司法势不可挡的发展趋势之下，唯有结合互联网司法的特征对传统民事诉讼的基本法理进行重新解读，才能协调好代表现代互联网技术的异步审理模式与传统民事诉讼法理之间的冲突，进而才能真正发挥异步审理这一新型审判方式的应有功能。如若换一个角度，也可以认为，二者之间关系的重点在于，借助于现代网络技术的发展，异步审理模式实际上使传统民事诉讼法理实现了自身更好的表达，这种更好的表达主要包括以下几个方面：

一、异步审理模式与司法权威

司法权威根植于特定的文化土壤之中，是对特定文化机理的一种反应，它“在一定程度上反映了人们对于司法权运行机制的认同和信任，是司法主体威信的体现”[1]。在传统庭审模式下，在当事人及其他诉讼参与人眼中，法庭本身的存在就代表着正义。法院建筑、獬豸等司法象征物，庭审纪律、法庭布局等等所营造出的庄严肃穆的氛围，使法庭散发着神圣、威严的光芒。传统庭审活动中，法官代表国家行使法律赋予的司法权，法官与当事人之间“面对面”的交流代表着权力与权利之间的对话，在当事人之间展开的辩论则体现着权利之间的激烈争锋。身处法庭庄严的“气场”之中，当事人及其他诉讼参与人会自觉或不自觉地受到这种特定氛围的影响从而对法律保有深深的敬畏之心。这种对法律和司法的敬畏，会使当事人及其他诉讼参与人克制自己的言行，并基于内心的信赖感而尊重法院的裁判结果。

与传统庭审模式相比，互联网法院采用的异步审理模式通过现代科学技术的运用割断了法官与当事人、法官与证人、一方当事人与对方当事人、当事人与证人之间的物理联系，从而“极大地改变了司法的仪式感、剧场效应”[2]。另外，在当事人的亲属及审判的旁观者来看，他们通过网络观看到的法庭审判就如同普通的网上直播，在“隔空”的庭审模式下，他们无法感受

---

[1] 陈光中、肖沛权：《关于司法权威问题之探讨》，《政法论坛》2011 年第 1 期。

[2] 陈杭平、李凯、周晗隽：《互联网时代的案件审理新规则——互联网法院案件审理问题研讨会综述》，《人民法治》2018 年第 22 期。

到传统庭审的威严和庄重,无法感受到代表着国家司法权的法庭与其他场所有何不同。如此一来,正义在他们心中就会大打折扣。正因如此,有学者认为,与其他远程审理模式一样,异步审理这一新型审判方式"会影响审判的威严性和仪式感,削弱司法权威而难以被公众所接受"[1]。

不可否认,与传统庭审模式相比,互联网法院采用的异步审理模式会在一定程度上降低甚至削弱法庭的威严性和仪式感,但是,笔者认为,异步审理模式对法庭威严性和仪式感的削弱并未对司法权威造成实质性影响,原因在于:

第一,异步审理模式对司法权威产生的消极影响相当有限。"从本质上看,司法的权威并非依赖于法庭布景是否庄严以及审判仪式是否被精心设计,而在于褪去威严与神圣装饰的司法制度的设计是否以个人权利的保护为本位。"[2]也就是说,对于司法权威的实现而言,传统法庭的庄严布景以及规范化的审判仪式所具有的形式意义远大于其实质意义。在当事人看来,法官能否正确地适用法律以及裁判结果是否公正才是审判的核心,也是他们判断并感受司法权威存在与否的关键之所在。所以,无论身处特定的法庭这样的物理空间还是置身于虚拟的互联网数字空间,只要法官能正确适用法律,只要裁判结果公正,并不会影响当事人对司法权威的真切感受。

第二,体现法庭仪式感的符号随着时代的发展而发生变化。在人类社会的发展变化过程中,体现司法和法庭仪式感的具体符号也在随之发生变化。例如,我国封建时代进行司法审判的场所往往会悬挂"正大光明"字样的牌匾,但发展到现代,这样的牌匾早已被现代法院和法庭所摒弃,这也是司法制度发展的必然结果。正因如此,在信息革命、网络时代的背景之下,随着互联网法院及诸如异步审理模式这样新型审判方式的出现,当务之急是根据时代的发展要求来重新解读司法权威实现的内容,来赋予司法权威新的实现方式,这既是时代提出的新的现实命题,也是学界应当重点关注并加以解决的重大课题。

---

[1] 参见卓泽渊:《QQ 视频审案,司法也时尚》,《人民论坛》2007 年第 4 期;张召国:《网络庭审审判方式的补充和延伸》,《人民法院报》2008 年 5 月 11 日第 2 版。

[2] [日]小岛武司:《司法制度的历史与未来》,汪祖兴译,法律出版社 2000 年版,第 20 页。

二、异步审理模式与集中审理原则

集中审理原则又称不间断审理原则，是指法官在处理案件时，应当持续地、集中地进行言词辩论，待该案终了后再审理其他事件的一种方式。[1]按照集中审理原则的要求，法庭对案件的审理一旦开始，原则上就应当持续不间断地进行，直至审结为止，这也是司法亲历性的重要内容和要求。[2]通过法庭持续不间断的集中审理，可以有效避免开庭审理的断断续续，从而使案件的争议焦点得到及时确定，使当事人的攻击与防御以及法院对案件事实的认定得到集中进行，既提高了审判效率，又有利于程序的安定性。

与传统审理模式相比，异步审理模式最突出的特点就在于"非同步"，这种"非同步"表现为分布式和错时。"'异'是指'异地''异时'，'步'是指'步调''步骤'，代表着当事人可以在不同的时间、不同的地点，按照不同的步调，根据传统提示的步骤完成诉讼。"[3]可以说，异步审理模式完全突破了集中审理原则的基本要求，使得当事人及其他诉讼参与人能够根据自己的时间情况，利用零碎时间参与诉讼活动。法官也能从固定的、提前排期式的庭审时间中解放出来，甚至可以在庭审过程中同时兼顾其他工作。在这种"碎片化"的审理过程内，传统庭审模式下原本可以一气呵成的庭审过程被分解成为若干个阶段，每个阶段之间又具有或长或短的时间间隔。这样的碎片化、分布式和错时，无疑会在一定程度上加大法官查明案件事实的难度，同时也会给法官自由心证过程的形成带来一定难度。当前，由于异步审理模式仅适用于案情相对并不复杂的部分民事案件，因此，这种审理模式因突破集中审理原则带来的消极后果尚未凸显。但是，不久的将来，如若将异步审理模式的适用范围进一步扩大，扩大至复杂的民事案件以及证明标准更高的刑事案件时，其带来的消极后果及影响是我们无论如何都不可回避的。

对于异步审理模式因突破集中审理原则可能带来的问题，可通过以下

---

[1] 常怡：《比较民事诉讼法》，中国政法大学出版社2002年版，第317页。

[2] 关于司法亲历性的论述，可参见朱孝清：《司法的亲历性》，《中外法学》2015年第4期。

[3] 《杭州互联网法院"异步审理模式"上线，颠覆传统》，http://www.sohu.com/a/227122421_159753，最后访问日期：2019-06-11。

两种优化方案加以解决：第一，充分发挥庭前调解的作用。一旦当事人在庭审前达成调解协议并在此基础上解决了纠纷，那么该纠纷将不会进入后续的法庭审理阶段，集中审理原则的要求就无须对其产生束缚。第二，通过技术进行优化，即把技术问题交给技术本身加以解决。异步审理模式对集中审理原则及司法亲历性带来的挑战在很大程度上仍源自于技术本身发展的局限性，这种局限性使得现有技术不足以充分还原“面对面”的庭审对抗场景。我们有理由相信，随着 AR（Augmented Reality）等技术的不断发展进步，互联网异步审理同样可以实现法庭的亲历感，同样可以实现当事人之间的对抗效果和司法亲历性。

三、异步审理模式与直接言词原则

作为现代民事诉讼的一项重要基本原则和重要司法理念，直接言词原则是直接原则和言词原则的统称。直接原则是指，法院审理、裁决民事案件，必须由受诉法院审判人员亲自听取当事人和其他诉讼参与人的言词陈述及辩论，亲自审查证据及其他有关的诉讼资料，最后依法做出判决的原则。[1] 该原则与间接审理相对应，意在强调法官的亲历性，强调法官必须亲自参与案件的审理，直接听取当事人的陈述及辩论，以便通过亲身的体验，形成正确的判决。直接原则的作用在于，审判人员通过亲临现场的“感受”，能使其获得“第一手”诉讼资料。与此同时，审判人员可以直接观察到当事人及其他诉讼参与人陈述时的表情和态度，并能现场审查证据资料是否为原件、是否客观真实等，然后在此基础上查明案件事实并做出正确裁判。言词原则与书面审理相对应，指当事人及法院在实施诉讼行为时，特别是在进行辩论、证据调查以及作出裁判时，均要求以言词的形式进行。[2] 该原则所要求的根本性问题是，法院的裁判应当以当事人在法庭审理中所进行的言词辩论的内容为基础，这样一来，既能促进当事人主体地位的形成，也能在一定程度上约束法官的裁判行为。直接言词原则的目的在于，通过法官与当事人及其他诉讼参与人“面对面”的近距离接触，使法官能够更好地判断当事人陈述及证人证言的真实性，在此基础上，根据法律规定并结

---

[1] 常怡主编：《民事诉讼法学》，中国政法大学出版社 2010 年版，第 71 页。

[2] 常怡：《比较民事诉讼法》，中国政法大学出版社 2002 年版，第 315 页。

合自身生活经验，对案件事实是否真实作出判断，从而避免间接书面审理所可能造成的非理性判断。

相较于传统民事审判方式，异步审理模式在虚拟的网络空间通过“屏对屏”而非“面对面”的方式展开审判，法官与当事人、当事人与对方当事人分处不同的物理空间甚至不同的时间空间，他们之间仅凭网络进行连接，因此，有学者认为，异步审理模式与直接言词原则相冲突，违反了民事诉讼法直接言词原则的基本要求。[1] 此外，在异步审理模式下，有时会因网络信号问题使法官无法清楚地察觉当事人在庭审过程中面部表情及其他肢体语言发生的细微变化，而“这些身体语言在影响当事人对各自陈述真实性辨别与确认的同时，在很大程度上也影响着法官的心证”[2]。正因如此，互联网法院的法官必须努力适应异步审理这种新型审判模式对案件审判带来的挑战和不利影响。

对此，笔者认为，异步审理模式虽然对直接言词原则带来挑战和一定冲击，但并未影响到该原则的适用效果及其作用的发挥，原因在于，直接言词原则的关键意旨在于，通过“在场”“面对面”等形式要素的要求，来保证法官自由心证结果的准确性和可靠性。因而，在判断异步审理模式是否违反直接言词原则时，“关键在于它是否会对法官正确、可靠心证结果的形成产生实质性的不利影响，而不是是否具备形式上的‘面对面’及‘在场’等要素”[3]。异步审理模式虽然“非面对面”甚至“非同步”的通过网络进行庭审，但它为不方便出庭的当事人提供了参与庭审的新途径新方式，降低了缺席判决的概率，避免了因当事人缺席所可能导致的案件事实无法查清，甚至最终影响到裁判结果的正确性和合理性。任何法律制度的设计都是对各类不同法律价值进行平衡并在此基础上做出取舍的结果，诉讼法律制度亦是如此。与传统的“面对面”的当庭审判相比，异步审理并非“最优”审理模式；但是，与避免因当事人无法出庭而作出缺席判决相比，异步审理则明显是

---

[1] 陈杭平、李凯、周晗隽：《互联网时代的案件审理新规则——互联网法院案件审理问题研讨会综述》，《人民法治》2018年第22期。

[2] 有研究表明，人们之间的沟通只有7%是通过语言进行，55%通过非语言方式进行，另有38%通过嗓音进行。这里的非语言的方式就是身体语言，包括表情、眼神、语速、语调以及手势、坐姿和站姿等等。参见李昌盛：《身体语言与法官审判》，《人民法院报》2011年5月27日第7版。

[3] 李敏：《远程网络审判：进步是一种需要》，《中国审判》2010年第11期。

"较优"选择，因为后者更是背离了直接言辞原则的基本要求。

四、结　语

科技改变人类生活，也改变司法审判的过程及相关要求。在互联网科技发展的过程中，杭州互联网法院采用的异步审理这种创新型审理模式，其用意并非仅仅简单地追求技术上的先进和"时髦"，而是要以技术创新为司法服务，从而更好地践行和落实"司法为民"理念。当然，应当看到，尚处于尝试阶段的异步审理模式在实际操作和运行过程中遭遇了不少问题，也面临着批判甚至否定，从而一定程度上影响了其价值和作用的有效发挥。任何新事物的出现都是如此，都需要从尝试到发现问题再到解决问题并逐步走向成熟和完善。对于异步审理模式在实践中引发的问题，只有在深入分析这些问题并提出相应解决对策的基础上，才能在未来的司法实践中更好地实现其价值，从而推动民事审判方式的现代化转型。

互联网异步审理模式的质疑与思辨

程雪梅*

如果说互联网革命的上半场使人们的民事生活从线下转移到线上，或至少富含更多的互联网因素，互联网革命的下半场必然意味着这些活动引发的纠纷解决途径也越发离不开互联网的场域。这些法律关系的发生、变更和消灭，法律行为的实施，甚至据以认定事实的证据大多以网络信息的方式存在，特别是电子商务、网络侵权等活动的跨地域性，使散落于全国各地乃至全球的使用者成了纠纷的潜在当事人。倘若仍以物理状态出示证据、各方同聚一堂的传统方式审理案件，难免存在诸多不便。线上审理和远程审判，可以说是司法审判对互联网生活的必然回应。作为强化版的互联网审判，杭州互联网法院已开发出“异步审理”的新形态，直接颠覆了民事诉讼领域中诸如集中审理原则、对抗式诉讼原理等传统理念。

一、互联网异步审理模式的缘起

杭州互联网法院作为全球第一个试行互联网异步审理模式的法院，[1]已在“视频同步、面对面”的在线审理方式基础上开拓出“非同步式，非面对面”的异步庭审模式，也即法官与原告、被告等诉讼参与人在规定期限内按照各自选择的时间登录平台，以非同步方式完成诉讼的审理模式。异步审理模式从诞生之初即多以正面的形象现世，其被誉为能“让审判搭上科技的

* 程雪梅，广东金融学院法学院讲师，法学博士。

[1] 彭易悦：《全球首个异步审理模式在杭州互联网法院上线》，《中国商报》2018 年 4 月 12 日第 6 版。

翅膀”。其有三大优势：一则在于便民，允许法官和当事人充分利用零碎时间，选择空余时间参与诉讼活动，不用拘泥于固定的时间，可以在有限的时间内容纳更多的事务，不必因诉讼而对其他工作、生活有所耽搁。二则平衡当事人的诉讼能力，当事人在具体的法庭审理程序中无须立即发表意见，只要在规定的期限内（法庭调查为 24 小时，法庭辩论为 48 小时），当事人均可在充分核查、提炼和准备后再进行作答。三则使司法更有效率，通过信息化和标准化的案件管理方式，审理每个环节均有智能化的提示，让庭审活动能够保证一定质量的前提下顺利进行，缩短全案审理时限，无须因为当事人准备不充分而出现程序反复或中断。

从当事人的获得感而言，异步审理无疑比同步审理更人性化，甚至有人直感犹如网上购物般便利。可以说异步审理模式创设的最初动因，就是为了给予身在不同时区不便同步诉讼的当事人进行诉讼之便。但诚如所有新旧事物的交汇必然会引发冲突与质疑，异步审理的适用难免会遭到一定诘责，且不说这些责难是否恰当，但其一定是我们需要警惕并防止制度异化的焦点所在。

二、异步审理模式的质疑

如果说互联网审判冲击的是传统审判的物理空间因素，异步审理则还在此基础上挑战了传统审判的时间因素。脱离了物理乃至时间的连接点后，传统的审判方式将会面临一些新的问题。

（一）诉讼仪式感欠佳

异步审理使法官、原告和被告脱离了物理与时空的充分交集，当事人与诉讼的感受性连接弱化，首当其冲受影响的是当事人对诉讼仪式感的体验下降。仪式感的弱化并非好事，因为其意味着背后所蕴含的法律意义将被淡化。

在西方国家中，宗教与法律具有文化和历史的互融内涵和同源性，可以说西方法律体系原本即是建立在宗教仪式、圣礼等基石上的，在宗教意义弱化后，宗教上的仪式、信仰、象征性符号所蕴含的特殊法律情感则保留了下来，并以特定的象征符号如法袍、假发、法槌、肃穆的场所等所表征，以及如法官入场时全体起立和宣誓仪式等礼典化仪式形式表现出来。

以法官的仪式象征——法袍和法槌为例，穿上法袍的法官被分割为与未穿法袍时完全不同类型的人。后者在直观上是与一般社会成员无异的普通人，而法袍加身后，视觉上即具备特定角色：首先，法袍是为特定职业所制，普通人不会也不能穿着，只有经历过专业的法学教育和训练，经过国家认证，且具备追求公正的崇高理想之人才有穿着资格，因此法袍即意味着法定的高贵身份；其次，法袍不具备生活实用性，其设计缺乏时尚性甚至可说相当"保守"，但这种深色、保守的设计散发的神秘、稳重和成熟韵味，正是一名公正、中立、专业和资深的法官所必备的品格。法袍强化了法官职业的庄重威严和权威的同时，这种职业荣誉感也会为法官内心产生强烈的职业代入感，而职业化的尊严使其更能恪守职业的要求，运用成熟的思想和独立的判断力审理案件，只为法律和良心负责。而法槌则进一步增加了法官的权威感，法官在程序起始和终结时以敲槌示意，并在维持法庭秩序时敲槌警示。槌击的声音深沉明亮，能够迅速划破言语，吸引人的注意力并附有一定的心理震撼，有效制止违反法庭秩序的喧嚣，对非法行为起到一定驯化的作用。

法院的建筑和法庭的装潢也是构成司法仪式感的重要内容。伟岸的法院建筑，宽敞高耸的法院大厅，高而宽的门前长梯，均给人庄严、肃静、权威的体验，且区别于世俗化的生活隔离感。特别是法警的配备和国徽国旗的悬挂，更是直接将司法权具有国家强制力保障的崇高地位体现得淋漓尽致。使当事人从一踏入法院大门即能感受到来自于法律的强大震慑力，继而增强对法律的认识和依赖，并迅速代入当事人的角色，自觉遵守诉讼法对当事人期待，遵从程序规则解决纠纷。

这些物态象征带来的仪式感，必然要以亲历为前提。然而互联网同步审理以牺牲一定的场域性亲历体验为代价来换取审判的便利性，场域带来的仪式效应必然会弱化，当事人未能亲身体验法院建筑和场域带来的心灵震慑，对法庭装潢、法官职业装束和器具等带来的仪式感受也会因为视频效果不如现场而大打折扣。而异步审理，除了有上述亲历性的弱势外，其因为缺少了各方同处一时空的要求，使一些仪式不再具备操作性或失去了适用的强制性，致使当事人即使不履行该仪式要求也不会有即时的惩戒，例如法官进入法庭前的全体起立，又如代理律师没有按规定穿着律师袍等等，均难以产生不利后果或不能及时产生不利后果。特别是异步审理中仅以语音方式而非视频方式进行的法庭调查，更是让当事人无法感受到物态的诉讼象征带来的仪式感和法律内涵。

(二)庭审秩序易失控

诉讼仪式感除了来源于上述物态的硬件设施或象征之外,也来源于作为软件设施的诉讼程序,诚然,诉讼程序本来即是诉讼仪式的必要构成部分,因此庄重和严肃地进行诉讼活动,是当事人感受诉讼权威最为直接的方式。但对诉讼程序本体提出合法有序的要求并非仅是为了实现诉讼的仪式感,而是因为诉讼本来所具有的独立价值和对实体法律实现的工具价值。该目标的实现除了需要有善良理性的法律规范,还在于法官得当地行使诉讼指挥权。

诉讼指挥权,是法官为了让当事人之间的攻防活动充实而顺利地展开,而在法律规定的程序框架内行使主宰诉讼的各种具体权限。[1] 诉讼指挥权有程序性内涵和实体性内涵,在程序方面主要指法官在开庭时维持法庭秩序,推动程序有序进行,以及决定程序如何具体展开的各种权限;在实体方面的内容则体现为法官为了整理审理对象和协助当事人归纳庭审焦点,对当事人提出的主张和提供证据给予适当的提醒和指引等阐明权能。

就程序上的诉讼指挥权,其行使时间多在庭审活动中,行使的前提往往是出现了庭审絮乱而需要立即纠正的情形,例如当事人有扰乱法庭秩序的行为,或当事人在法庭上有侮辱诽谤的言论,等等。制止违反法庭秩序的行为具有紧迫性,必须采取事中处理,如等到该行为已经实施完毕后再去制止,对法庭秩序的扰乱已经形成,对司法权威的损害也已造成,再去事后惩罚其意义只是甚微。

互联网异步审理中,当事人发表意见时,法官并非一定同时在线,也即存在着当事人实施扰乱法庭秩序行为或进行违法言论时将会脱离了法官的实时控制,法官无法对其采取立即的制止和纠正,只能对当事人进行事后惩处。其后果就是庭审秩序极易失控,司法权威遭到巨大挑战。长久以来,理论界对法官诉讼指挥权的诟病常为法官随意打断当事人的发言,但异步审理却让诉讼指挥权转向了另一个极端,法官从此难以再打断当事人的发言,即使当事人有违法或不当的言行。

---

[1] 王亚新:《对抗与判定——日本民事诉讼的基本结构》,清华大学出版社 2010 年版,第 126 页。

(三)辩论与对抗的空洞化危机

就实体上诉讼指挥权而言,其目的是为了让庭审更有效率和更有针对性,因此法官多在庭前行使;基于中立原则和辩论主义的考虑,法官在预定的事实提问外,一般不干涉当事人的事实主张,只有当庭审中事实和证据认定出现了较大变化时,法官才会在庭审中对当事人提醒和引导。法官在庭审中行使实体上诉讼指挥权的目的往往是需要当事人在诉讼策略上做较大的调整,所以并不需要法官一发现问题即分秒必争地立即表态和行使该项权力,完全可以等当事人把当前的发言完成后再对当事人进行提醒和引导,而当事人也会有充分的时间纠正不合适的诉讼行为,甚至可在庭后才为相应的诉讼行为。鉴于需行使实体上诉讼指挥权的情形常不具备紧迫性,对时间有较大宽容度,因此无论是同步审理模式还是异步审理模式,均不会对法官行使该项权能造成障碍。

但对于当事人没有违反法庭秩序,而频繁或故意不围绕审理对象和庭审焦点进行的陈述,又或在发表意见时夹杂一些与审判无关的内容等情形,异步审理的事后处理机制并不能很好的起到诉讼指挥功能。因为当事人发言时法官并非一定同步在线,法官能够提醒和引导的只是当事人下一次的发言,而前一次发言中难免已经掺杂了一些与审理无关的言辞。即使一方当事人已被法官事后"提醒",但面对这些与审判无关但又针锋相对的言辞,对方当事人又很难做到完全忽视,于是在脱离法官实时监控的情况下,便会倾向于在发言中夹杂对应的还击和驳斥,而原本一方当事人也难保会开始另一轮与争议焦点无关的"辩论",使庭审脱离应然的轨道。

此外,异步审理虽然允许当事人在每次发表意见前都有深思熟虑的时间,也意味着当事人可能会为了慎重起见,在思因寻据的时候将因果关系过分扩大到一些只有弱联系的事实和理由上,这样恐怕会无节制地扩大审理范围。加之当事人为了让意见更富逻辑,不排除还会在自己的话语系统中自构逻辑,将一些次要问题也进行大量的论证,而不是直接对对方的意见发表有针对性的言论。导致你说你的,我说我的。

相比较而言,同步审理中,当事人你来我往的时间相当紧凑,当事人所发表的意见要做到时刻面面俱到并不容易,所以精力常集中在双方有争议的事项上,攻防相对集中,双方的争议焦点比较容易凸现。特别是当事人根据第一反应进行陈述,其言往往更为接近当事人的真实意思表示,法官也可较好地利用当事人的表情、动作和语气等生理反应发现真相。虽然当事人的这些争点未必是法院所关注的审理焦点，甚至可能只是当事人一厢情愿的生活事实争议，但即时性的审理方式确实能帮助法官更快速地在这些焦点中提炼出法庭的审理焦点，并筛除掉并没太大法律意义的非要件事实。

脱离了实时监控的异步审理如此以往，双方当事人要么可能会激化矛盾，不利于纠纷的解决；要么是走向另一端，当事人对抗性弱化，难以形成有效辩论。其结果除了虚化了争议焦点，无疑还会增加当事人的应对负担，导致已占有法律资源的强者越强，弱者越弱。最终致使诉讼拖延，法官审理案件的难度加大，甚至误导裁判方向。

三、互联网异步审理的思辨与对策

（一）亲历性的科技化之路

互联网审判的审理活动高度依赖互联网技术，必不可免会面临各种技术风险的拷问，包括数据传输的稳定性、视觉效果的品质、数据储存的保密性和安全性、诉讼平台功能是否足够人性化等等，这些问题的不同体验，将会影响到人们对司法公正的信任度。既然科技的发展是永不停止的，那么包含亲历性在内的技术问题就总会随着科技的发展被逐步攻克，与公正的张力会逐步缩小。例如随着 AR（Augmented Reality）和纳米传感等技术的发展和运用，当事人身临其境的体验将会逐步提升，在不远的未来还有望通过遥感技术实现当事人远程审核实物证据材料真实性，完全克服空间上的距离，技术革新还会为诉讼平台开发出更多人性化的新操作和新服务。故而，与其说互联网审理存在一定的缺陷或不足，倒不如说只是当前技术手段尚不够先进所然。

但当前仅以语音和文字的方式进行异步审理，显然是不足的，异步审理应适用视频、语音和文字三轨并存的庭审方式。具有现代语言学之父之称的瑞士语言学家费尔迪南·德·索绪尔，在其代表性著作《普通语言学教程》中就曾说："语言和文字是两种不同的符号系统，后者唯一存在的理由在于表现前者。"文字是描述事实、表达意见的一种方式，但是阅读者并不能通过观察表情和肢体动作，以及感受语气中琢磨到陈述者完整的用意，因此文字交流比起当面的语言交流较容易产生误解，况且词不达意现象并非少见，

所以文字的歧义,需要语言来消除。而且便捷的沟通方式让人感觉随意,用成本相对高的方式则意味着重视,相比起文字表达的便捷,当面开口说话则需要更大的勇气。所以无论是当事人还是法官的发言,均应通过视频方式回答,而不宜仅用语音和文字,这样可一定程度弥补司法仪式感的缺失。为了方便诉讼,现有技术已完全可以在推送视频的同时生成和推送语音、文字版本。

(二)当事人自主性的重新诠释

正如梭伦所言,正义就是人人各得其所,即只要某一主体认可了某一状态,即使该状态并非对所有人都是最优选择,只要该选择对该主体而言是自愿的,即可认为已满足了该主体的正义需求。互联网异步审理在当下并非一个完美的程序,在技术风险尚不能完全排除的情况下,对于深得异步审理之便的当事人而言,只要适用该制度是其所自愿选择,并无损及国家、社会公共利益或第三人的情形下,即应当尊重当事人的意思自治,认可这种正义。杭州互联网法院的《涉网案件异步审理规程(试行)》即采取了这一思路,必须要以当事人自愿适用为前提,并经法院最后决定。但这种自愿仅有程序启动的自主尚不足,还应包括程序退出和回归同步审理的自由。

此外,以当事人是否自愿为认定分配正义的唯一标准是需要斟酌的,因为其前提应当是当事人已经充分地知晓相应的程序规则和不利后果,毕竟异步审判是一项新尝试,程序规定也较为原则,民众对其认知度相对低,否则这只能认为是一种"诱骗"。所以法院在诉讼告知中应当将异步审理的相关要点以当事人能够轻易理解的方式告知当事人,才得以适用异步审理。

至于是否所有互联网法院审理的案件都能够适用异步审理,显然不是。如上所说,异步审理对诉讼指挥权的行使造成了一定的障碍,法官无法实时监控诉讼,审理焦点易虚化,因此不适宜审理较为复杂的案件,只能适用于事实清楚、法律关系明确、争议不大的民事案件,这些一般即为能够适用简易程序的案件。但是否适用普通程序审理的案件就不能适宜适用异步审理?答案是否定的,当异步审理对象是单一或特定的事项时,当事人并不会有太多扩大审理范围的空间,所以异步审理可以作为普通审理程序中同步审理的有益补充,例如同步审理前就管辖权异议需要开庭审查的,又或召开庭前会议、进行法庭调解的,又如庭后就某一事项进行补充审查的,均可以通过异步审理的方式进行。

(三)法官职权的回归

异步审理对传统审判真正的挑战是法官难以对诉讼行使实时监控权，使法官的诉讼指挥权被一定程度的阉割，从本质而言这是一种诉讼自由主义的倾向，诚如西方古典辩论主义对自由主义的放任，虽然表面上似乎有充分尊重当事人自治权，但自由的根基终究会被过度“自由”所蚕食。古典辩论主义的理论认为，基于对公权力的不信任以及民事领域意思自治的延伸，当事人和法官在事实探知、程序推进和裁判约束等方面的权利—权力划分，应当遵循三原则：第一，决定法律效果发生、消灭的直接要件事实，只要在当事人的辩论中没有出现，就不能作为判决的基础；第二，当事人之间没有争议的主要事实，法院必须将其作为判决的基础；第三，法院可以调查的证据，仅限于当事人提出的证据(禁止法院依职权调查证据)。自由主义观念支配下的民事诉讼，当事人之间的机会均等和武器平等，是拟制对等者间的竞技规则；但是，当事人之间实际上是否真正存在机会均等和武器平等，却完全没有予以考虑[1]。放在异步审理模式的语境中，即当事人的认知水平和知识结构的差异、是否有条件获得律师的辅助，乃至对科学技术的运用能力、对诉讼平台的操作技巧等因素均没有被考量在内，因此美其名让没有实质自主能力的当事人获得形式上的自主资格，并以此为借口让法官的职权退场，就好比将不同等级的拳击手放置于同一组别的角斗场中，只是空有形式上的平等，实则在放任着当事人遵循司法领域的丛林法则进行残酷竞争。而弱势方的当事人在缺乏外部支援的情况下将难以及时、准确和恰当地提交材料或表达意见。

法官诉讼指挥权的功能之一就是为了调和当事人诉讼能力不对等可能导致的裁判结果的欠妥当性[2]。实际上，“国家为了保护弱者不受不公侵害，必须积极介入经济和社会秩序”的理念，早已在西方民事诉讼领域占有一席之地。例如德国的《简化与加速诉讼程序的法律》就明确了法官的阐明义务，法官必须对一定事项即事实关系进行解明，或者说必须对当事人的案件解明进行协助。由此而要求法官必须针对事实关系的真实性、完整性发

---

[1] 唐力：《辩论主义的嬗变与协同主义的兴起》，《现代法学》2005 年第 6 期。

[2] 衡阳、张伟：《论诉讼指挥权的正当行使——以民事庭审中法官打断为视角》，《司法体制改革与民商事法律适用问题研究》，人民法院出版社 2015 年版，第 611～619 页。

挥作用，就诉讼资料与当事人进行讨论，向当事人发问。[1] 根据该规定，法官对当事人事实主张的提醒和引导被视作法官的一项义务，法院有义务确保程序能够迅速地进行，并有义务影响程序的推进。之所以将法官的阐明定义为一项义务，代表其设置的目的是为了保障当事人的权利，而非单纯地实现公权力的自我保障。但我国民事诉讼法中对于法官的阐明权，即使在传统的对席审理中尚不明确，更别说在较为新颖的异步审理模式中。

此外，在效率和正义价值的抉择中，异步审理模式很明显选择了前者，但效率的提高应以不减损司法公正为前提，也即倘若为了提高效率迫不得已在某程度上损伤了形式上的正义，就应当在可能的范围内在正义中弥补这一缺失。其核心就是强化法官的诉讼指挥权，并明确当事人的配合义务。即法官适用异步审理时，在程序上应有更为灵活和丰富的程序管理权，在实体上应明确法官的阐明义务；而法官可以借助诉讼费用的惩罚机制或民事诉讼强制措施等强制当事人予以配合，具体可包括如下两点：

首先，法官的阐明义务应予明确。由法官在庭前充分的解释和介绍异步审理的程序规则，并整理审判提纲。庭前和审理中对于当事人及其诉讼代理人、辩护人的陈述不清楚、不适当的，进行必要、适当的指导和释明，限制与案件无关问题进入庭审范围。并保证用语的中立和文明，不带有任何个人情绪。为了引导诉讼，法官还应当在一定程度上公开心证（主要是指法官需明确裁判所需关注的法律关系和法律事实是否已经达到查清或明了的状态），以让当事人不会偏离审理焦点，并能进行及时的补充说明。

其次，法官行使诉讼指挥权应更具技巧性。一是法官需要拥有快速整理案件事实和归纳争议焦点的能力。异步审理的庭审时间被拉长，案件可容纳的内容将会增多，所以法官需要能够快速地在大量案件信息中整理出相关的法律事实，且归纳出双方有实质性争议的法律问题。二是法官能够清晰和有条理地对案件进行管理。异步审理意味着法官需要在同一时间段同时处理数个案件，由于原本连续的程序被分割为多个阶段，且不同案件混杂在一起，如法官稍不留神，即容易混淆不同的案件事实或证据。所以应充分利用当前法院案件管理系统的人工智能技术，让法官在每次开启具体案件时，均有一些关键词、办案日记的提醒与归纳等。

---

[1] ［日］吉野正三郎：《西德民事诉讼法的现在》，成文堂1990年版，第223页。

综上,互联网异步审理作为新尝试,其仍应当足够让法庭形成闭合空间,赋予当事人在法律语境之内就事论事,程序合法有序,不掺杂非法律意义的世俗内容。

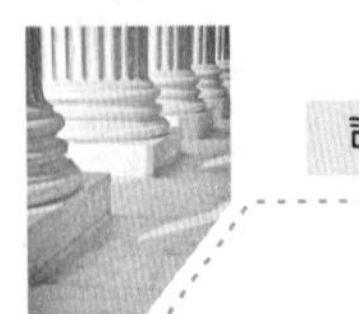

"张扣扣案"的法律适用

——以被害人过错为视角

陈叙言*

一、案情回顾

2019年4月11日，陕西省高级人民法院在汉中市中级人民法院公开二审开庭审理张扣扣故意杀人、故意毁坏财物一案，当晚7时23分，陕西省高级人民法院通过官方微博发布信息：驳回上诉，维持原判。对张扣扣的死刑裁定，依法报请最高人民法院审核。陕西省高院发布的裁定要点认为：经法院审理查明，上诉人张扣扣与被害人王自新家系邻居。1996年8月27日，因邻里纠纷，王自新三子王正军伤害张扣扣之母汪秀萍并致死。同年12月5日，陕西省汉中市原南郑县人民法院以故意伤害（致人死亡）罪，判处王正军有期徒刑7年。被告人王正军的监护人王自新（王正军父亲）一次性偿付附带民事诉讼原告人张福如（张扣扣父亲）经济损失9639.3元。此后两家未发生新的冲突。2018年2月15日（农历除夕），张扣扣观察到王自新、王校军、王正军与亲戚一同回到其家中准备上坟祭祖，张扣扣戴上帽子、口罩，怀揣事先准备好的单刃刀尾随跟踪伺机作案。在王校军、王正军一行上坟返回途中，张扣扣持刀先后向王正军、王校军连戳数刀，而后张扣扣持刀赶往王自新家，将坐在堂屋门口的王自新刺死。随后张扣扣折回自己家中，提上菜刀和预先装满汽油的酒瓶，将王校军的小轿车玻璃砍破，在车后座及尾部泼洒汽油焚烧，之后逃离现场。2月17日，犯罪嫌疑人张扣扣投案自首。

* 陈叙言，上海交大凯原法学院博士研究生。

该案发生后引起了广泛关注，社会舆论也呈现出两个极端，有的认为其罪当死，法院判决适当，有的则认为张扣扣罪不至死，法院判决不当。其中认为张扣扣罪不至死的观点的一个重要理由是本案的被害人王家存在过错，即发生在 1996 年的王正军故意伤害致汪秀萍死亡一案是张扣扣实施杀人行为的重要原因。这在张扣扣的辩护律师的辩护词中得到了充分的体现："张扣扣被仇恨的欲望所裹挟，被复仇的情绪所支配。而这仇恨的种子，却是别人播下的。张扣扣本人也是受害者，也是牺牲品。"[1]

二、被害人过错在司法文件中的体现

在我国刑法中，不论是总则还是分则的具体罪名，都没有关于被害人过错的规定，因此虽然其在理论研究与实务操作中都受到了普遍重视，但只能成为量刑中的一个酌定情节。[2] 而在相关的司法解释性文件中，有关故意杀人罪中被害人过错的规定见于 1999 年 10 月最高人民法院发布的《全国法院维护农村稳定刑事审判工作座谈会纪要》（以下简称《纪要》）和 2007 年 1 月最高人民法院发布的《最高人民法院关于为构建社会主义和谐社会提供司法保障的若干意见》（以下简称《意见》）。其中《纪要》指出："对于因婚姻家庭、邻里纠纷等民间矛盾激化引发的故意杀人犯罪，适用死刑一定要十分慎重，应当与发生在社会上的严重危害社会治安的其他故意杀人犯罪案件有所区别。对于被害人一方有明显过错或对矛盾激化负有直接责任，或者被告人有法定从轻处罚情节的，一般不应判处死刑立即执行……"《意见》18 条则规定："对于因婚姻家庭、邻里纠纷等民间矛盾激化引发的案件，因被害方的过错行为引发的案件，案发后真诚悔罪积极赔偿被害人损失的案件，应慎用死刑立即执行。"对于张扣扣案来说，由于汪秀萍死后的 22 年间两家未发生新的冲突，法院认定该案非系邻里纠纷引发的故意杀人犯罪，因此发生在 22 年前的王正军故意伤害致汪秀萍死亡的行为是否应当被认定为是本案中的被害人过错就成为张扣扣能否不被判处死刑立即执行的关键。

---

[1] 参见邓学平：《一叶一沙一世界——张扣扣案一审辩护词》，http://news.ifeng.com/a/20190108/60229193_0.shtml，2019-06-10。

[2] 参见高铭暄、张杰：《刑法学视野中被害人问题探讨》，《中国刑事法杂志》2006 年第 1 期。

三、对被害人过错的界定及对张扣扣案的适用认定

在犯罪学上，被害人的过错是犯罪起因的一种，它对于促使被告人实施犯罪行为起到了一定的激发作用。[1] 而在刑法学意义上，能够影响刑罚具体裁量的被害人过错应当具备哪些特征，学界已有较多的研究。如有的学者认为被害人过错应具备三个特征：一是被害人行为的不正当性，要求被害人行为违反某种善良社会规范的判断以及被害人主体适格性的判断。二是被害人行为与犯罪行为人犯罪行为的关联性，包括利益关联性和时间关联性。三是犯罪行为的针对性，即犯罪行为人的犯罪行为必须是指向实施了不正当行为的人。[2] 有的学者则指出被害人过错应具备以下要点：一是被害人行为必须具有非法性，不包括违反道德风俗的行为。二是被害人行为对被告人精神刺激的充分性，强调其足以使被告人失去自控能力。三是被害人的刺激行为是突然实施的，被告人的犯罪行为并非蓄意而为。[3] 还有的学者认为被害人过错的成立需具备以下五个条件：一是主体专属性，即过错行为的实施主体只能是被害人且过错行为的针对主体一般只能是由被害人侵犯的利益关联者的被告人。二是时间确定性，指被害人行为正在进行。三是行为过错性。四是作用因果性，即被害人过错在作用上对犯罪行为或犯罪结果的发生上具有因果关系。五是程度明显性。[4]

可以看到，不同学者对于被害人过错特征的认识有共性也有特性，从不同方面阐释了刑法学意义上被害人过错所应具备的属性。而对于这些特征的分析，能够帮助我们更好地判定张扣扣案中的王正军在 1996 年所实施的故意伤害致死行为是否应被认定为本案中的被害人过错因素从而成为酌定的量刑情节。

---

[1] 参见陈兴良：《死刑适用的司法控制——以首批刑事知道案例为视角》，《法学》2013 年第 2 期。

[2] 参见王新清、袁小刚：《论刑事案件中的被害人过错》，《中国刑事法杂志》2008 年第 2 期。

[3] 参见蒋鹏飞：《作为辩护理由的被害人过错：概念界定、理论基础与认定标准》，《中国刑事法杂志》2009 年第 8 期。

[4] 参见罗灿：《刑法三元结构模式下被害人过错的认定与适用——以侵犯人身权利命案为视角》，《中国刑事法杂志》2011 年第 2 期

(一)时间关联性

时间关联性或称时间确定性,是指被害人所实施的过错行为与被告人所实施的犯罪行为之间在时间上应该间隔较短。因为正是由于两者间隔时间较短,才会导致被告人因受到强烈的精神刺激而失去自控能力,此时被告人处于一种非理性状态,很难期待其实施合法或理性的行为,因此犯罪人的可非难性就受到影响,降低了其刑事可责性。刑法的功能之一是保护稳定的社会秩序,在被害人存有过错的场合,在现有秩序被被害人打破后,尚未完全恢复时,犯罪人实施犯罪行为就与被害人先前行为有关联;而一定时间之后,在被被害人破坏的秩序得到修补或恢复后,犯罪人再对被害人实施犯罪就会对社会秩序形成新的破坏,那么被害人过错行为与犯罪行为就没有关联,[1]也就没有了降低被告人刑事责任的基础。因此,如果被害人过错早已存在,被告人在经过较长时间的情绪冷却后再实施犯罪,就不应认定被害人过错系"对激化矛盾负有直接责任"。[2] 最高人民法院刑三庭 2010 年发布的《在审理故意杀人、伤害及黑社会性质组织犯罪案件中切实贯彻宽严相济刑事政策》(以下简称《政策》)中指出:"一般来说,经过精心策划的、有长时间计划的杀人、伤害,显示被告人的主观恶性深;激情犯罪,临时起意的犯罪,因被害人的过错行为引发的犯罪,显示的主观恶性较小。对主观恶性深的被告人要从严惩处,主观恶性较小的被告人则可考虑适用较轻的刑罚。"由此可见,适用被害人过错作为酌定量刑情节的情形,被告人往往是由于被害人的挑衅、激将、报复等明显的过错行为而实施的激情犯罪行为。

而在张扣扣案中,张扣扣的杀人行为与王正军致其母汪秀萍死亡的行为时间间隔长达 22 年,不符合被害人过错行为与被告人犯罪行为时间间隔较短这一特征,且其杀人行为并非其后又与王家产生新纠纷之后的激情行为,而是经过长时间的对被害人的观察,精心准备作案工具,选择作案时间后所实施的计划缜密的杀人行为,其主观恶性较深,不应对其适用较轻的刑罚。值得一提的是,认为张扣扣一案由于时间关联性不适用被害人过错作为酌定量刑情节并非是认为发生在 22 年前的王正军故意伤害致死案不是

---

[1] 参见王新清、袁小刚:《论刑事案件中的被害人过错》,《中国刑事法杂志》2008 年第 2 期。

[2] 参见初红漫:《故意杀人案件死刑限制之被害人过错情节的提取与界定》,《重庆大学学报(社会科学版)》2018 年第 5 期。

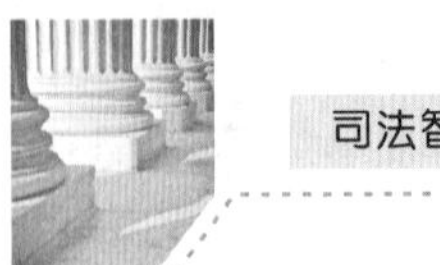

张扣扣杀人行为的原因。如前所述，犯罪学上的被害人过错是犯罪起因的一种，根据辩护意见中有关张扣扣平时表现的内容，作者也相信如果没有22年前的母亲被打死张扣扣有很大可能不会成为一个杀人犯。但这种日常生活语境下的原因能否成为刑法意义上的被害人过错还需经过现代刑法理论的考察。人类文明发展到今天，"以牙还牙"的"血亲复仇"形式早已被认为是落后社会形态才具有的特征。"杀父之仇，不共戴天""君子报仇，十年未晚"等观念虽然在民间还有一定影响力，但在党中央大力倡导依法治国的大环境下，限制民间私力救济（尤其是刑事案件），畅通国家救济渠道是发展法制的必然要求。因此张扣扣的行为或许在情感上能够被人所理解，但不应在理性上被法律所容忍。

（二）主体专属性

主体专属性或称为犯罪行为的针对性。罪责自负原则是我国刑法的基本原则之一，"刑事责任是一种严格的个人责任，只能由犯罪分子负担，具有人身专属性，不可移转，不能替代"。[1] 对于刑法学意义上的被害人过错的认定，也应秉持该种罪责自负的原则，即被告人的犯罪行为只能指向实施了过错行为的被害人。如果被告人的犯罪行为指向了实施过错行为以外的人，实践中往往表现为被告人"迁怒于"实施过错行为被害人的亲朋好友。从某种意义上来说，这是一种被告人将实施过错行为的被害人的责任"株连"于与其关系亲密的人的行为，这使被告人的行为与被害人的过错行为丧失了利益关联性，因此不能认定为被害人过错，量刑时更不可能作为从轻的情节。本案中，张扣扣经过长时间的预谋和策划杀害了王自新、王校军、王正军三人。如果说王正军故意伤害致汪秀萍死亡虽然无法被认定为刑法学意义上的被害人过错，但作为张扣扣杀害王正军的原因能够被人所理解，那么张扣扣杀害王自新、王校军的行为则是一种恶性的"灭门"行为。从法院发布的宣判词中可以了解到，王校军在张扣扣对王正军进行行凶后第一时间选择了逃跑，并未对其杀害王正军的行为有任何阻拦，但张扣扣在刺伤王正军后追上王校军对其连刺数刀，并在其掉入沟渠后跳进沟渠继续行凶，更甚的是张扣扣在结束"第一现场"的行凶后来到王自新家进行第二轮的行

---

[1] 参见高铭暄主编：《刑法学原理》（第1卷），中国人民大学出版社1993年版，第418页。

凶。可见其一开始就是准备将王家父子全部杀害。因此,即使不考虑被害人过错的时间关联性,认定张扣扣杀害王正军的行为存在被害人过错的因素,那么对于其杀害王自新和王校军的行为,无论如何也不可能被认定为存在被害人过错。庭审中,张扣扣认为王自新在当年王正军伤害其母致死的案件中有教唆行为,姑且不论张扣扣对此是否存在认识错误的问题,将其作为杀害王自新的一个理由,那么追杀并最终杀害当年根本不在场的王校军则足见其“人性泯灭的真实一面”[1],体现了其极深的主观恶性。事实上,即使是王正军,当年也已因其故意伤害致人死亡的行为遭受了刑法的惩罚。从罪责自负的角度来说,王正军已经为自己的犯罪行为承担了相应的惩罚,其可责性的基础已经丧失,其22年前的过错行为在刑法评价意义上已经不再存在,如果在张扣扣案中再将该行为认定为被害人过错,则有重复评价之嫌。因此,笔者认为张扣扣案因三位被害人都不具备主体专属性而不应认定存在被害人过错。

刑罚的目的之一在于预防犯罪,而犯罪预防分为特殊预防与一般预防。张扣扣案一审辩护人的辩护词中提到:“张扣扣的行凶对象有着明确而严格的限定,对于一般的民众并无人身危险性。”[2]辩护人试图以此来表明张扣扣的人身危害性不大,再犯可能性较小,不适用死刑立即执行今后重归社会(如果可能)对社会也再无危害。即不适用死刑立即执行也能取得较好的特殊预防的效果。但是,是否具备主体专属性与一般预防的效果息息相关,张扣扣这种无视被害人主体专属性的肆意“报复”行为如果不依照刑法予以严惩,会给社会上潜在的犯罪分子极其负面的示范效果,暗示其可以在相对人已受国家法律制裁的情况下继续寻求私力救济或是在相对人存在过错的情形下任意扩大私力救济的范围,从而大大降低刑罚一般预防的效果。朴素的民众可能将整个案件的判决结果简单地归纳为“为了报仇可以杀别人全家而不用偿命”,这对于一贯注重案件判决社会效果的我国司法活动来说是难以接受的。因此,严格把握可能存在被害人过错的案件中的主体专属性,对提升刑罚一般预防的效果起着至关重要的作用。

---

[1] 参见《张扣扣案二审检察意见书》,http://www.sohu.com/a/307373814_120065301,2019-06-10。

[2] 参见邓学平:《一叶一沙一世界——张扣扣案一审辩护词》,http://news.ifeng.com/a/20190108/60229193_0.shtml,访问时间:2019-06-10。

(三)作用因果性

作用因果性,意味着过错行为与被告人的犯罪行为或结果有密切的关联。[1] 被害人过错在作用上是否对犯罪行为或犯罪结果的发生具有因果关系,首先要进行单纯的逻辑的事实判断,即被害人过错行为自然地引起犯罪行为或犯罪结果的发生,也就是说没有被害人过错行为就没有犯罪行为或犯罪结果。其次进行复杂的经验的价值判断,即被害人过错行为法律的引起犯罪行为或犯罪结果的发生,也就是说被害人过错行为相当地导致犯罪行为或犯罪结果,是否相当需要根据被害人认识的情况、客观存在的情况以及报应与预防的刑罚目的进行社会经验的综合判定。[2] 张扣扣案中,王正军 22 年前的犯罪行为是否在"一般理性人标准"下必然引起张扣扣杀害三人的结果或者是其实施杀人行为的主要原因值得深思,除此之外是否还有其他不能归结于被害人的原因对于该案的发生有着重要的推动作用?从法院公布的公诉意见书中张扣扣"虽四处打工,却积蓄甚少,且多次被骗——个人生活艰难;人近中年却未成婚,又与家人少沟通,且与其父言语不合——家庭生活不如意;经历虽多却交友甚少,情感抒发缺少渠道,信钱不信人——社会融入感缺失",其供述"我要是娶妻生子了,也不会干这事儿"。可以看出,生活艰辛、家庭不和睦、缺乏社会归属感以及童年丧母等因素一起造成了这起悲剧,否则很难理解张扣扣为何会在时隔 22 年之久才实施其"复仇计划",因此很难认定王正军的犯罪行为就是张扣扣实施杀人行为的主要原因。有学者根据被害人过错与犯罪联系的紧密程度将被害人过错分为条件过错和原因过错。条件过错指该过错的存在仅仅是引起犯罪的因素之一,一般情况下根本不足以诱发犯罪;原因过错指该过错的存在是导致犯罪出现的根本原因或直接原因。[3] 被害人过错在犯罪原因中的重要程度可以体现被告人犯罪行为的主观恶性程度。笔者认为,张扣扣案中王正军 1996 年的犯罪行为从作用因果性上来说只能是一个条件过错,虽然对张扣扣的杀人行为起到了一定的推动作用,但不能以此认定其主观恶性

---

[1] 参见周晓杨、陈洁:《刑事被害人过错责任问题研究》,《法学杂志》2003 年第 6 期。

[2] 参见罗灿:《刑法三元结构模式下被害人过错的认定与适用——以侵犯人身权利命案为视角》,《中国刑事法杂志》2011 年第 2 期。

[3] 参见史卫忠:《论被害人过错对故意杀人罪量刑的影响》,《山东法学》1995 年第 2 期。

较低。

三、结　　语

“就我国目前的死刑限制来说，更多的还是应当大量减少非暴力犯罪的死刑适用，而对于故意杀人罪的死刑限制应当慎之又慎。从各国废除死刑的经验来看，故意杀人罪是死刑废除的最后堡垒。如果在存在大量的非暴力犯罪适用死刑的情况下，贸然减少故意杀人罪的死刑适用必然会引起民意的反弹，这是值得我们警觉的。”[1]从最高人民法院发布的涉及死刑适用的指导性案例来看，适用死刑缓期二年执行的案件基本为激情犯罪，且《政策》中指出“在实际中一般人故意杀人、故意伤害一人死亡的为后果严重，致二人以上死亡的为犯罪后果特别严重”。张扣扣案为经过精心预谋的杀人行为，死亡人数为三人，且本案中涉及的被害人过错因素不应被评价为刑法意义上的被害人过错，无法作为酌定的量刑情节，因此虽然存在自首情节，但笔者认为不应对其从轻处罚。

---

[1] 参见陈兴良：《死刑适用的司法控制——以首批刑事知道案例为视角》，《法学》2013 年第 2 期。

张扣扣或可免死的一种法理依据

——以被害人过错为视角

张 弘[*] 崔志伟[**]

1996 年张扣扣（当年 13 岁）的母亲被王正军（当年 17 岁，因涉嫌故意伤害致人死亡被判刑 8 年）砸死。之后他跟着父亲生活（父亲务农，因家庭贫困，张父并未再婚）。张扣扣一直怀恨在心，2018 年 2 月 15 日（农历除夕），张扣扣持刀将邻居王自新（王正军之父）及其长子王校军（王正军之兄）当场杀死，王正军被刺伤后抢救无效死亡，张扣扣作案后潜逃，于 2 月 17 日到派出所投案自首。本案已尘埃落定，对于张扣扣本人是否应当适用死刑的探讨也显得无益，[1]但是对于其中涉及的争议点进行法理层面的凝练与分析，或可对继后故意杀人案件的处理以及死刑的控制有着一定的启迪。由于对"罪行极其严重"的认定属于一种价值判断，总会因人而异，"极其"这一程度判断也无绝对标准，孤立观察某一个案可能情节十分严重，但相较其他类似案件便难以称得上"极其严重"。[2] 并且，在控制死刑的总体刑事政策指导下，一些故意杀人案件总可以找到若干免于死刑的依据。因此，本文的侧重点并不在于评价该案裁判结果的恰当与否，即不涉及案件裁判的公正性问题，也不过多纠缠该案的案件事实，而是从一般学理的角度论述张扣扣案乃至故意杀人类案件可免于死刑的一种法理依据。

---

* 张弘，华东政法大学博士研究生。

** 崔志伟，上海师范大学哲学与法政学院讲师，法学博士。

[1] 如无特殊说明，本文所论述的"死刑"均指死刑立即执行。

[2] 例如，相较于李昌奎案，药家鑫、林森浩就难以称得上"极其严重"。

一、张扣扣案是否应当适用死刑的争议点

本案中实体法上的争议点主要在于行为人的刑事责任能力以及被害人是否存在过错，两者归结为对犯罪人的量刑是否适当，前者更偏重于一种事实认定，而后者兼具一种法理问题。一审法院认为张扣扣在工作、生活不如意的巨大压力下，心理逐渐失衡，迁怒于王正军及其家人。[1] 即否定了被害人过错的存在。但在张扣扣及其辩护人看来，自身并非意图报复社会，而是有着强烈针对性的复仇动机促使其实施杀人行为。换言之，是被害人先前的过错因素(故意伤害致使其母死亡且未予道歉等)促使了案件的发生。张母是否辱骂在先、殴打是否被害方三人共同参与以及基于客观事实可推知的行为人动机等均属于一种事实因素，而这些因素正是判断被害人过错是否成立的基础。

实施杀人行为究竟是出于报复社会还是为母复仇之所以成为重要的争议点，还需回归到被害人过错问题。张扣扣的辩护律师从“这是一个血亲复仇的故事”“张扣扣没有更好的仇恨排遣通道”“复仇有着深刻的人性和社会基础”“国家法应该适当吸纳民间正义情感”“尾声：张扣扣是一个什么样的人”五个部分作了辩护。历史来看，我国传统刑事司法中确曾存在着“复仇无罪”的观念。“君弑，臣不讨贼，非臣也。父弑，子不复仇，非子也。”[2]这种复仇观由来已久，也深深镌刻在中国传统法律文化及民众思维当中。《周礼》规定：“凡报仇雠者，书于士，杀之无罪。”[3]即只需履行向官员报备的义务便可复仇。只是“凡杀人而义者，不同国，令勿仇，仇之则死”。即如果杀人行为符合义理，则不得对其寻仇。郑玄注疏曰：“谓父母、兄弟、师长三者尝辱焉，子弟及弟子则得杀之，是得其宜也。”[4]如果将张扣扣案乃至于欢辱母杀人案搁置彼时，就无须判断正当防卫的成立与否，而径直得出无罪结论。秦汉之后，历代统治者对复仇者的处置严厉程度不尽相同，但大都会考虑“孝子不可刑”的孝道因素，从而对其殴杀行为降格处理。之所以不宜直

[1] 参见《张扣扣案二审宣判死刑超过数百万人次在线观看》，http://m.sohu.com/a/307846484_120110731，2019-06-01。

[2] 《春秋·公羊传》。

[3] 李学勤主编：《周礼注疏》，北京大学出版社1999年版，第942页。

[4] 李学勤主编：《周礼注疏》，北京大学出版社1999年版，第360页。

接宣判为无罪,是出于维护公力秩序的考虑,但在民众心态中,复仇行为永远是高尚的、合法的、无罪的,甚至有"畏法不复仇,君子所不耻"的通念。[1]法治社会禁止以暴制暴式私立救济,但并非完全排斥"复仇"的事实因素,因为,如果这种"弑母"等事实确属存在,则可归结评价为被害人过错。在法治框架下,应当重点考虑的是公权力救济的及时、有效与否、被害人过错的程度,从而有限度地影响量刑。

1999年最高人民法院关于印发《全国法院维护农村稳定刑事审判工作座谈会纪要》的通知,其中强调:"对故意杀人犯罪是否判处死刑,不仅要看是否造成了被害人死亡结果,还要综合考虑案件的全部情况。对于因婚姻家庭、邻里纠纷等民间矛盾激化引发的故意杀人犯罪,适用死刑一定要十分慎重,应当与发生在社会上的严重危害社会治安的其他故意杀人犯罪案件有所区别。对于被害人一方有明显过错或对矛盾激化负有直接责任,或者被告人有法定从轻处罚情节的,一般不应判处死刑立即执行。"从法律后果来看,张扣扣造成了三人死亡的极为严重后果,但这并不必然排斥被害人过错影响量刑的可能性。

二、被害人过错何以应当成为一种量刑情节

被害人过错何以应当成为量刑情节,法理上存在两个层面的依据:客观不法与主观有责。其一,在传统的刑事违法性判断中,结果无价值论者往往将其限定于法益侵害的有无及程度判断,而忽略了行为无价值的评价侧面。在张扣扣案中,三人死亡结果属于反应结果无价值因素,而在行为无价值的评价中绕不开的就是社会相当与否及其僭越程度。刑法规范并非脱离民众生活的独立存在,而是对能够从道义上加以非难的行为类型的抽象和总结,既然是一种道义非难,就需要考虑社会评价主体的态度。从现有司法解释的规定来看,能够看出被害人过错与社会相当性评价的关联。例如,《关于办理敲诈勒索刑事案件适用法律若干问题的解释》第6条规定,被害人对敲诈勒索的发生存在过错的,根据被害人过错程度和案件其他情况,可以对行为人酌情从宽处理;情节显著轻微危害不大的,不认为是犯罪。这种被害人

[1] 范忠信等:《情理法与中国人——中国传统法律文化探微》,中国人民大学出版社1992年版,第27页。

过错因素影响刑事责任的规定在其他司法解释中也不罕见，司法实践中也有的将被害人过错作为认定“情节显著轻微危害不大”的重要依据。[1] 被害人过错因素虽然不能对法益侵害的程度形成影响，但能够在行为无价值的层面，降低其违法性评价，即由于被害人过错因素的加入，社会通念对行为人实施加害行为的道义谴责也就相对有所降低。

其二，被害人过错因素之所以应当影响量刑还在于行为人因之主观恶性的降低以及被害人在其人格形成上的责任参与。2010 年 4 月最高人民法院刑三庭《在审理故意杀人、伤害及黑社会性质组织犯罪案件中切实贯彻宽严相济刑事政策》中指出，主观恶性是被告人对自己行为及社会危害性所抱的心理态度，在一定程度上反映了被告人的改造可能性，因被害人的过错行为引发的犯罪，显示的主观恶性较小。

关于“主观恶”在犯罪评价中的地位，经历了从中世纪“行为无罪除非内心邪恶”的主观归罪上的过度重视[2]，到刑事古典学派“矫枉过正”地贬抑“主观恶”的重要性，认为客观上的社会危害才是衡量犯罪及其严重程度的唯一尺度，再到随着刑事社会学派的兴起，“主观恶”作为必不可少的度量因素之一被重拾。[3] 直至目前，“主观恶”作为衡量犯罪与刑罚的要素之一，仍然受到重视。其实，“恶”本来便属于一个伦理学上的概念，即便进入“责任”[4]领域后经过规范责任论的改造，这一属于道义责任论范畴的道德伦理评价的合理性，也是纯粹的法律责任论所不具备的。因此，在主观恶性的评价中，不可避免地会掺入道义评价。正如有学者所言，主观恶性应作如下定义：主观恶性是指已犯者实施犯罪时的心理状态或心理事实在伦理上和法律上的可谴责性。[5] 就伦理上而言，行为人在被害人过错下实施加害的事出有因，比针对毫无过错的被害人实施加害，其所受到的道义非难自然有

[1] 参见福建省罗源县人民法院刑事判决书(2014)罗刑初字第 1 号；云南省曲靖市麒麟区人民法院刑事附带民事判决书(2014)麒刑初字第 167 号；云南省师宗县人民法院刑事附带民事判决书(2017)云 0323 刑初 169 号。

[2] 我国封建时期的论心定罪、春秋决狱也属于过度重视“主观恶”的主观归罪。

[3] 参见陈兴良：《主观恶性论》，《中国社会科学》1992 年第 2 期，第 166～168 页。

[4] 这一“责任”概念是指作为三阶层第三层次的概念，并非作为刑事法律后果意义上的“刑事责任”。

[5] 马荣春：《人身危险性之界定及其与主观恶性、社会危害性的关系——基于刑法学与陈兴良教授商榷》，《华南师范大学学报(社会科学版)》2010 年第 5 期。

所降低。[1] 即便在被害人虽有过错但不十分严重的情形下(行为人也不存在手段特别残忍等其他从重事由),将这种事出有因的故杀案件与毫无因由的对无辜者行凶对比[2],也存在一定程度上的可谅性,使其道义非难得以缓和。在这种情形下,裁判者(包括普通公众)所进行的不是纯粹的利益上的衡量,而是一种朴素的道义上的评价。就法律上的可谴责性而言,学界多以规范性的期待可能性理论加以解说。[3] 即设身处地地从加害者角度考量,被害人的过错因素使法律对行为人百分之百的绝对守法期待打了些许折扣。如果这种设想的折扣比较大,即被害人过错十分严重,期待可能性便较低,其应受到的法律责难也会较低。如2015年3月最高人民法院、最高人民检察院、公安部、司法部联合发布的《关于依法办理家庭暴力犯罪案件的意见》中指出,因不堪忍受长期家庭暴力而故意杀害施暴人,犯罪情节不是特别恶劣,手段不是特别残忍的,可以认定为故意杀人的"情节较轻"。其中"不堪忍受"便是从加害人角度体量期待其守法(默默忍受或者求助于其他合法途道)的可能性已经非常低。如果这种设想的折扣比较小(如果能以量化,如1%～5%),譬如行为人仅因被害人向他说了一句脏话,便将其杀死,虽不能说被害人毫无过错,但基本不影响良好法秩序对他提出的应然期待,因此对法律上的谴责影响甚微,以致可以忽略不计。

在人身危险性层面,也即再犯可能性,由于基于人性恶假设的行为人潜

[1] 当然这是就一般公众而言,被害人家属方面则不一定如此。即便被害人存在明显过错,其家属基于"杀人偿命"的固执偏见也可能不愿承认这点。如在王勇故意杀人案中,被害人童德伟酒后无故拦住被告人之父索要买酒钱,被拒后强行掏钱,致使两人殴打,童致王父头皮血肿、胸壁软组织损伤。王勇得知其父被打后即赶赴家中,恰逢童来到其家。于是两人发生争吵、厮打,王勇从厨房抄起菜刀朝童脸部、头部连砍八刀,致其当场死亡。一审法院以王勇存在自首、被害人严重过错为由,判处其死刑缓期两年执行。被害人家属强烈要求将王勇判处死刑立即执行,向陕西省高院提起上诉,陕西省高院驳回上诉维持原判。参见最高人民法院刑事审判一、二、三、四、五庭编:《刑事审判参考》第19号。

[2] 如李昌奎案件中,之所以二审的死缓判决引起全国范围内的舆论哗然,主要是因为三岁的王家红是完全无辜的,对其加害,不仅没有任何的可宥性,反而增添了其主观恶性上的伦理谴责。

[3] 参见齐文远、魏汉涛:《论被害人过错影响定罪量刑的根据》,《西南政法大学学报》2008年第1期。

在的犯罪可能，[1]一定程度上是由被害人过错激发，假想没有这种过错作为前提，犯罪很可能不会发生，最起码不会发生在该特定人身上。[2] 由此推断，经过刑罚的教育改造，在正常情况下，其再次实施犯罪的可能性便很低，这种人身危险性较杀害无辜者的案件便小很多。

以上对主观恶性与人身危险性的分析，可以用人格责任论加以恰到好处的阐释。人格责任论既不同于行为责任论认为责难的对象是行为人的行为，也不同于性格责任论主张责难的基础在于行为人的危险性格，而是认为责难的基础在于行为人人格的外在体现。[3] 此说背后是相对的意志自由论，认为行为人人格分为环境、素质制约形成的部分，以及行为人可改变的、有责地形成的部分，对于后者才是非难的基础。虽然难以区分宿命地形成的人格与行为人有责形成的人格，是此说的致命缺陷，但人格形成的责任却可以很好解释被害人过错中何以能够减轻对行为人非难，进而影响量刑的问题。三阶层中的有责性层面是对行为人主观的个别的、内在的判断，因此这里所谓的“人格”并非抽象的、一般犯罪意义上的概念，而是针对具体犯罪而言。在故意杀人案件中，对于具有杀人罪质的人格的形成，行为人自身当然具有不可推卸的形成责任，因为法律期待其求诸公力救济，并且一般守法的公民并不会像他一样选择如此不理智的方式解决争端[4]，毕竟对于内在的犯罪可能，理性人应当予以抑制，而该行为人置其他途径于不顾，选择如此极端的方式，在人格形成上显然具备自身的责任。但对于这种人格形成，除了环境、素质决定[5]以及自身有责的部分外，被害人过错的诱发也起了

---

[1] 由于教育成长背景、接触人员、道德律、法律意识等多方面因素的不同，这种潜在的犯罪可能会因人而异。一般人在面临被害人过错的情形下可能不会做出实施加害的选择，而行为人选择如此，其可非难性正是在此。也就是说，较一般人而言，其具备当然的可责性，而较假如不存在被害人过错的自身而言，其可责性又有所降低。

[2] 当然这是就初犯、偶犯而言，对于好勇斗狠、动辄行凶的行为人则不适用。

[3] 参见张明楷：《刑法学》(上)，法律出版社 2016 年版，第 241 页。

[4] 正因此，在故杀案中，即便有被害人过错因素，给人们的一种感觉也是，再怎么着也不能直接把人杀死啊。

[5] 尽管我们很难确定这部分的比例，但却难以从正面否定其存在。并且相对的意志自由论是学界的主流观点，认为，人的意志受到环境、生理等各方面的制约和影响，不可能是完全自由的。参见张明楷：《刑法学》，法律出版社 2016 年版，第 244 页。

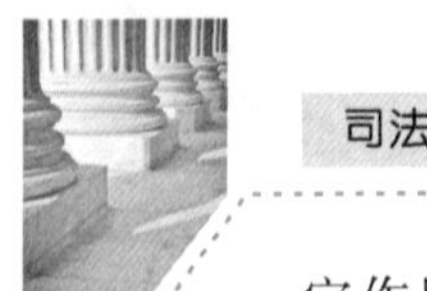

一定作用,也就是说被害人在行为人犯罪人格的形成上不无责任。[1] 如果没有其过错的诱导,仅凭犯罪人潜在的人格形成责任,基本确定犯罪不会在此时此人身上爆发。正是有了这种人格形成责任上的分担(视被害人过错的严重程度,被害人分担的部分有所不同),使对行为人的加害行为的道义谴责有所降低。又由于人格形成上凝聚了加害与被害双方的因素,并且刑罚对其人格有所改造,之后在其独立人格下(因为毕竟被害人过错的情况具有很大偶然性)实施相同犯罪的可能性则大为降低,人身危险随之降低。在张扣扣案中,辩护律师之所以强调"张扣扣被仇恨的欲望所裹挟,被复仇的情绪所支配。而这仇恨的种子,却是别人播下的""张扣扣的心理创伤对其后续行为有着决定性影响",这种辩论绝非鼓吹复仇有理,而是有其法理依据。换言之,在其犯罪人格形成上,被害人不可谓毫无责任参与。

三、张扣扣可以免于死刑的规范性依据

1996年王正军故意伤害案的刑事判决书显示,法院在裁判说理中将"被害人汪秀萍(张扣扣母亲)对引发本案起因上有一定的过错行为"作为对王正军从轻处罚的依据之一。在张扣扣案中,既然被害人是否存在先前过错成为案件争议焦点,那么法院在裁判说理中也应对是否存在被害人过错及其事实依据做出正面回应。即便可以肯定张母在先的侮辱事实,王正军采取暴力手段予以回应也属于一种明显过错,对王正军的刑事犯罪认定正是对这种过错的一种否定。关键是这种过错因素能否在张扣扣案中发挥作用,至少涉及三个事实因素。

其一,当时对王正军故意伤害案的刑事认定是否明显不公。在"杀人偿命"观念作祟下,对王正军仅判处七年有期徒刑、实际执行三年是否存在司

---

[1] 值得说明的是,本文所说的被害人对行为人人格形成上也有责任,是就加害行为的原因而言,并非意指加害人分担作为犯罪后果的刑事责任。我们并不同意被害人过错影响定罪量刑根据的责任分担说。此说中的责任便是指作为犯罪后果的刑事责任,其借鉴了侵权法上的概念,即对于损害后果,双方根据过错程度进行责任分担,道路交通领域的安全事故责任最为明显。但不同于侵权法上可以量化为物质性损失的后果,刑法上关于人身的刑事责任往往不可量化、不可分割。在故杀案中,死亡结果作为一个整体,完全是行为人独自导致,被害人完全没有参与其中,因此不可能要求被害人与加害人共同承担"死亡"的后果,只能说,被害人的过错降低了行为人主观上的可非难。

法不公，这是张扣扣案公众关注的焦点，是公众同情甚至力挺张扣扣的重要因由，也是张扣扣本人一直耿耿于怀之处。我们更愿相信当初的刑事认定是公正的，若如此，行为人的过错便已经受到了刑事非难，在新的案件中便不应再成为对己不利的评价事由。因为，国家已经代替个人对不法行为人实施了充分的责难，刑罚的报应功效已经彰显，个人便无权再实施私力救济，这种情形下，如果行为人再以对司法处理不公为由实施个人复仇，那就不能再以被害人存在过错作为主张从轻或减轻处理的理据。但是，针对特定个人实施的杀人行为相较不择对象的报复社会实施的杀人行为毕竟有所不同，由于行为人作案的目标锁定为特定个人，不会指涉案外其他人，行为人特殊预防的必要性有所降低。除此之外，熟人社会环境中的人，不可能对这个熟人网络滋生出整体性的仇恨，这种环境中的杀人事件，一定是在特定的个体或家庭之间基于某些特殊原因发生，不可能威胁到这个社交网络中的其他人。不会对整个社区治安的状况产生多大动摇，也不会给其他人带来恐慌和不安。并且，这种发生在特定范围内的熟人作案比发生在不特定的陌生人间的一般预防的必要性要小。[1] 正如张扣扣应征入伍、复员外出务工的 22 年经历表明其本人并无意针对社会中不特定他人，特殊预防及一般预防的必要性相较发生在陌生人间的故意杀人案件都相对要小。因此，即便当时的事实证明案件审理不失公正从而否定被害人过错能够影响量刑，但是，这种预防必要性在量刑中的考量也是不应忽视的。

其二，被害人过错的时间跨度不应绝对使这种因素在量刑中的影响力消失。车浩教授在评论贾敬龙案中，认为矛盾造成与结果发生的两年间隔，并不是一个可以忽略的因素。其基本理由在于，隔了较长的时空，为克服冲动、轻率、不理智的人性弱点提供了可能性，基于这种可能性，法秩序对公民提出应然性的期待，期待他选择使用合乎规范的方式，而非私力复仇去应对被害人的过错。如果行为人不是利用这种时空间隔让自己符合规范的期待，恰恰相反，却利用它去谋划更周密的犯罪计划的话，那么，对于这种深思熟虑之后，仍然决定与法秩序进行对抗的让人失望的决定，若法秩序仍然对之从宽，就相当于是变相鼓励了。[2] 这种说法无疑具有一定道理，但这并

---

[1] 参见车浩：《从李昌奎案看“邻里纠纷”与“手段残忍”的含义》，《法学》2011 年第 8 期。

[2] 车浩：《贾敬龙该不该杀？要不要杀？》，http://www.v4.cc/News-2756319.html，2019-06-08。

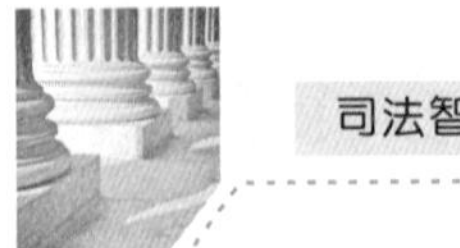

不绝对。首先,对私力救济的禁止态度不一定必须通过施加死刑来呈现,考虑到被害人过错与否,行为人的主观恶性也会有别,根据这种主观可责难性的降低程度来缩减相应的刑度,正是罪责刑相适应的体现。被害人过错因素对于行为人产生的心理影响越是沉重,也就需要越长的时间跨度来消弭这种影响,这种时间性评价并不绝对。其次,也是最为关键的是公力救济的现实性问题。禁止私力救济的前提是国家须能公正、效率地保护私权,但这不过是一个神话。[1] 在当今中国社会,有一点毋庸回避,行政执法中的"不作为"现象相当普遍,并日益成为人们关注的焦点。[2] 若国家工作人员拒不履行保护公民权利之职责时,个人实行私力救济的,国家可能默认个人一定限度内的不合法手段。[3] 当行为人采取杀人这一极端的强力救济来达到定纷止争的目的时,国家当然不能坐视不理,但如果行为人事先有过寻求公力救济的努力而以失败告终,在犯罪人人格形成上,国家与社会是否也有"罪责"?这一问题与以上提及的司法的公正性问题又是密切连接的,如果张扣扣继后的一连串申诉上访得到了有关部门的恰当合理解释和应对,实施私力救济的可责性就变大,被害人过错的影响力也就应当降低,反之,这种影响力便不会随着时间的消逝而消失。

其三,被害人之过错不可波及他人。张扣扣案的控辩焦点还涉及一点:即便王正军存在过错,为何杀害其父其兄。张扣扣回应:我记得老二老三一起打的我妈,然后王自新(王家父亲)还说往死里打,打死老子顶着,说完老三用棒子将我妈打死。[4] 如果客观证据足以表明参与殴打张母的系王正军一人,杀害无过错的其他人则足以抵消该过错因素的量刑影响力。换言之,实际的被害人应该与过错存在直接关联,不得牵连无辜,"父债子还"的"连坐"思维不值得宽宥。非常典型的如方金青惠投毒案,因婆婆简某对其没有生育不满,一天丈夫周某打她时婆婆在一旁帮忙,致其流产。方怀恨在心,遂生投毒杀死简某之念。之后两个月间先后四次投放毒鼠药毒杀简某,

---

[1] 参见徐昕:《私力救济的正当性及其限度——一种以社会契约论为核心的解说》,《法学家》2004年第2期。

[2] 张忠:《试论行政执法不作为》,《西北民族大学学报》2007年第2期。

[3] 徐昕:《私力救济的正当性及其限度——一种以社会契约论为核心的解说》,《法学家》2004年第2期。

[4] 《张扣扣为母复仇杀3人　二审维持死刑》,https://baijiahao.baidu.com/s?id=1630517076774916437,2019-06-08。

对其投毒行为会造成家中其他人死亡的后果不予制止、听凭放任，最终致 3 人死亡（不包括简某）、9 人受伤。最高人民法院核准其死刑判决。[1] 因为行为人已经指向了被害人之外的无辜第三人，即便被害人过错对其具体指向该过错方的加害行为存在一定的可恕性，但这一点决不能运用到针对其他人实施的加害行为之上。

四、结　　语

张扣扣杀人行为所导致的三人死亡后果无疑极为严重，但是这并非适用死刑的唯一决定性标准。作为一种极刑，应综合考虑结果的严重性、行为僭越社会相当的严重性、主观恶性以及预防必要性等多个因素，而被害人过错更是一种不可忽视的规范性依据。由于时间跨度较大，一些案件事实也许无法还原，并且限于笔者对该案事实的有限认知，本文对于被害人过错的探讨更多指向其他一般类案。但是，作为司法者则应积极查明事实以解众人之惑，尤其是本案中被害人是否存在过错以及依据何在，即便否定了这种因素的存在，从预防必要性及主观恶性方面的考虑也似乎难以符合“罪行极其严重”的主观面向。在控制死刑的政策指引以及可援引的法理支撑下，加上自首这一从轻因素，如果除去其他规范外因素[2]，完全可以为“张扣扣们”开辟一条免死的路径。

[1] 参见最高人民法院刑事审判一、二、三、四、五庭编：《刑事审判参考》第 98 号。

[2] 这种规范外因素主要牵扯安抚被害人家属的需要。

域外文献

"澳大利亚视听链接作证法"释义

严敏姬*

引　　言

澳大利亚作为英美法系的代表性国家之一,一直保持传统的"遵循先例"原则。在传统证据法体系中,判例是其主要来源。然而,当今英美法系国家法典成文化趋势不断增强,在证据法领域法典的成文化则更加明显。20 世纪八九十年代以来,澳大利亚将信息技术引入司法,随之出现以音频、视频为媒介的新型作证方式。正如有学者所言,"在诉讼过程中使用科学技术要求相关证据法承认并提供以电子方式提取和展示证据的各种方法"。[1] 澳大利亚制定了一整套完备的运用视听链接作证的证据法体系,此亦成为视听链接作证在澳大利亚司法实践中适用的合法性基础。

澳大利亚作为联邦制国家涵盖六个州和两个领地[2],其司法体系也分为联邦和州、领地两个系统。就目前搜集到的资料来看,联邦和州、领地层

* 严敏姬,浙江大学光华法学院博士研究生。

[1] 本文系国家社科基金一般项目"民事证人庭外作证体系研究"(15BFX068)阶段性成果之一。Perritt, Henry H. Jr., 'Video Depositions, Transcripts and Trials', Emory Law Journal, p1071, 1078-1081, 1092-93 (Summer 1994) 43.

[2] 包括新南威尔士州(NSW)、维多利亚州(VIC)、昆士兰州(QLD)、塔斯马尼亚州(TAS)、南澳大利亚州(SA)、西澳大利亚州(WA)、首都领地(ACT)和北领地(NT)。

面都有对视听链接作证的规定，只是详略情况不同。具体而言包括：联邦层面上，《1976年澳大利亚联邦法院法》第47A-F条，《1975年家事法》第102C-K条，《1999年联邦治安法》第66～72条；[1]州和领地层面上，新南威尔士州《1998年证据(音频和视听链接)法》，维多利亚州《1958年证据法(其他规定)》[2]，昆士兰州《1977年证据法》[3]，南澳大利亚州《1929年证据法》第6C部分——音频和视听链接在诉讼程序中的适用，西澳大利亚州《1906年证据法》《1997年家事法院法》，塔斯马尼亚州《1999年证据(音频和视听链接)法》，北领地《1939年证据法》第5部分通信链接——音频和视听链接在诉讼程序中的适用，首都领地《1991年证据法(其他规定)》第3章——视听链接和音频链接的适用。[4]

在如今的互联网时代，科技与司法的结合愈加普遍，运用音、视频链接远程作证在我国司法实践中也层出不穷。然而，目前我国相关立法对视听链接作证并无细致规定。因而笔者期望通过对澳大利亚有关视听链接作证相关法条的翻译、解释，为我国视听链接远程作证提供借鉴。由于澳大利亚

---

[1] 本文所涉全部法条、修正草案原文都可在澳大利亚法律信息机构：Australasian Legal Information Institute (http://www.austlii.edu.au/) 网站查询。详细规定参见 *Federal Court of Australia Act* 1976 (*Cth*) *s* 47*A-C*, 59(2*A*); *Family Law Act* 1975 (*Cth*) *s* 102*C-F*, 123(1)(*ma*); *Federal Magistrates Act* 1999 (*Cth*) *s* 66, 69(1).

[2] 维多利亚州有关适用音频或视听链接作证的条款最初通过《1996年证据(音频和视听链接)法》即 *Evidence* (*Audio Visual and Audio Linking*) *Act* 1996 修正草案予以规定，而最终修正后规定在《1958年证据法(其他规定)》即 *Evidence* (*Miscellaneous Provisions*) *Act* 1958 中。《1996年证据(音频和视听链接)法》修正草案是为补充修正维多利亚州《1958年证据法》(*Evidence Act* 1958)、《1958年郡法院法》(*County Court Act* 1958)、《1986年最高法院法》(*Supreme Court Act* 1986)、《1989年治安法院法》(*Magistrates' Court Act* 1989)以及《1989年儿童及青少年法》(*Children and Young Persons Act* 1989)中有关适用音频和视听链接作证内容的一部综合性修正草案。

[3] 与维多利亚州类似，昆士兰州也是通过《1999年视听及音频链接修正草案》(*Audio Visual and Audio links Amendment Act* 1999)，从而修正《1977年证据法》(*Evidence Act* 1977)，《1992年青少年司法法》(*Juvenile Justice Act* 1992)以及《1992年刑罚处罚法》(*Penalties and Sentences Act* 1992)中有关适用音频或视听链接作证的内容。

[4] 具体规定可参见：*NSW Evidence* (*Audio and Audio Visual Links*) *Act* 1998; *VIC Evidence* (*Miscellaneous Provisions*) *Act* 1958; *QLD Evidence Act* 1977; *SA Evidence Act* 1929 Part 6C; *WA Evidence Act* 1906; *TAS Evidence* (*Audio and Audio Visual Links*) *ACT* 1999; *NT Evidence Act* 1939 Part 5; *ACT Evidence* (*Miscellaneous Provisions*) *Act* 1991 等。

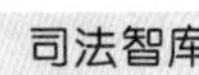

在规定视听链接作证时法条之间具有协调一致的特点，只在细微之处有所不同。因而，本篇释义总体以新南威尔士州《1998年证据（音频和视听链接）法》为参照，涉及不同之处时则予以补充说明。

一、基本事项

1.法案名称

本法是《1998年证据（音频和视听链接）法》。

2.施行

本法自公告所确定的日期起施行。

3.解释

（1）在本法中：

被控在押人员是指在惩教中心、拘留中心、警察局或其他拘留场所被羁押的人，包括简易程序中被羁押的被告。

音频链接是指能够在不同地点的人员之间进行音频通信的设施（包括电话）。

视听链接是指能够在不同地点的人员之间进行音频和视频通信的设施（包括闭路电视）。

指定的政府机构如下：

（a）矫正服务部；

（b）少年司法部；

（c）本条例规定的其他政府机构。

拘留中心一词与《1987年儿童（拘留中心）法》中一词同义。

政府机构是指任何代表政府行使行政或行政职能的个人、部门或机构。

新南威尔士州法院是指：

（a）《1995年证据法》所界定的新南威尔士州法院，或

（b）验尸官法院，或

（c）为本法之目的，而由本条例所规定为新南威尔士州法院的法院，或

（d）根据《1987年儿童法院法》授予或施加的行使儿童法庭职能的儿童书记官。

注释：在《1995年证据法》中，新南威尔士州法院指：

（a）最高法院，或

(b)议会设立的任何其他法院，

(包括行使联邦司法管辖权的法院)和根据国家法律行使职能的个人或机构(而不是法院)都要适用此证据法。

参与州是指其法律条款与现行有效的第 2 和第 3 节内容是一致的州。

出庭应诉程序如下：

(a)任何审判程序(包括指定审判当天的提审程序)或听证费程序。

(b)任何关于个人是否适合被审判的罪行调查程序。

(c)任何保释程序：

(ⅰ)就被控犯罪的人与该人首次就该罪行出席法庭的期间，向治安法官

或法官提出，或

(ⅱ)在该人首次因该罪出席法庭时提出。

协助法院[1]是指参与州的法院或法庭，其根据该州法律条款的授权，基本上与新南威尔士州第 2 和第 3 节所指示的通过音频和视听链接作证或确认相一致。

州包括领地。

一州的法庭是指经州法律授权的个人或机构宣誓或确认作证的地方。

(2)本法中(除第 1B 节外)指的提交审断包括向法庭提交申请书和出庭应诉。

3A　出庭和出庭的法定权利

(1)根据任何其他法令的规定，如果某人根据本法以音频链接或视听链接的方式出席法庭，则法院认为其出庭(或被带到法庭或在场)是合法的。

注释：本法第 1B 节包括了刑事诉讼程序中被控在押人员以视听链接出庭的有关规定。

(2)根据任何其他法律，任何人都有出席有关保释的法律程序的权利，如果其根据本法使用视听链接，则其出庭被视为合法。

(3)《1912 年刑事上诉法》第 14 条规定任何人有出席聆讯上诉程序的权利，若其根据本法使用视听链接，则其出庭被视为合法。

4.注释

[1]“协助法院”原文为“recognized court”，笔者起初予以直译为“公认法院”，其类似与平常所称之“协助法院”，因而为便于理解，统一称之为“协助法院”。

本法所含注释不为本法的组成部分。

5.本法的适用

(1) 本法无意排除或限制州或参与州的任何其他规定取证或提交意见的法律的施行：

(a)在该州或参与州之外而为诉讼程序之目的，或

(b)在该州或参与州之内而为诉讼程序之目的。

(1A) 本法无意排除或限制州或其他地区基于诉讼程序之目的而做出的取证或提交意见的法律的施行。

(2)除非做出相反的表示，否则本法中的任何条款均不会限制或影响新南威尔士州法院或协助法院对程序的任何裁量权。

(3)本法(除第 1A 或 1B 节外)适用于本节施行时在新南威尔士州法院或协助法院进行的任何诉讼程序。

(4)第 1A 节适用于本款施行时在新南威尔士州法院或新南威尔士州之外的法院进行的任何诉讼程序。

(4A)第 1A 节[经《2007 年证据(音频和视听链接)法修正案》修正]适用于新南威尔士州法院在第(4)款生效之后以及在本款开始施行之前正在进行的任何诉讼程序。

(5)第 1B 节(最初颁布的)适用于本款开始施行时在新南威尔士州法院审理的任何初步刑事诉讼或相关刑事诉讼程序。

(5A)第 1B 节(经《2003 年证据法修正案(被控儿童在押人员)》修正)适用于新南威尔士州法院在第(5)款生效以后以及在本款施行之前进行的任何初步刑事诉讼或相关刑事诉讼程序。

(5B)第 1B 节[经《2003 年证据(音频和视听链接)法修正案》修正]适用于新南威尔士州法院在第(5)款生效以后以及在本款施行之前进行的任何初步刑事诉讼或相关刑事诉讼程序。

(5C)第 1B 节[经《2007 年证据(音频和视听链接)法修正案》修正]适用于新南威尔士州法院在第(5)款生效以后以及在本款施行之前进行的任何刑事诉讼程序。

(6)《1987 年儿童(刑事诉讼)法》第 27 条并不适用于本法第 1B 节(5BBA 除外)的儿童法庭或儿童法庭的任何诉讼程序。(就刑事程序而言，某种程度上其与地方法院或裁判官的职能有关)

第 1A 节在新南威尔士州、非参与州以及新南威尔士州法院的涉外诉

讼程序中使用音频和视听链接

5A　本节的适用

(1)本节适用于新南威尔士州法院的任何程序(包括刑事诉讼程序)。

(2)新南威尔士州之外的任何参与州不得提出申请,其法院也不得作出指示,不得根据本节之规定通过音频或视听链接作证或提交意见。

(3)新西兰不得根据本节之规定通过音频或视听链接作证或提交意见,其法院也不得作出指示。

注释:英联邦《1994 年证据和程序法(新西兰)》的第 4 和第 5 节规定了音频链接和视听链接的条款。

5B　从法庭或法院所在地之外获取证据和意见——适用于诉讼程序

(1)根据法院的适用规则,第(2A)款和第 5BAA 条的规定,新南威尔士州法院可以自行或在向法院提起诉讼的一方当事人的申请下指示某人(不论是否为诉讼的当事方)通过音频链接或视听链接向法庭作证或提交意见;作证或提交意见的地点可以是新南威尔士州之内或之外的任何地方,包括澳大利亚之外的地方,而不仅限于法庭之上或法院所在地。

(2)在下列情况下,法院不得做出这样的指示:[1]

(a)必要的设施不可用或无法合理提供,或

(b)法院认为在法庭之上或法院所在地的其他地方作证或提交意见更为方便,或

(c)法院认为该指示对当事方不公平,或

(d)法院认为要求作出指示的人不会作证或提交意见。

(2A)法院不得就任何被控在押人员在与被拘留者所指称的罪行有关的任何刑事诉讼程序中根据本节规定以视听方式作证或提交意见作出指示。但是,本款并不妨碍在本节适用的任何其他诉讼程序中对被控在押人

[1]《1976 年澳大利亚联邦法院法》第 47C 条第(2)款、第(4)款,《1975 年家事法》第 102F 条第(2)款、第(4)款,《1999 年联邦治安法》第 69 条第(2)款、第(4)款以及维多利亚州《1958 年证据法(其他事项)》第 42G 条第(1)款 b 项、第(2)款 b 项,西澳大利亚州《1997 年家事法院法》第 219AE 条第(2)款、第(4)款规定,法院规则可就以下事项订立细则:首先,涉及视听链接时需考虑:第一,视听链接的形式;第二,用于建立链接的设备或设备类别;第三,摄像机布局;第四,传输标准或速度;第五,交流质量;第六,与该链接有关的其他事项。其次,涉及音频链接时需考虑:第一,音频链接的形式;第二,用于建立链接的设备或设备类别;第三,传输标准或速度;第四,交流质量;第五,与该链接有关的其他事项。

员做出这样的指示。

注释：本法第1B节包括了刑事诉讼程序中被控在押人员以视听链接出庭的有关规定。

(3)在诉讼程序中，若一方当事人反对法院做出在新南威尔士州内的任何地方而不是法庭或法院所在地通过音频链接或视听链接作证或提交意见的指示，则法院不得作出指示；除非，提出申请的一方使法院确信该指示是出于司法公正利益的考虑。

5BAA 从法庭或法院所在地之外获取政府机构证人的证据——适用于诉讼程序

(1)根据法院的适用规则，除非法院另有指示，政府机构证人必须自新南威尔士州之内的任何地方以音频链接或视听链接方式向法院提供证据。

(2)除非必要的音频链接或视听链接可用或可合理提供，否则不适用第(1)款。

(3)法院可根据第(1)款主动或根据诉讼一方的申请作出指示。

(4)法院只有在满足如下条件时才能做出这样的指示：

(a)将要提供的证据可能是有争议的，且

(b)政府机构证人出庭作证是符合司法公正利益的。

(5)在本节中：

专家，就任何问题而言，是指具有该问题的知识或经验，或与该问题有关的人或具有该问题性质的人，其对该问题的意见将可能被接纳为证据。

专家报告是指专家(无论是否为有关程序中的专家证人)的书面陈述，包括专家的意见和事实，以及意见所依据的事实的假设和一份医疗报告。

政府机构证人是指：

(a)提供专家报告作为法律程序或拟议程序中的证据使用或以专家身份在诉讼中提供意见证据的政府服务部门或新南威尔士州卫生服务部门的工作人员，或任何政府机构雇佣或聘用的人员；

(b)新南威尔士州警察部队的成员被要求在诉讼过程中提供证据，以证实由另外的新州警察提供的主要起诉证据；

(c)法规规定的其他类别的证人。

医疗报告是指由医院或代表医院做出的关于病人的书面陈述，引用该陈述的一方有意在审判中以此举证。

第1B节 在新南威尔士州使用视听链接作为在新南威尔士州法院进

行诉讼的被控在押人员出庭的方式

5BA　被控在押人员在出庭应诉程序中亲自出庭

(1)被控在押人员被指控犯罪，且被要求在新南威尔士州法院出庭(或被带到法庭或在场)，除非法院另有指示，否则必须亲自到庭。

注释:第3条对被控在押人员和出庭应诉诉讼程序进行了界定。

(2)第(1)款不适用于在周末或公共假期进行的任何保释程序，或与在规定的地方进行拘留的被控在押人员的保释程序。

(3)第(1)款不适用于诉讼各方同意被控在押人员在新南威尔士州内的被拘留地而不是法庭或法院所在地，通过视频链接出庭的情况。

(4)法院可根据第(1)款自行作出指示，或根据诉讼任何一方当事人或指定政府机构的任一代表人员的申请作出指示。

(5)只有当法院认为被控在押人员在新南威尔士州内的被拘留地而不是法庭或法院所在地，通过视频链接出庭是为了司法公正的利益时，才能做出相应的指示。

(6)在不限制法院根据第(1)款指示是否符合司法公正的利益可能考虑的因素的情况下，法院必须考虑到下列与案件情况有关的因素：

(a)如果被控在押人员出现在法庭或法院所在地，某个人或者多个人(包括被控在押人员)的人身安全可能受到威胁；

(b)被控在押人员在出庭或出现在法院所在地时有逃跑或企图逃离羁押的风险；

(c)被控在押人员过去出庭时的表现；

(d)被控在押人员在被拘留期间的行为，包括被控在押人员被拘留在惩教中心或拘留中心的任何时期的行为；

(e)如果被控在押人员被运送到或出席在法庭或法院所在地，可能会扰乱被控在押人员所参与的康复或教育计划；

(f)就被控在押人员送往法庭或法院所在地的安全和福利考虑，

(g)有效利用现有的司法和行政资源；

(h)诉讼一方当事人或其他申请作出指示人员提出的其他有关事宜。

(7)如果被控在押人员是儿童，则法庭亦须考虑第(6)款所指明的与案件情况有关而法院规则所指明的其他因素。

(8)根据本条作出指示，以视听链接方式出庭的儿童，即使在该程序终结之前成为成人，仍有权依照该指示通过视听链接方式出庭。

5BB　被控在押人员在刑事诉讼而不是出庭应诉程序中通过视听链接出庭

(1)被控在押人员被指控犯罪，且被要求在新南威尔士州法院的刑事诉讼而不是出庭应诉程序中出庭(或被带到法庭或在场)，除非法院另有指示，否则必须通过视听链接出庭。

注释：第3条对被控在押人员和出庭应诉程序做出了界定。

(2)除非必要的视听链接可用或可合理提供，否则不适用第(1)款。

(3)法院可根据第(1)款自行作出指示，或根据诉讼任何一方当事人或指定政府机构的任一代表人员的申请作出指示。

(4)法院只有在认为考虑到与案件相关的因素以及法庭规定的相关条件后，出于司法公正的原因必须让被控在押人员出席法庭后，才能做出相关的指示。

(5)根据本条作出指示，亲自出庭应诉的儿童，即使在该程序终结之前成为成人，仍应依照该指示亲自出庭应诉。

5BC　私人通信设施

如果被告的代理人在法院所在地，则在被控在押人员根据本节的规定以视听链接出现在刑事诉讼程序中，应为其和其代理人提供私人通信设施。[1]

第1C节　适用于第1A和1B节的一般规定

5C　法院的组成部分

(1)任何在新南威尔士州境内或境外使用音频链接或视听链接设备，以供某人在根据第1A或1B节提出的任何法律程序中作证或提交意见的法院所在地或其他为进行诉讼之目的的地方，都被视作新南威尔士州法院的一部分。

(2)例如，第一款就与证据、程序、藐视法庭或伪证有关的法律而具有效力。

(3)第(1)款也规定，根据现行有效的新南威尔士州法律，某人在作证或提交意见的地方所犯的任何罪行即被视为在法庭或法院所在地所犯的

[1]　南澳大利亚州并未限制通信设施适用的诉讼程序。南澳大利亚州《1929年证据法》第59IR条规定：当要以远程方式提供证据或提交意见的证人有代理律师时，若代理律师位于法庭之上而证人处于远程作证地点时，需要为代理律师和证人提供私人通信设施；如果不能提供此种通信设施，则证人不应通过音频或视听链接设备作证或提交意见。

罪行。

5D　宣誓和确认

(1)除第(2)款另有规定外,任何人根据第1A或1B节通过音频或视听链接作证时,须按下列方式宣誓或确认:

(a)通过音频链接或视听链接,尽可能地接近在法庭或新南威尔士州法院所在地的其他地方作证的方式,或

(b)根据某人作证时所处法院的授权人员的指示或代表。

(2)任何人根据第1A或1B节的规定从国外通过音频或视听链接作证,在下列情况下无须宣誓或确认才能作证:

(a)该国现行法律:

(i)不允许该人为诉讼目的而宣誓或确认作证,或

(ii)将为该人因诉讼之目的而宣誓或确认作证带来不便,且

(b)新南威尔士州法院认为非经宣誓或确认而作证是适当的。

(3)如果证据不是在宣誓或确认的情况下给出的,新南威尔士州法院应给予证据在相应情形下其具有的证明力。[1]

(4)尽管《1995年证据法》或本州的其他法律有相反的规定,第(2)和(3)款仍然适用。

本部分条款理解主要注意问题如下(本内容不构成该法组成部分):

(一)视听链接作证同时适用于刑事案件、民事案件的当事人、刑事被告人、证人等出庭程序。

(二)本法规定的视听链接作证并不排斥或者限制其他收集证据或者提交意见的手段(例如出庭作证)。

(三)视听链接作证一般需要协助法院的配合,通过法院之间的网络链接系统实施。

(四)凡通过视听链接作证的,视为合法的出庭作证,作证场所也视为法庭的一部分。

(五)民事、刑事案件的视听链接作证均规定了排除适用的消极条件,法官裁量是否适用视听链接作证的,须排除不适宜采用该方式作证的情形。

---

[1] 昆士兰州《1977年证据法》第39X条第(3)款指出即使海外证人未经宣誓确认提供证据也并不减轻其证明力。

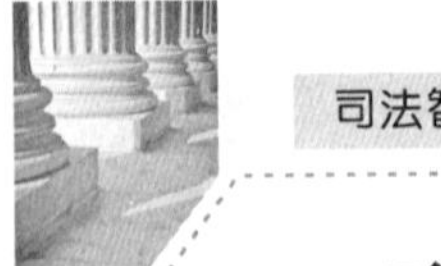

二、在新南威尔士州法院的诉讼程序中使用与参与州之间的州际音频链接或视听链接

6　本部分的适用

本部分适用于新南威尔士州法院的任何诉讼程序(包括刑事诉讼程序)。

7　新南威尔士州法院可以从州之外收集证据和意见

(1)新南威尔士州法院可以根据出庭诉讼当事人的申请作出指示,从参与州以音频链接或视听链接的方式取证或提交意见。

(2)在下列情况下,法院不得做出这样的指示:

(a)必要的设施不可用或无法合理提供,或

(b)法院认为在本州作证或提交意见更为方便,或

(c)法院认为一方反对做出该指示且该指示对当事方不公平。

(3)根据参与州的法律,法院可以行使其在参与州的任何权力,包括在参与州通过音频链接或视听链接取证或接收意见。

8—10(重新编号为第20A～20C条)

11　律师执业权

(1)有权在参与州执业的法律执业者可以执业为出庭律师,事务律师或两者都可:

(a)对于在新南威尔士州法院进行的诉讼中通过音频链接或视听链接进行作证的参与州的证人进行主询问、交叉询问或反询问,且

(b)在新南威尔士州法院进行的诉讼中,从参与州通过音频链接或视听链接提交意见。

(2)本节内容并不限制《1987年法律职业法》第3B节。

本部分条款理解主要注意问题如下(本内容不构成该法组成部分):

(一)法院可以根据当事人申请作出视听链接作证的指示。

(二)律师在视听链接作证中享有完整的交叉询问权。

三、在参与州的诉讼程序中使用与新南威尔士州之间的州际音频链接或视听链接

12　本部分的适用

本部分适用于协助法院的任何诉讼程序(包括刑事诉讼程序)。

13　协助法院可以从新南威尔士州人员中取证或接收意见

协助法院可以为诉讼之目的,通过音频链接或视听链接,从新南威尔士州人员处收集证据或接收意见。

14　协助法院的职权

(1)协助法院可为诉讼之目的,在新南威尔士州行使任何其权力,包括以音频链接或视听链接收集证据或接收意见,但下列权力除外:

(a)惩罚藐视法庭,及

(b)强制执行其判决或程序事项。

(2)适用于该州诉讼程序的参与州的法律(包括法院规则)也通过本款强制适用于协助法院通过音频链接或视听链接从新南威尔士州人员处收集证据或接收意见的实践和程序。

(3)就协助法院行使其职权而言,在新南威尔士州提供证据或提出意见的地方都被视为法院的一部分。

15　协助法院做出的判决

在不限制第14条的情况下,协助法院可以按命令:

(a)指示诉讼程序或部分诉讼程序不公开进行,或

(b)要求某人离开其在新南威尔士州正在或即将进行作证或提交意见的地方。

(c)禁止或限制公布诉讼程序中提供的证据或诉讼当事人或证人的姓名。

16　判决的执行

(1)必须遵循第14或15条规定的协助法院的指令。

(2)根据法院规则,该判决可由最高法院执行,如同该判决是最高法院做出的一样。

(3)在不限制第(2)款的情况下,违反该判决的人:

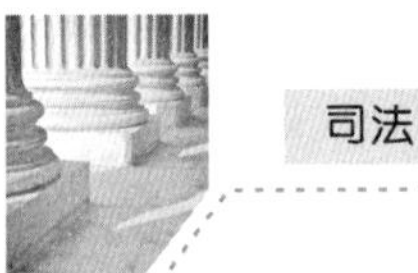

(a)被视为藐视最高法院，且

(b)须受到相应的惩罚，

除非该人确定该项违反行为是可被原谅的。

17　参与州法院诉讼程序中参与者的特权、保护和豁免

(1)主持或以其他方式参与协助法院诉讼程序的法官或其他参与人，与在新南威尔州的人员通过音频链接或视听链接提供证据或接收意见时，与最高法院法官享有同样的特权、保护和豁免。

(2)在协助法院的诉讼程序中作为法律执业者出现的人，在新南威尔士州以音频链接或视听链接作证或接收意见时，享有在最高法院的诉讼程序中以当事人一方的代理人身份出现时同样的保护与豁免。

(3)在新南威尔士州通过音频链接或视听链接在协助法院出庭作证的人享有同最高法院诉讼中的证人同等的保护。

18　协助法院可在该州进行宣誓

(1)为了在诉讼程序中通过音频链接或视听链接获得新南威尔士州人员的证言，协助法院可以根据其惯例和程序进行宣誓或确认。

(2)根据新南威尔士州法律的规定，经由宣誓或确认的人提出的证据就是在司法程序中宣誓做出的证供。

注释：《1900 年刑法》第 7 部分第 4 章载有关于在司法程序中作伪证和提供虚假证词的罪行。

19　对协助法院的支持

新南威尔士州法院的官员可以根据协助法院的要求：

(a)在协助法院的诉讼程序中，在将要作证或正在作证以及意见将要提交或正在提交的地方出席，且

(b)采取协助法院指示的行动来促进诉讼，且

(c)协助协助法院有关宣誓或确认事宜。

20　藐视协助法院

在协助法院的诉讼程序中，通过音频链接或视听链接在新南威尔士州提供证据或提交意见时，不得：

(a)侮辱下列人员：

(i)作为法律执业人员出席诉讼的人；

(ii)诉讼程序中的证人；

(iii)新南威尔士州法院根据第 19 条提供协助的人员。

(b)威胁、恐吓或故意侮辱以下人员：

(i)主持或以其他方式参与诉讼的法官或其他人员；

(ii)该法院的司法常务官、书记长官、副书记长官或其他参与或协助诉讼的人员；

(iii)作为法律执业人员出席诉讼的人；

(iv)诉讼程序中的证人；

(v)诉讼程序中的法官。

(c)故意中断或阻挠诉讼程序。

(d)故意且无合法解释不服从法院命令或指示。

最高刑罚:监禁3个月。

本部分条款理解主要注意问题如下(本内容不构成该法组成部分)：

(一)就新南威尔士州的视听链接法而言,位于其他参与州的协助法院同样也可以在新南威尔士州通过视听链接手段收集证据。

(二)协助法院为诉讼之目的,可在新南威尔士州行使相关程序权力,但是惩罚藐视法庭及强制执行其判决或程序事项这两项除外。

(三)协助法院诉讼程序参与者在视听链接作证中享有最高法院规定特权、保护、豁免等权利。

(四)州际之间的法院在视听链接作证中有互相协助的义务。

(五)在协助法院的诉讼程序中,通过视听链接手段作证获提交意见时,不得蔑视协助法院,否则可能承担刑事责任。

四、其他事项

20A　通过视听链接提供证据或提交意见

除非新南威尔士州法院的法庭或法院所在地以及将要提供证据或提交意见的地方都配备了视听链接设施可以行使下列功能,否则不得根据本法规定的视听链接提供证据或提交意见,包括：

(a)在法庭或其他地点的人可以看到和听到提供证据或提交意见的人,且

(b)在提供证据或提交意见的地点的人可以看到和听到法庭或其他地点的人。

20B　通过音频链接提供证据或提交意见

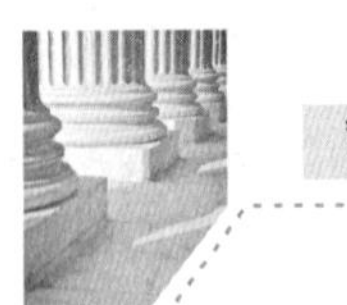

除非新南威尔士州法院的法庭或法院所在地以及将要提供证据或提交意见的地方都配备了音频链接设施可以行使下列功能，否则不得根据本法规定的音频链接提供证据或提交意见，包括：

(a)在法庭或其他地方的人可以听到提供证据或提交意见的情况，且

(b)在提供证据或提交意见的地方的人可以听取法庭或其他地方的人的意见。

20C 费用

当新南威尔士州法院依据本法令指示人员通过音频链接或视听链接提供证据或提交意见时，法院只需考虑因取证、提交意见、提供音频链接或视听链接而须支出的费用就可作出指示。

20D 音频链接或视听链接故障

根据本法为诉讼之目的而在新南威尔士州法院的诉讼过程中使用音频链接或视听链接，当其出现故障时，法院可以中止诉讼程序或做出其他适当指示，如同该人亲自出席法庭和出席在音频链接或视听链接设备所在地时处理一致。

20E 向远程证人传送文件

如果在通过音频链接或视听链接进行审查的过程中需要向该人提供文件，新南威尔士州法院在下列情形下可以允许向该人提供文件：

(a)如果文件在法庭或法院所在地的其他地点，可以通过任何方式将文件的副本传送到该人提供证据或提交意见的地点，其可视为将副本提供给该人，或

(b)如果文件是在该人提供证据或提交意见的地点，则将文件交给该人然后以任何方式将文件的副本传送到法庭或法院所在地的其他地点。

20F 指示

新南威尔士州法院既可以依职权也可以依诉讼一方当事人的申请随时根据本法改变或撤销其根据本法在诉讼程序中做出的指示。

21 违反本法的诉讼程序

对于违反本法或本条例的行为，将在地方法院立案处理。

22 法院规则

(1)法院院长可以就本法规定或允许规定的任何事项或为执行或实施本法而规定的必要或便利事项制定与本法不相抵触的规定。

(2)条例可规定最高不超过5年的刑罚。

(3)根据本法的规定,法院规则(条例)可以对通过音频链接或视听链接提供证据或提交意见作出规定。

(4)在不限制第(1)和第(3)款的情况下,可以对根据本法通过音频链接或视听链接提供证据或提交意见可能终止或中断的情况作出规定。

(5)在不限制第(1)和第(3)款的情况下,可以就法院考虑的因素作出规定,以确定被控在押儿童是否应通过视听链接出庭。

本部分条款理解主要注意问题如下(本内容不构成该法组成部分):

(一)视听链接作证的设备要求必须是"双向视听兼备",单方的可视与可听均不符合本法所谓的视听链接要求。

(二)法院可以就视听链接作证的费用作出指示。

结　　语

现代科技引入司法是当今理论界和实务界都不得不考虑的问题。澳大利亚视听链接作证法的出现是现代科技发展与法庭审判需要相结合的产物。运用现代化的音频和视听链接设备,让无需或不能出庭的证人进行远程作证,不仅可以提高庭审效率、节约司法资源,更可以促进接近正义的实现。本文通过以澳大利亚新南威尔士州《1998 年证据(音频和视听链接)法》为参照,结合联邦和州相关视听链接作证法,展示了澳大利亚视听链接作证法典化的具体图景。期望能为我国视听传输技术作证提供借鉴,促进我国视听传输技术作证的应用形成有法可依,稳定、有序的局面。

美国各州初审法院远程技术使用的研究报告*

丁　东** 编译

一、背景介绍

几十年来，美国各州初审法院已接受并扩大使用各项创新技术，从而提高了法院的工作效率。乡村和城市的法院普遍使用案件自动管理系统，该系统加强了记录的保存、案件的调度和报告的管理等。然而正如 Tom Clark 在由美国法院中心（National Center for State Courts）赞助的“Future Trends in State Courts 2010”中指明的那样，这些系统“仅仅是自动化处理已经存在的法院程序”。[1]

下一代技术中包括视频会议或使用电子文件以提高审判决策能力等内容，正如 TomClark 所说，这会“很大程度上改变审判程序”。[2] 该报告的重点在于探讨此类正在发展的技术，了解法院如何把这些技术引入法院程序之中的，以及使用这些技术给法院工作所产生的益处。

第一步是如何定义“远程技术”。传统的案件审理模式是法官和所有当

---

* 本译文系国家社科基金一般项目“民事证人庭外作证体系研究”（15BFX068）阶段性成果之一。此报告由美国法官协会授权首席法官和行政人员委员会（NAPCO）起草，报告观点均视为 NAPCO 代表人 MichaelBridenback 的个人观点。译者根据需要对原文作了删节。

** 丁东，美国沃什伯恩大学法学院 LL.M，美国首席法官和行政人员协会。

[1] Thomas M.Clarke，Future Trendsin State Courts2010-Technology Reengineering，National Center for State Courts.

[2] Ibid.

事人一起亲自出庭，案件其他有关当事人都在场。传统模式下，所有的判决都在法庭里做出。纸张只是记录案件的主要媒介，法官依照这些记录进行裁决。此种模式基于宪法和判例法而建立起来。同时法官使用技术系统的现象也在过去十年中呈指数级增长。本报告所指的远程技术包括以下几项：

司法查阅和使用电子记录

视频会议庭审

诉讼参与人使用视频会议技术

利用视频会议技术进行初审的准备工作

法官利用互联网审理案件

远程执行搜查和逮捕令

法院行政管理中的远程技术

在报告中，我们将探讨上述技术，说明法院是如何使用这些技术以及这些技术在未来的发展潜力。

一、法院使用远程技术的相关法律规定

宪法、各州的法律、当地的法律、法院规则以及判例法都规定了法庭的司法程序。而这些法律法规对如何使用技术非常重要，因为这会直接影响到案件最后的审判结果。

（一）远程查阅电子记录

随着电子归档以及使用电子数据存储庭审记录的情况越来越普遍，尽快建立一个引导系统，从而协助法官、法院工作人员以及公众查阅电子文档，就显得非常重要。例如，在佛罗里达州，根据佛罗里达州最高法院的规定，法院书记员在确保公众、法院和法院工作人员在遵守法律法规和行政命令的前提下，可以访问电子数据库。

随着案件电子归档和远程连接法院的实现，电子案件管理系统最关键的问题是安全和效率。《佛罗里达州最高法院关于电子访问法院的标准》(2014)4.0—4.1规定："信息完整性和信息传递高效性是首要目标。"加利福尼亚州法院的"电子法律文件"之中，讨论了如何建立完整和高效的案件管理系统。佛罗里达法院技术协会(2014)"查阅法院程序文件的要求"之中，

规定了如何协助法官和工作人员查阅电子记录。

除了法院使用电子文件之外,公众使用电子文件也有许多问题值得探讨,法院应当向公众提供和传统纸质法律文件一样的文件使用权限。“Md. R.,rule16-1008.1 和 Cal.R.Ct.2.503(b)-(c)”规定了民事案件中远程访问数据的一般规则(在某些民事诉讼程序和刑事诉讼程序中,如果查阅电子文件是查阅这些法律文件的唯一方式,那么其也规定了例外规则);美国法院的“PACER”规定了公众查阅联邦法院文件的权限;“Bulk Distribution and Remote Access to Court Records in Electronic Form, 954 N.E.2d 908(Ind. 2011)”规定了商业用户查阅 Odyssey 案件记录的规则。

(三)远程签发法院电子命令

实际上许多法域都允许法官和司法官在法院命令、判决、通知和意见中使用电子签名。

通常由法律或法院规则规定此权力,但同时也受当地实际情况的制约。司法部使用电子签名通常要遵守特定的保密方式,并且初审法院的行政人员会对此予以监督。“Wis.Supreme Ct.R.70.42”规定法官可以在所有法律文件上使用电子签名;“Multnomah Cty.,Ore.Supp.Local R.24.202(Feb.1, 2016)”规定法官可以在做出判决的时候使用电子签名,但签名的方法必须是规范的,并且由初审法院的行政人员监督执行;“Jackson Cty.,Ore.Supp. Local R.24.202(Feb.1,2016);La.CodeCiv.P.,arts.253 and1911”授权法官能在所有的法律文件上进行电子签名,包括最终判决,但各个法院都要制定自己的电子签名规则;“La.Rev.Stat.,Dist.Ct.Appendices,Appendix3.4”表明第二十二和二十三地区法院已经建立起了关于命令、通知和其他法院文件电子签名的使用规则;“Eighth Dist.(Cuyahoga Cty.)Local App.R.13.3”规定了法官或司法官以规范的方式使用电子签名;“Cuyahoga Cty.Common Pleas Juvenile R.25.1”授权法官或司法官在法令、通知等包括儿童紧急监护的文件上可以有电子签名权;“S.C.R.Common Pleas E-Filing Guideline6”规定获得授权的法官或法院工作人员应当利用电子签名签署文件,包括任何形式的命令;“Fed. Way Municipal Ct.(Washington)Local R.30(d)(2)(A)”允许在命令和搜查令上使用电子签名,但要遵守一定的格式和规范;“Edmonds Municipal Ct.(Washington) Local R. 30(same); Utah Jud. Admin.R.4-403”规定只在某些文件/命令上有权使用法官的电子签名;

“Haywood Securities，Inc.v.Ehrlich，149P.3d738（Ariz.2007）”案认为在判决书中使用的法官电子签名必须符合签署判决书的规则。

(三)通过视频会议进行法院程序

在民事、刑事程序及其相关情形下，法院的程序可以通过视频会议和其他电子通信技术进行，但使用电子通信技术要符合宪法相关规定。例如：要保障被告的权利；遵守当地法院规则（一般而言是可适用的当地规则）和州法院的管理制度；保证电子通信技术的安全性和可信赖性；遵守宪法和公平原则（例如正当程序、聘请律师的权利、出席的权利和质证证人的权利）；其他任何与视频会议有关的规则。

另外，使用视频会议技术的前提是要经过被告同意。例如，根据“Ind. CodeTitle11，Art.8，Ch.10，s.1”的规定，只要符合诸如技术设备条件具备、有法官的命令、个人同意等要求，就不限制视频会议出庭的听证类型或出庭类型。但另一方面，“AdministrativeOrderNo.38”则专门规定，在刑事案件、违反缓刑的案件、宣判庭审或被告有权进行交叉询问的动议听证案件中，不能使用视频会议技术。还有一些其他规则特别规定了可在刑事程序中使用视频技术的案件类型。“Mich.Ct.R.6.006（A）”规定法院可以在法院、监狱、看守所或其他场所之间，在以下程序中使用双向互动视频技术：逮捕或控告的首次传讯；正当理由的会议、传讯；审前会议、答辩；对轻罪的判刑；案件正当理由的听证；引渡的豁免和延期；对资格能力鉴定案件的移送、豁免和延期等。

视频会议技术在初次、非对抗性的刑事程序中广泛使用，包括首次出庭和传讯。在这类诉讼中使用远程技术的主要衡量因素有：保护被告权利，节约时间和成本，以及视频会议中的法官和被告是否能够相互看到听到，等等。“Fla.R.Civ.P.3.130（a）”规定了首次出庭使用电子视听设备的程序；“Fla.R.Civ.P.3.160（a）”规定了如何使用电子设备进行传讯；“Penn.R.Crim. P.，rule540”规定被告可以自主决定是否使用即时双向视听通信技术，前提是被告在程序开始前和程序进行中能够自由地、充分地与律师交流。“Penn.R.Crim.P.，rule518”规定：对已发布通缉令，在其他法域被逮捕的犯罪嫌疑人可以使用电子通信技术进行首次传讯。“People v. Lindsey，772N. E.2d1262（Ill.2002）”一案认为：通过闭路电视进行的传讯没有侵犯被告的宪法权利，被告在此过程中权利没有被限制，且整个程序是公正的。“Com-

monwealth v. Ingram,46S.W.3d569(Ky.2001)”一案的结论,又因其他理由被“Commonwealth v. Carman,455S.W.3d916(Ky.2015)”的判决推翻,该案认为即使电子通信交流无法达到完美的状态,通过视频会议进行的传讯也没有违反正当程序原则。“Larose v. Superintendent, Hillsborough County Correction Administration, 702 A.2d 326 (N.H. 1997)”一案认为:通过视频会议进行的传讯和保释听证不违反正当程序原则。“Mo.Stat. § 561.031”则允许以下程序可以通过视频会议进行:首次出庭、经过被告同意的预审、不认罪传讯,以及放弃出庭情况下做出的认罪传讯。

在保释金听证中,使用视频会议技术要遵守宪法。至于是否能在保释听证中使用视频会议技术,各个法域的规定是不同的。“Larose v. Superintendent, Hillsborough County Correction Administration, 702 A.2d 326 (N.H. 1997)”一案判决,在传讯和保释听证中使用视频会议技术不违反正当程序原则;但“Vt.Admin.Order No.38”规定视频会议技术不得适用有争议的保释听证。

因此,法院需继续进行宪法层面的衡量,以决定是否允许适用远程技术。“People v. Guttendorf, 723 N.E.2d 838 (Ill. App. 3d Dist. 2000)”一案认为:在听证中使用闭路电视违反了宪法关于出庭权利的规定,即被告未亲自出庭所导致的可能发生的重要权利的丧失和误解。“Seymour v. State, 582 So. 2d 127 (Fla. 4th Dist. Ct. App. 1991)”一案认为:被告通过闭路电视进行的听证答辩是不适当的,因为被告不能与律师在听证过程中进行私下交流。相比而言,“Texas Code of Crim.P., art.27.18”规定,若经被告事先书面同意,所有相关当事人能够在视频会议中同时被看到和被听到,且被告和律师能够在庭审过程中进行私下沟通交流,那么被告可以通过视频会议接受或放弃答辩。现在还没有通过远程技术执行子女抚养的案件,但其也同样应当遵守宪法,并且可能会更加贴近于民事程序,除非涉及了人身自由等问题。

利用视频会议和其他新技术要遵循宪法的相关规定和原则,特别当案件涉及人身自由时。“Inre Adoption of Edmund, 739 N.E.2d274(Mass. App.2000)”一案认为:在终止亲权的听证中,如果禁止犯人参与庭审则会损害犯人的正当程序权利,而通过视频或者电话远程方式出庭则是一种权利救济方式。“R.R.v.Portesy, 629 So.2d 1059(Fla.1st Dist.App.1994)”一案认为:如果没有相关法律规定,则不应使用视频电话审理拘留案件,并且在视频听证中青少年也无法与律师进行协商交流。而在“In re:Brock,499 N.W.2d 752(Mich.1993)”一案中,法官认为在儿童保护程序的初始阶段,即使其没有影响到儿童父母人身自由,但对于是否使用儿童受害者的作证视频,法院认为法官不得滥用自由裁量权,应当慎重考虑后再作出决定。

能否在心理或生理健康审理中使用远程技术,要取决于案件的性质。对于犯罪嫌疑人行为能力案件的审理,被告的宪法权利可能会成为争议焦点。被告是否出庭可能会成为证人远程作证的决定性因素。但涉及有关心理或生理健康的民事案件,同样的问题就没那么复杂了。“Mich.Ct.R.6.006(C)(1)”规定,对于涉及行为能力的案件,当被告有正当理由出庭或者放弃出庭的时候,证人可以通过双向互动视频的方式进行作证。而“Inre Guardianshipand Protective Placement of Goldie H.,629N.W.2d189(Wis.2001)”一案认为:电话或视频会议可以用于简易程序案件的审理。“U.S.v.Baker,45 F.3d837(4th Cir.1995)”一案表明,在民事拘禁案件中使用视频会议技术是合宪的。

在听证中使用远程技术会面临着最高级别的审查,因为其涉及正当程序、证人的权利、律师的权利以及被告的出庭权等听证的重要内容,也都涉及出示证据和证人交叉询问等环节。“Mo.State. § 561.031”规定,在刑事程序中进行的视听交流不适用对证人的交叉询问环节;“Mich.Ct.R.6.006(C)(1)”在证据听证中规定,如果被告出庭或有正当理由放弃出庭,则可以允许在法院外进行双向互动视频会议;“Mich.Ct.R.6.006(C)(2)”规定,如果各方当事人都同意,当被告出庭或有正当理由放弃出庭的时候,允许在法院之外进行双向互动视频进行作证;“Peoplev.Buie,817N.W.2d33(Mich.2012)”一案认为:只要依照法律的规定,可以使用视频作证。

违反缓刑程序和量刑程序也要依照宪法的规定,被告是否出庭或放弃出庭也是整个程序中的重要因素。根据“Mo.Stat. § 561.031”规定,在有罪答辩的判决中或有罪判决后放弃出庭时,可以通过视听方式进行交流;“Mich.Ct.R.6.006(C)(1)”规定,对于审理缓刑以及违反缓刑的案件,当被告出庭或有正当理由放弃出庭的时候,可以进行双向互动视频作证;而“Vt.Admin.Order No.38”则禁止使用视频技术,除非各方当事人都同意。“Statev. Peters, 615 N.W.2d655(Wis.App.2000) rev' donothergrounds, 628N.W.2d797(Wis.2001)”一案认为:虽然在审判时使用闭路电视违反了法律规定,但并没有违反宪法的规定。“Schiffer v. State, 617 So. 2d 357

(Fla. 4th Dist. Ct. App. 1993), disapproved on other grounds Franquiz v. State, 682 So. 2d 536 (Fla. 1996) and abrogated on other grounds Brown v. State, 687 So. 2d 1300 (Fla. 1997)"一案认为:如果被告没有放弃亲自出庭的权利,并且没有适当的机会与律师进行私下交流,那么在撤销缓刑的程序中使用视听设备就违反宪法。"Jacobs v. State,567 So.2d16(Fla.4th Dist. Ct.App.1990)"一案认为:如果被告律师没有和被告一起出庭,那么使用闭路电视进行量刑就是错误的。"Williams v. State, 578 So. 2d 846 (Fla. 4th Dist. Ct. App. 1990)"一案认为:如果被告放弃了出庭的权利并且能够与律师进行交流,那么可以通过视频会议进行量刑。

在非刑事程序中,视频会议技术和其他电子技术在听证和审判中得到广泛适用。例如,"Florida Rule of Civil Procedure1.451(a)"规定,证人在听证或审判时,"除非法律法规特别规定,否则证人必须亲自出庭";然而"Fla. R.Civ.P.1.451(b)."规定,如果各方当事人同意或有正当理由,那么"通过同步音频或视频设备"获得的证言证词也有法律效力,但"Fla.R.Civ.P.1.451(d)"规定"公证人或被授权执行证人誓言的人员"必须与证人一起在场。"Md. Code, StateGov. §10-211"规定,根据"Adm in istrative ProcedureAct",可以在争议的案件中使用"电话、视频会议或其他的电子通信方式"进行审判,但有正当理由提出异议的除外;"Mich.Ct.R.2.407"规定,在考虑到案件可能存在的偏见、事实和便利性等相关因素后,符合相关要求的,可以在民事诉讼程序中进行视频会议技术;"Mo.Stat.§561.031"规定除了陪审团审判,可以使用视听交流技术;"U.S.v.Baker,45F.3d837(4thCir. 1995)"一案认为:应当允许在民事拘禁的听证中使用视频会议技术。"Guinanv.State,769S.W.2d427(Mo.1989)"一案认为:定罪后的审判本质上是准刑事案件的审判,利用视频审理案件并没有违反宪法原则。"Pappasv.Kentucky Parole Board,156S.W.3d303(Ky.App.2004)"一案认为:使用视频会议技术审理假释案件没有侵害犯人的宪法权利。"Wantuch v.Davis,39 Cal.Rptr.2d47(Cal.App.2dDist.1995)"一案认为:犯人有权参与民事诉讼并且可以使用电话会议或者其他的电子通信方式进行诉讼。"Brittv. Mascara,830So.2d221(Fla.4th Dist.App.2002)"一案认为:在返还原物之诉中,拒绝犯人使用电话听证违反了正当程序原则。"Inre Simpkins,599 N.W.2d170(Minn.App.1999)"一案认为:法院必须考虑犯人不能亲自出庭时的替代方案。

(四)诉讼参与人使用视频会议技术

虽然本报告讨论的内容是关于法官、律师和大多数诉讼参与人使用远程技术的法律规定,但还有一些特殊的诉讼参与人使用远程技术的例子。

对于儿童受害人和儿童证人的案件,只要没有影响被告宪法性权利,法院就有更多的自由裁量权。"Mich.Comp.Laws § 600.2163(a)"规定了儿童被害人案件中,特殊情况下如何使用录像中的证人证言;"Vt.Adm in.Order No.38(IV)(a)"规定,在有必要并有保护措施的前提下,经法官授权,允许使用双向闭路电视或单向交流的方式进行视频作证;同时根据"Texas Fam.Code § 264.0091"的规定,针对涉及儿童的案件,扩大了使用电话会议和视频会议的案件范围。

使用远程技术进行作证同时还会受到不同类型案件和程序的影响,例如该案件是预审或终审,刑事案件还是民事案件,以及其所涉及的特别程序中的宪法原则。"Mich.Ct.R.6.006(B)"规定,当被告出庭或者放弃出庭,在预审程序中专家证人可以通过电话或视频会议的方式作证。当考虑犯人是否有权使用远程技术的问题时,犯人的出庭权以及在诉讼中与律师协商的权利再次成为问题的关键。"Vt.Adm in.Order No.38(I)(b)"规定,在家事分庭上,被监禁的一方当事人、已达成协议的证人、能够得到正当程序充分保障的当事人可以使用电话或者视频会议技术出庭。"Vt.Adm in.Order No.38(II)(d)"规定犯人必须能够与其律师进行沟通交流。

现在没有案件特别规定翻译人员可以或不可以使用远程技术。然而,翻译人员在参加诉讼前必须宣誓,这与证人使用远程技术作证前的宣誓一样,因此翻译人员同样也适用证人宣誓的内容。同时,如果视听设备没有提供清晰的视频连接,那么这毫无疑问会引发宪法上的问题,即当事人是否能够利用远程技术有效地参与了案件过程。"Fla.Stat. § 90.606(3)"规定翻译人员应当宣誓其会提供真实准确的翻译。

(五)审判准备过程中的视频会议

律师与其客户沟通至关重要,特别是当客户被监禁时。"如果要使第六修正案真正地发挥作用,那么律师和客户之间的双向交流就至关重要"[见 United Statesv.Levy,577F.2d200,209(3dCir.1978)],该规定的核心就是保证律师与其客户的沟通必须保密[见 United States v. Rosner485 F.2d1213,

1224(2dCir.1973)]。

与被监禁客户的沟通有一个核心问题，即沟通的方式是否安全，以及沟通信息的完整性和保密性。但这并不意味着不能在律师和客户之间进行视频会议。根据 City of N.Y.Dept. of Correction(2016)"Schedule Attorney/Video-Teleconference"，经过适当的协调，纽约市管教局允许律师与客户通过视频电话的方式进行面谈；另外阿拉斯加州管教局、古斯克里克管教中心也规定了律师与客户可以通过视频进行会见；但是，这个部门特别表明，虽然其不对视频会见进行监视，但其"不能保证视频沟通交流的隐私性"。阿拉斯加管教局、古斯克里克管教中心可以对视频会见进行查询。

关于医生通过视频会议对监狱/看守所的犯人进行行为能力的评估，判例法对此没有规定，也没有相关的规则或法令。根据"Indiana Code Title11，Article 8，Chapter 10，Section 2"的规定，医生可以通过视频会议对犯人进行心理健康的评估。然而，这种情况下进行的评估不能决定受审人的行为能力，其也不能作为抗辩理由。

(六)法官利用互联网技术推动案件审理

判例法对这个问题规定较少，在判决中使用网站地址要符合证据法的相关规定，同时这些网站要遵守司法通知的规定。法院只接收依照法律规定送达并做记录的材料，否则一般不会去审查材料。

(七)远程执行搜查令、逮捕令和送达程序

利用新型技术签发搜查令和传票已经变得越来越普遍了。通过电子方式申请和签发搜查令、逮捕令的时候，也要特别考虑系统的安全性。"La. Code of Crim.P.，art.162.2"规定，可以根据电子证言签发搜查令，电子证言包括但不限于电子邮件和短信；"La.Rev.Stat.，DistrictCt.Appendices Appendix3.4"一案表明，第十六司法巡回区法院已经授权使用"Warrantnow"用来接收电子搜查令的申请；"Fla.Stat.§901.02(3)"规定，搜查令所依据的证据可以通过电子方式进行提交，但这种电子方式必须可靠。当逮捕令满足一定的条件，法官就可以通过电子方式签发搜查令；"Fed.Way Municipal Ct.(Washington)Local R.30(d)(2)(A)"规定，只要符合一定的形式和规范，可以在法令、搜查令上使用电子签名；"Edmonds Municipal Ct.(Washington)Local R.30(same)；Penn.R.Crim.P.，rule513"允许通过使用电子通

信技术提交诉状、逮捕令的宣誓书以及搜查令;"Penn.R.Crim.P.,rule203;Co.Rev.Stat.§16-1-106"规定了如何通过电子方式申请和签发搜查令、逮捕令;"N.J.R.Ct.7:2-1"允许在申请和签发传票和搜查令时使用电子签名;"Clay Cty.,Fla.Admin.Order No.2010-05"授权通过电子方式签发传票并且以电子方式返还到归档员,但这不适用给证人的传票。

二、远程技术

技术革新不断进步,从而使得法官能够在未出庭的情况下有效地处理法院事务。

(一)司法查阅和使用电子记录

从1990年开始,"电子归档"的概念就已经席卷了美国各个法院。国家法院中心的首席法院管理顾问Jim Mc Millan声称:"世界各地都可以24小时查询浏览任何文件。法院书记员能够在工作地点访问数据,法院也可以轻松下载数千页的文本资料到电脑上,从而能够即时使用和参考。"[1]

根据美国国家法院中心2016年的报告,50个州都使用了电子归档。法官可以及时查询电子记录。并且最近的调查发现,一些州允许法官通过电子签名签发法院命令,这些州包括亚拉巴马州、加利福尼亚州、佛罗里达州、伊利诺伊州、路易斯安那州、马里兰州、马萨诸塞州、纽约州、俄亥俄州、俄勒冈州、南加利福尼亚州、德克萨斯州、华盛顿州和威斯康星州。

在一篇来自"2010Future Trends in StateCourts"的文章中,"国家州法院研究与技术中心"的副主任TomClark指出:

"随着法院创立电子档案并实行电子归档,使得法院的服务能够集中化和区域化,效率大大增加,并且减少了大量文书成本。常见的例子如支付、收取罚款和罚金、向公众提供案件数据和文件,以及对陪审员资格的管理、陪审员传唤等。

"通过这种方式,所有电子文件都集中到法院的归档系统中,这样可以在不同的法院之间分配工作任务。这个非常重要,首先它使得法院能够在

[1] James E.Mc Millan,Future Trends in State Courts 2010-Electronic Documents:Benefits and Potential Pitfalls,National Center for State Courts.

不增加工作人员的前提下实现工作效率重大提升。其次，它也证明了一些小型的乡村法院存在的必要性，否则这些法院会被关闭。”[1]

既然所有州都在将纸质文件数字化，那么法官和法院工作人员就有机会扩大其工作的范围。这增强了法官从法院地之外获得法律文件的能力，从而提高了司法决策的能力和工作效率。

电子化革新要求法官适应不同的工作方式和流程。法官必须能很好地运用新技术。对某些人来说学习过程会比较长，并且在学习过程中，工作效率会因为学习而降低。但现实情况也迫使法官必须做出这种改变，因为文件电子化给诉讼当事人、律师、执法人员、书记员和公众带来的好处是巨大的，而这又预示着未来法院电子化革新的走向。

同时，法官能够在传统工作时间内在不同的地方分配工作任务，如在家里或其他地方办公等。值得欣慰的是，越来越多的法官已经能够熟练掌握这个技巧。根据调查结果显示，这远远比传统地通过调整法官的工作时间表更加方便。

为了能够熟练地进行电子归档，法官必须掌握一些重要技能。第一，案例文件必须存储为PDF可搜索的数字格式。然而，大部分文件通常都是Tiff(照片)格式，无法搜索，但仍可以浏览和审查。第二，法官可能使用台式电脑、笔记本、平板电脑或智能手机，然后利用互联网访问数字文件。第三，法官能使用软件管理案件，这包括浏览文件，能在一个屏幕或多个文档上查看多个页面，管理日历并创建文档，例如命令、意见、备忘录、信件等。

有很多供应商专门给电子归档提供技术支持。在坦帕市的第十三司法巡回区法院，虚拟桌面得以实现，其用新薄的客户端计算机替换了老式的PC旧桌面。附录B列举这个技术的优缺点。各供应商提供的电子案件管理系统专门用来储存案件文件。附录C提供此类供应商的完整清单。此外，有些供应商还提供司法阅读器软件，帮助法官进行远程访问，管理和创建文档。附录D列举这些供应商。佛罗里达州和加利福尼亚州的法院开发了一种内部软件系统，能够提供与私人供应商相同的服务。附录E包含了佛罗里达州坦帕市第十三司法巡回区法院JAWS系统的详细摘要。该系统具有私人和内部系统通常提供的功能。仅在佛罗里达州，就有七个司

---

[1] Thomas M. Clarke, Future Trends in State Courts 2010-Technology Reengineering, National Centerfor State Courts.

法巡回区使用了内部审查系统。

假设所有的技术要求都已实现，那么让法官、其他法院系统的相关人士查阅电子记录有何好处？

1.提升随时随地查阅法院记录的能力

可以随时随地用平板电脑、笔记本电脑、智能手机或台式电脑联网获得电子数据，而不用等待很长的时间。

2.加强听证前的准备工作

可以提高审查听证的能力，能更有效地管理案件，提高与当事人的互动以及规划今后法院活动的能力。

3.提高分配工作任务的能力

一般要求法官大部分时间在法庭上，如果让书记员在一天结束时把文件交给法官，这样法官可以在家里审阅，同时法官也可以更好地分配工作任务。虽然法官仍然用了同样的时间，但能够把工作安排得更好。法官认为，这种不受限制的工作时间安排能够减轻他们的压力。

4.法令可以即时存档和送达

法官能随时随地准备并提交法令，极大地提高了程序效率。2015 年，佛罗里达州的坦帕市第十三司法巡回区法院，法官发出了 11421 个指令。由于法院能直接进行电子归档，书记员也从中受益良多，诉讼当事人和律师也可以缩短等待时间，法院工作人员不需要再将文件邮寄各方当事人。

(二)使用视频会议技术

从 20 世纪 90 年代开始，远程视频会议技术就已被广泛运用到庭审之中。TomClark 在《2010 未来初审法院发展报告》中涉及了视频会议，其写道：

利用视频会议技术进行庭审，发展潜力巨大。视频会议技术在过去 5 年内得到迅速发展，基础设备价格大幅下降，宽带网络提升，高分辨率屏幕价格下降，视频会议的质量也大幅提升，供应商利用远程视频技术提供更加有效的沟通。现在研究的重点放在设计出一个视频会议房间，从而提供最好的视频会议体验。其目标是尽可能通过视频会议传达各方所有的细节和身体动作，以达到再现真人交谈的场景。

通常而言，发展的前提是需求。因此地理条件和环境最差的那些州法院反而拥有最先进的视频会议技术，其次是那些投资超高宽带通讯系统的

州的法院拥有较好的视频会议技术，再次是那些只用于特别需要的州法院，例如为了降低运送犯人成本从而进行远程视频传讯，专家证人或未成年人远程作证、远程翻译。下一个趋势可能是在调解和仲裁中更广泛地进行虚拟听证。"[1]

视频会议技术在法院中得到广泛地使用。最近一份来自加利福尼亚的研究表明，各种视频会议技术会因为不同的互联网系统而差异很大，例如Internet-based系统的Skype、FaceTime、WebEx、VideoCourtCall和Net-based系统的私人供应商Cisco和Polycom.[2]。

主要有三种法院程序会用到视频会议技术：

①进行审判程序。

②允许律师、儿童受害者、证人、专家证人、法院翻译人员、监狱和拘留所的囚犯、法院辅助参与人(例如给法官提供方便的人员)等人员参与到远程视频会议中。

③通过律师、诉讼参与人、医生和监狱、拘留所的犯人促进庭审的准备。

1.使用视频会议技术进行法院庭审程序

(1)首次出庭——刑事案件

初审法院使用视频会议技术最多的时候，就是被捕人员的首次出庭。听证的目的在于通知被捕人员所面临的指控以及释放的条件，例如保释金。监狱也使用视频会议技术。使用远程视频会议是解决运输、安全和时间的一种有效方式。在乡村地区，法院和监狱通常距离比较远，更需要在刑事案件的首次出庭中大量使用会议视频技术。

在2007年，NCSC出具了一份报告，69%的法院表示他们在首次出庭中使用远程视频会议技术。[3] 根据2014年的调查显示，加利福尼亚州62%的法院在重罪传讯中使用远程视频会议技术，90%的轻罪传讯中使用远程视频会议技术[4]。最近一份来自佛罗里达的报告透露，佛罗里达州20个司法巡回区，已经有14个使用了远程视频会议技术。而最近来自亚

---

[1] Ibid.

[2] Video Remote Technology in California Courts, December 2014, Judicial Councilof California, Court Technology Advisory Committee.

[3] National Centerfor State Courts Video Conferencing Survey, 2007.

[4] Video Remote Technology in California Courts, December 2014, Judicial Councilof California, Court Technology Advisory Committee.

利桑那州的一份报告表明，初审法院远程视频会议技术主要用于刑事案件的首次出庭和传讯[1]。

在田纳西州纳什维尔市戴维森郡的治安法院上，视频会议技术专用于那些被逮捕7天，每天羁押24小时，有正当理由可保释的关押人员。当一个人被逮捕时，会被带到警长那里，然后使用一个主预约系统或选定社区的移动预约网站。在很短的时间内，此人通过视频会议监视器与临时法官进行视频连接。临时法官会审查逮捕人员提供的所有逮捕文件，并确定可能逮捕的原因。如果逮捕原因符合法律规定，那么临时法官会通过县CJIS系统审查其犯罪记录，询问个人与社区的关系，审查由警局人员编写的审前释放报告并作出一个保释决定。事实证明，这是提高法院和地方执法机构工效率的有效手段。

(2)减少保释金听证

保释金是最常见的审前释放方式，但很多人仍然无法缴纳保释金或由他人来缴纳保释金。因此，很多人仍然在审前阶段被关押到拘留所中。一些初审法院会定期审查这些仍然在监狱中的人。而这种审查有时是通过法院和监狱之间的远程视频会议进行的。最近一份来自佛罗里达的初审法院的报告表明，20个司法巡回区法院中，有8个通过远程视频会议审理减少保释金的案件。

在佛罗里达州坦帕市的第十三司法巡回区法院，在相距10英里的监狱和法院之间，法官通过光纤网络连接的闭路电视会议系统审理了一个减少保释金的案件。首次出庭后仍被羁押的人，每周都会被自动列入远程视频会议的对象列表中，从而便于法官审查审前释放的条件。法官有权修改保释金数额或根据新的案件进展修改其他的审前释放的条件。该程序在减少审前羁押人员非常成功有效。

(3)轻罪/交通违规传讯

在大多数法域，法官有权接受由个人提起的轻罪或交通违规的诉讼，并于初审时候判决。在2007年的NCSC报告中表明，65%的初审法院对此类案件通常由远程视频会议进行审理[2]。加利福尼亚州，新泽西州和佛罗里

[1] Lawrence P.Webster and Daniel J.Hall, Evaluationof Videoconferencing Technology-Mesa Arizona Municipal Court, Final Report, May2009, National Center for State Courts.

[2] National Centerfor State Courts Video Conferencing Survey, 2007.

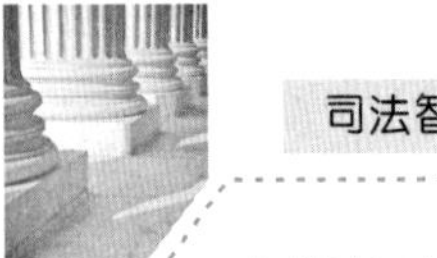

达州的法院允许在指定的轻罪和交通违规的案件中使用远程视频会议技术。

(4)儿童抚养案件的执行听证

在很多州,如果儿童抚养案件的义务人在监狱,那么法官会通过远程视频会议审理儿童抚养案件。佛罗里达州的调查报告显示,20 个司法巡回区法院中,7 个法院会通过远程视频会议技术进行该类案件的审理。明尼苏达州法院也适用该技术审理这类案件[1]。

(5)儿童抚养听证

远程视频会议技术也用于复审、宣判、永久安置和收养孩子的听证。当孩子的父母在监狱或拘留所中时,佛罗里达州和新泽西州的初审法院经常在儿童抚养案件中使用远程视频技术。佛罗里达州法院的调查报告显示,20 个司法巡回区法院中,有 8 个法院通过远程视频技术审理儿童抚养听证案件。

(6)青少年犯罪听证

只有在很少的情况下,美国的初审法院会在青少年犯罪案件中使用远程视频技术,特别是当青少年还被羁押在拘留所的时候。除了拘留听证,一些加利福尼亚州的初审法院在宣判、返还原物之诉和再审等程序中也会使用远程视频会议技术。[2]

(7)身体健康和心理健康听证

还有一些法院在为了确定某个人是否需要强制治疗(例如输血),移除生命维持装置或非自愿进行精神治疗的时候,尝试使用远程视频会议技术。

加利福尼亚州圣克拉拉高等法院已经在遗嘱认证案件中使用视频听证,从而减少运送病人的成本和不便利性。法院平均每个月会进行 2~3 个视频会议听证。此前,正在恢复精神健康的诉讼当事人被送到法院,导致其治疗出现中断。但如果让所有当事人去州医院进行听证,成本又非常高。因此两家州医院协助法院通过远程视频技术进行听证。[3]

---

[1] Gordon Griller and Daniel Hall,Reengineering Rural Justicein Minnesota's Eighth Judicial District-Final Report,October2010,National Center for State Courts.

[2] Video Remote Technology in California Courts,December 2014,Judicial Council of California,Court Technology Advisory Committee.

[3] California CourtIn for mation Knowledge Center,Efficient and Effective Programs Page,Judicial Council of California,2016.

2.诉讼参与人使用视频会议技术

(1)律师

实践中,很多初审法院允许律师通过电话参与一些审前程序(大多是民事、家庭或遗嘱认证的案件)。随着越来越多的初审法院使用视频会议技术,电话听证大多也变成了视频听证。根据佛罗里达州的调查报告,7个司法巡回区法院允许律师通过视频会议参与特定的听证,但法官可以自由裁量决定是否适用。在加利福尼亚州,律师通常可以要求并能够获得许可,通过视频会议出庭家庭法的案件[1]。新泽西州的初审法院也允许这么做。

现在有一些供应商提供这种服务,只要律师付费,就可以通过这种方式出庭。该模式在不断发展,随着全球化的不断加深,很多律师都来自于法院所在地之外的其他地方,此技术能够帮助律师更好地参与到案件中,减少因距离而导致的限制。法院也因此而受益,从而拥有审理案件的更大灵活性。

(2)法官

在极少情况下,法院允许法官通过远程技术进行听证。通常而言,如果由于健康原因法官不能亲自出庭,并且没有其他的替代方法可以进行听证的时候,法官可以利用远程技术进行听证。例如,坦帕市的一个司法巡回区法院的法官,因为在一次意外中摔断了自己的腿,无法出庭,经过双方当事人的同意,法官通过视频会议技术审理了一个审前动议。审理案件时,法官在自己家中,诉讼当事人、法院工作人员、法院记者和法警在法院。他们通过电子方式分享传输相关文件。如果没有这种审理方式,那么听证将会被拖延很久。而且双方也不会同意另一个法官审理动议。虽然这种情况少见,但双方当事人都很满意整个过程并且结果也很成功。

这类程序在其他案件中也可能适用。在明尼苏达州,法院规则规定,如果法官不在法院,当被告被拘留并被羁押在审判地以外的其他地方时,为了实现案件的正义,允许在刑事案件中使用交互式视频电视(“ITV”Interactive Video Television)审理案件。经当事人同意后,可以在重罪、较重的轻罪和轻罪中使用ITV技术,并包括多种类型的听证,如首次出庭、传讯和诉讼的变更、量刑听证以及缓刑撤销的听证。对于其他听证,则必须由被告、辩护律师、检察官和法官共同同意才能使用ITV技术。该技术不能用于审判

[1] Video Remote Technology in California Courts, December 2014, Judicial Council of California, Court Technology Advisory Committee.

程序、有争议的案件、审前听证以及任何其他会涉及证据的程序。在明尼苏达州，ITV 已经成功地适用于一些被羁押在拘留所的犯人，即犯人可以在拘留所出庭，同时被告、检察官和辩护律师在法院出庭，而法官则又在另一个地方审理整个听证[1]。

(3)监狱/拘留所犯人

随着监狱、拘留所的设备不断更新，许多法院允许监狱或拘留所的犯人通过远程视频会议技术参与民事和家庭案件。少数情况下，定罪后的犯人可以通过视频会议技术参与到非证据程序中。佛罗里达州的 6 个法院和新泽西、加利福尼亚州的法院都允许在监狱或拘留所使用视频会议技术。

(4)儿童受害者作证

如果儿童是受害者，那么法院允许儿童通过视频会议进行作证，从而避免儿童亲自出庭可能在法庭上再受到额外伤害。除了审判作证外，还可以利用远程视频会议同其他所有当事人一起作证。这也可以使得儿童受害者不用接受多次面谈，从而减轻了可能再次受到的伤害。佛罗里达州 20 个司法巡回区法院中，有 12 个允许儿童受害者通过视频会议进行作证，新泽西州、加利福尼亚州的法院都允许儿童受害者通过电视视频会议进行作证。

(5)专家证人作证

由于时间冲突，一些法院允许专家证人通过远程视频会议提供证言证词。与律师的情况一样，专家证人通过远程视频方式进行作证大大提高了案件审理的效率。新泽西州，加利福尼亚州和佛罗里达州的专家证人经常通过视频会议作证。

(6)法院翻译

很多情况下，能否找到外语或手语翻译是一个大难题。因此，法院在扩大利用远程视频会议技术的案件适用范围，从而让合格的翻译人员能够在距离偏僻的地方参与到法院审理程序中。

为了提供翻译服务，加利福尼亚州斯坦尼斯劳斯高等法院实施了远程视频翻译项目("VRI"VideoRemoteInterpreting)。这个项目使用专门的视频设备，ASL 翻译人员能够呼叫法院，从而出现在法院的大屏幕上，并翻译解释诉讼程序。找到一个拥有手语翻译资格证书的专业翻译人士非常难，

[1] Gordon Griller and Lee Suskin, Reengineering Rural Justicein Minnesota's Eighth Judicial District-Final Report, October 2010, National Centerfor State Courts.

而VRI技术的使用让这些翻译人员能够在同一天内参与多个法院的事务。证人可以利用VRI技术自由地进行5分钟或其他短暂时间的出庭，从而节省了每个人的时间和金钱成本[1]。

亚利桑那州的司法部门已经在全州使用了VRI技术，只要进行预约，就可以在不同的法院中进行远程视频翻译。在凤凰城市中心的法院行政办公室里，有一个专门翻译室，安装了可以连接偏远地区和凤凰城的视频设备。VRI技术能够缩短听证的时间，如果是现场翻译，整体成本将会很高。

VRI旨在为佛罗里达州的司法系统提供高质量的翻译服务。2014年6月，佛罗里达州的最高法院提议将VRI对全州进行推广，并寻求初审法院试点的启动资金。最初的试点是从5个司法巡回区法院开始的：第七司法巡回区法院、第九司法巡回区法院、第十四司法巡回区法院和第十五司法巡回区法院。每个试点法院都安装视频连接设备。试点法院初步的成果非常成功，因此随后向其他司法巡回区法院进行推广。

(7)提供治疗服务的人员

随着毒品、精神健康、退伍军人、家庭暴力等问题的出现，法官需要依靠一批专家和顾问针对被告的治疗计划提供一些基本信息。美国包括佛罗里达州的很多法院都允许通过使用远程视频会议技术获得这些信息。

3.使用视频会议技术进行庭审准备工作

因为律师、专家证人或诉讼参与人没有按照预设的时间审理完案件，因此初审法院通常不得不继续超时审理案件。而没有按期审理完案件的原因有很多，例如取证出现问题，医生与被告面谈出现了障碍，自己代理诉讼案件的当事人没有提交相关法院文件。使用视频会议技术后，就能够更有效率地调取证据。

(1)律师监狱面谈/取证

美国各地许多法院都给律师提供了通过视频会议技术让律师与监狱中的犯人进行面谈取证的机会。因为现在很多监狱都坐落在城区的法院之外，这样可以节省律师和监狱的时间和成本。

(2)医生对监狱/拘留所的犯人进行行为能力的评价测试

为了更加方便地安排医生对监狱或拘留所犯人进行行为能力的评价测

[1] California CourtIn for mation Knowledge Center, Efficient and Effective Programs Page, Judicial Council of California, 2016.

试，佛罗里达州和新泽西州允许医生自行决定是否使用远程视频会议。

(3)协助自我代理案件的当事人

自我代理案件的当事人通常会在家庭、家庭暴力和小额赔偿案件上寻求帮助。虽然有一些法院设立了自助中心，但大多数法院或书记员会受到法律上的限制而仅能提供很有限的帮助，同时他们也缺少资源信息而不能给当事人提供令人满意的帮助。所以当事人就无法获得帮助而离开了法院。

为了解决这个问题，一些私人供应商开发了自助软件从而帮助当事人进行自我代理。当事人能够以更加高效的方式提交相关文件，同时法院和书记员也能避免文件中的错误从而节省时间和成本。这样一来，诉讼当事人就能减少整个案件的时间。

(3)法官通过互联网进行审判

在今日大多数的初审法院，法官都可以通过台式电脑、笔记本或平板电脑进行审判。设备都已联网并且涵盖很多内部资料，这些资料在过去只能通过申请和审查才能使用。因此现在的法官可以查阅大量不同的数据库和信息，大大地扩大了法官在审理案件时可能获得的有用信息，但法官在使用这些远程技术数据库中的信息时要尽到谨慎义务。

这些数据库对于自我代理诉讼而言意义重大。法官经常会面临过一些小额民事赔偿、交通违规或房东、租户起诉的案件，而具体事实和情况有时并没有详细记录。这些案件证据规则宽松，在没有律师的情况下，法官会利用证据规则对案件进行干预。而通过互联网访问数据库后，法官能够了解到交通事故的位置信息或商家提供产品、服务的相关信息，大大提高了法官做出最终判决的能力和水平。

例如，印第安纳州马丽昂县的一名法官就利用互联网和 GoogleEarth 在法院的大屏幕上展示了交通事故事发路段的照片。这种交通事故轻罪案件一般只有 10～15 分钟的开庭时间。许多被告都是自我代理的，并且该类案件证据规则比较宽松。被告可以通过故事的方式解释事情的经过以及阐述其免责理由。在各方当事人的允许下，法官通过使用电脑访问数据库从而再现事发路段的信息。这样一来，法官能够更好地理解自我代理被告的观点，同时远程技术也有助于法官更快更有效地处理案件[1]。

(4)保存法院记录

数字技术革新了创建、保存和访问庭审记录的方式。法院实时报告改变了书记员制作笔录的方式。当书记员做记录时，另一名书记员或审查员可以在另一个远程站点访问数字化笔录，并同时创建一份副本。法官和律师可以实时查阅电子文件，从而为庭审做更加充分的准备。法官还可以随时随地使用台式电脑、笔记本电脑、平板电脑或联网的智能手机访问数据库。这些远程访问极大地提高了法官的判决水平。

据美国州法院中心称，许多州正在集中使用数字音频、视频记录系统，这种情况下一个书记员可以同时为多个法院提供记录工作。[2] 该系统通常用于审理涉及大量被告或诉讼人员的审前程序，例如刑事传讯或小额民事索赔审前程序。与实时报告类似，数字音频或视频记录也都保存在网络中，法官可以远程访问。

佛罗里达州的法院增加了刑事案件、未成年案件和其他程序使用数字记录的比例，从 2004 年的 24.7%提高到 55.8%。佛罗里达州的数字法院记录系统能够让书记员对记录进行注释并且监督。书记员可以通过联网的中心监视器最多同时监督四个法院。

从 2006 年开始，明尼苏达州的第四司法巡回区法院就成功地创立了一个中心监控室。2006 年，平均对 10 个法院进行电子记录。今天，所有的法院都拥有远程记录庭审的能力，并且平均有 45 个法院被记录。每个书记员最多监视 4 个法院，每个法院都有监督员，他们可以对出现的大多不利情况做出及时反应。如果书记员在监督多个庭审的过程中发现其中一个庭审情况比较复杂，需要更多精力关注，那么监督员可以将庭审立刻转移到其他监听站点。必要时，会指派一名书记员直接在法院进行工作。[3]

---

[1] Gordon Griller and Daniel J.Hall, Traffic Division Operations Review, Marion Superior Court, Marion County, Indianapolis, Indiana-Final Report, January 2012, National Center for State Courts.

[2] James E.Mc Millan and Lee Suskin, Trendsin State Courts: Leadership and Technology-Digital Court Recording Makesthe Record Effectively, 2015, National Center for State Courts.

[3] Gordon Griller and Lee Suskin, Reengineering Rural Justicein Minnesota's Eighth Judicial District-Final Report, October 2010, National Center for State Courts.

(5)远程执行电子搜查令和逮捕令

很多法院都引入了一种新的电子程序,用于执行搜查令和逮捕令。现在,技术条件能够帮助警察和检察官更快地从法官那里获得搜查令。

在传统的纸质搜查令模式下,警察必须向法官陈述申请搜查令的事实依据,从而证明搜查令是正当的。通常而言,需要搜查令的时间是在午夜或者非传统工作时间,警察通常通过电话联系法官,然后法官会与警察私下会面,听取相关事实。所以申请搜查令的时间有时候会很不巧,从而导致因搜查令延误而不能在第一时间获得证据。

在佛罗里达州萨拉索塔,电子搜查令系统已经建立起来。有一个电子搜查令网站,由法院掌控的,是执行电子搜查令的首要工具。法院通过管理电子搜查令网站从而掌控电子搜查证。首先,办公室工作人员将待签发的搜查令上传到网站上。之后,工作人员会联系法官,表明搜查令已经上传到网络上待处理。法官会登录网站并审查搜查令。如果法官认为搜查令有正当理由,那么就会通过电子方式进行签名,随后工作人员会通过 Email 通知警察。如果法官认为搜查令没有正当理由,那么法官会拒签搜查令并通知警察。

其他州也在实施类似电子搜查令的东西,包括明尼苏达州、加利福尼亚州、德克萨斯州、肯塔基州和马里兰州。只要程序符合宣誓要求,并且有可确定的合理搜查原因,那么就没必要和法官进行面谈。

(6)利用远程技术进行行政管理

不断发展的远程技术也增强了美国各地初审法院的非审判功能。许多法院正在扩大其互联网服务范围,并在特定的客户和公众中大力推广。自助法律服务和陪审员信息系统就是重要例证。向未成年人发送有关少年法院听证的信息能够降低缺席率。公众可在网上查询法院记录、摘要资料和常见问题,这些节省了许多烦琐的文书工作,同时减少了法院拥堵的情况。

法院还为一些偏远地方的诉讼当事人提供远程服务,从而解决其听证、支付费用、罚款或诉讼费等问题。使用远程技术帮助诉讼当事人熟悉法院是远程技术的另一个功能,这有利于提高诉讼当事人的诉讼经验。法院正在通过使用远程数字技术加强法院的安全性,其方法是通过在法院大楼内外安装远程数字摄影机。

三、总　　结

随着科技的迅速发展，技术帮助法院大大简化了程序，提高了工作效率。目前，远程技术的使用在美国各个法院系统中越来越普遍，在某些法律领域和诉讼程序中更加普遍。越来越多的司法机构使用电子签名，而电子签名主要需要考虑的问题就是系统的安全性。一般而言，是否使用远程技术取决于案件的类型、程序的类型，每种案件和每种程序都有自己的特点。在所有案件中，民事程序可能使用远程技术更多，包括非陪审团初审。在这些案件中，使用远程技术要遵守（但不限于）正当程序原则等。在刑事案件中，使用远程技术要有更强的审查措施，特别是涉及宪法问题时，例如正当程序、对证人质证的权利、聘请律师的权利以及出庭的权利。某些刑事程序会更多地使用远程技术，例如首次出庭和传讯。而在刑事证据听证、初审和判决程序中，如果未经过被告的同意，一般不会使用远程技术。

随着技术的进步和变化，更多法院通过电子方式记录法院的程序，寻求提高处理案件效率的方法。因此有必要建立一套标准和框架，规制相关远程技术的使用。司法机构需要注意的是，在法院上使用任何技术都要符合证据规则并且保证程序的完整性。另外，无论技术水平如何，负责制定和执行相关技术标准的人和司法机构都必须认识到，要切实保证各方当事人的宪法权利，考虑到远程技术可能对当事人宪法权利产生的影响。

很明显，许多州的初审法院都在使用远程技术来改善法院的工作，先进的远程技术能够更好地保障诉讼参与人的宪法权利。考虑到越来越多的人（千禧一代）成长在电子和视频时代[1]，司法系统的领导人无疑将要面对更多的挑战。好消息是许多初审法院在使用远程技术方面已经具备了足够的经验，并且能够在不损害美国历经几个世纪的法律原则前提下，提升法院的工作。

---

[1] Lydia Abbot, 8 Millennials' Traits You Should Know About Before You Hire Them, in Talent Blog, December, 2013.

案例分析

夫妻一方将夫妻共同财产赠与第三方的效力

——对"李某诉郎某赠与合同案"的分析

陈吉栋* 杨 澜**

一、基本案情

李某与柯某于1991年结为夫妻至今。李某、郎某于2005年11月相识。2007年年初至2009年年初,李某、郎某不定时在上海市华商路某房以及系争房屋内共同居住。2008年,李某购买了上海市某路房屋(以下简称"系争房屋")。2009年2月10日,李某、郎某签订《上海市房地产买卖合同》一份,约定:李某将自己名下的系争房屋转让给郎某,建筑面积135.63平方米,转让价格为人民币350万元,付款方式为一次性付款,交房时间为2009年3月31日。该合同于2009年2月12日经上海市某公证处公证,为办理公证之需,柯某出具《同意书》一份,同意李某出售系争房屋。2009年2月13日,李某在郎某未支付任何购房款的情况下与郎某共同至上海市某房产交易中心办理了房产过户手续,将系争房屋登记至郎某名下。

---

* 陈吉栋,上海大学法学院讲师,法学博士。笔者于上海大学法学院开设的"案例研习课"上曾分两次讨论过此案,感谢华东师范大学法学院李建星博士的意见,使得本文成文。

** 杨澜,上海大学法学院硕士研究生。

2009年2月18日，李某起诉至法院，要求郎某支付房款人民币350万元。[1] 2009年11月19日，一审法院做出一审判决，驳回了李某的诉讼请求。[2] 李某不服该判决，提起上诉，2010年3月11日，二审法院裁定撤销原判决，将本案发回原审法院重审。[3] 重审审理中，原审法院追加柯某为第三人，重审法院认为，李某、郎某订立合同的初衷是以房屋买卖的形式将李某所有的系争房屋赠与郎某，双方签订的合同形式上虽为房屋买卖合同，实质上是房屋赠与合同。遂判决不予支持被告郎某支付房款350万元的诉讼请求，但被告郎某将系争房屋产权恢复登记至原告李某名下。[4] 李某不服重审判决，二审法院认为，系争房屋虽然登记在李某名下，但实为李某与柯某的夫妻共同财产。李某与郎某签订了系争房屋的买卖合同，在办理该合同公证手续的过程中，柯某亦出具同意出售系争房屋的书面意见，故应当认定李某与柯某对于将系争房屋进行物权变动即过户至郎某名下均无异议，郎某有权取得系争房屋的物权。鉴于李某在审理中明确表示其与郎某签订的合同名为买卖实为赠与，而柯某仅同意将系争房屋出售，故郎某应当按上述合同约定价格的50%即人民币175万元，向柯某支付房款。[5]

结合上述案情，本案所涉问题为：

(1)李某要求郎某支付房款人民币350万元的请求权基础是否存在？李某与郎某之间订立的合同是买卖合同还是赠与合同？该合同能否成立并生效？

(2)郎某能否基于该合同取得房屋的所有权？

(3)郎某若主张违约责任，其请求权基础是否存在？

与本案相关的主要法律法规有：《中华人民共和国合同法》(1999年10月1日起施行)、《中华人民共和国物权法》(2007年10月1日起施行)、《中华人民共和国婚姻法》(1981年1月1日起施行)、《最高人民法院关于适用

---

[1] 原审法院查明，2009年2月11日，经医院检查确诊郎某怀孕。另外，2009年4月1日，郎某向原审法院自诉李某重婚罪。2009年9月23日，原审法院判决李某无罪。在刑事诉讼中，经司法科学技术研究所法医鉴定中心鉴定，结论为依据DNA分析结果，支持李某与被检胎儿之间存在亲生血缘关系。

[2] 上海市静安区人民法院民事判决书(2009)静民一(民)初字第763号。

[3] 上海市第二中级人民法院民事裁定书(2010)沪二中民二(民)终字第66号。

[4] 上海市静安区人民法院民事判决书(2010)静民一(民)重字第2号。

[5] 上海市第二中级人民法院民事判决书(2011)沪二中民二(民)终字第399号。

〈中华人民共和国婚姻法〉若干问题的解释(一)》(法释〔2001〕30 号,2001 年 12 月 27 日起施行)

二、李某和郎某的合同是买卖合同还是赠与合同

李某要求郎某支付房款人民币 350 万元的请求权基础为两者签订的《上海市房地产买卖合同》。但在本案重审中,李某、郎某以及第三人柯某均认可该合同为赠与合同。买卖合同是出卖人转移标的物的所有权于买受人,买受人支付价款的合同。赠与合同是赠与人将自己的财产无偿给予受赠人,受赠人表示接受赠与的合同。要探究双方签订合同的性质,不仅要从合同的外在表现形式分析,还要遵循双方订立合同时的真实内心意思表示。而对于当事人内心真意的探求应遵循意思表示的客观解释规则。具体到本案来说,该"房屋买卖合同"与典型的房屋买卖合同存有差别:

第一,该买卖合同除标的物和价款两个主要条款外,其他条款(比如履行地点、履行方式)均未涉及,且没有约定买受方(即郎某)支付房屋对价的履行期限,与一般房屋买卖合同对上述条款约定较为全面有所不同。

第二,正常的房屋买卖交易,特别是涉及大额支付的情形时,出卖人通常要求买受人支付一定数额的预付款。但李某在未收到预付款的情况下,将房屋的所有权变更登记给郎某。本案审理中,法院查明李某、郎某之间存在同居事实,郎某为李某怀孕,两者存在非普通朋友关系。李某明知郎某的经济条件,仍为上述行为,有悖房屋买卖的交易习惯。

第三,依据该"房屋买卖合同",双方应在 2009 年 3 月 31 日之前办理房屋过户登记手续,但李某于 2 月 13 日在郎某未支付分文房款的情况下,就为郎某办理了不动产过户登记,并且二人没有进一步明确支付价款的期限和方式。实际上,"郎某在未支付对价的情况下无偿取得了系争房屋"。这与《合同法》第一百三十条所规定的买卖合同"买受人支付价款"显然有悖。

综上,涉案合同虽名为买卖,但其权利义务内容并非买卖合同。进一步说,涉案合同实为赠与合同。

首先,买卖合同仅为双方间的虚假意思表示。《民法通则》对虚假意思表示并无规定,但根据《民法总则》第 146 条的规定:"行为人与相对人以虚假的意思表示实施的民事法律行为无效。以虚假的意思表示隐藏的民事法律行为的效力,依照有关法律规定处理。"本案中,合同当事人表面上所签订

的买卖合同，两者的真实意思表示并非买卖，应认定为通谋的虚假意思表示[1]。其次，至于买卖合同表面下，所掩盖的真实法律行为是什么仍需要结合本案事实予以考察。本案中，李某明知郎某经济状况不足以支付房屋价款，且在郎某未支付相应房款的情况下，将自己的房屋过户登记给郎某。根据《合同法》第一百八十五条的规定："赠与合同是赠予人将自己的财产无偿给予受赠人，受赠人表示接受赠与的合同。"可以将本案认定为赠予的意思表示。在审理中，郎某主张其与李某间的合同为赠与合同；李某明确表示其与郎某签订的合同名为买卖实为赠与；第三人也同意涉案合同为赠予合同。因此，本案中在买卖合同的虚假表示行为下所隐藏的行为是赠与合同。

依据《民法总则》第 146 条之规定，作为虚假意思表示的买卖合同无效，而赠与合同的效力仍需结合本案具体情形进行进一步判断。鉴于双方已经就赠与合同达成协议，因此可以认定该赠与合同是当事人意思表示的真意。根据《合同法》第九条、第十三条、第十四条、第十六条、第二十一条、第二十五条与第四十四条的规定，本案中，李某与郎某均为完全民事行为能力人，李某与郎某所签订的名为"买卖"的合同可认定为其作出赠与郎某房屋的要约，而郎某对李某的赠与要约作出承诺，由于承诺生效时合同成立，因此，该赠与合同成立并生效。

需要指出的是，本案二审发生在《最高人民法院关于审理买卖合同纠纷案件适用法律问题的解释》(2012 年 7 月 1 日施行)实施之前。在这一阶段审判实务中，法官一般依照《合同法》第一百三十二条第一款的规定"出卖的标的物，应当属于出卖人所有或者出卖人有权处分"，以及第五十一条的规定"无处分权的人处分他人财产，经权利人追认或者无处分权的人订立合同后取得处分权的，该合同有效"，将无权处分人与他人签订的合同认定为无效。而这恰是本案重审法院所采取的做法。重审法院认为："在第三人不同意赠与房屋的前提下，因缺少赠与房屋的一致意思表示，原告的赠与也就丧失了存在的基础。所以，合同无效的效力应及于整个赠与行为。赠与合同被判令无效后，被告应立即将系争房屋的产权户名恢复登记至原告名下，并将房屋交还给原告。"[2]但根据《买卖合同纠纷的解释》第三条的规定："当

---

[1] 参见[德]施瓦布：《德国民法导论》，郑冲译，中国政法大学出版社 2006 年版，第 406 页。

[2] 上海市静安区人民法院民事判决书(2010)静民一(民)重字第 2 号。

事人一方以出卖人在缔约时对标的物没有所有权或者处分权为由主张合同无效的，人民法院不予支持。出卖人因未取得所有权或者处分权致使标的物所有权不能转移，买受人要求出卖人承担违约责任或者要求解除合同并主张损害赔偿的，人民法院应予支持。”类推适用本条，本案赠与合同应该有效。[1] 因此，本案中李某的无权处分行为并不影响赠与合同的效力，即赠与合同有效。

根据《合同法》第186条的规定：“赠与人在赠与财产的权利转移之前可以撤销赠与。”但是，本案中赠与人李某已经完成不动产过户登记，因此李某已经不享有本条所规定之撤销权。[2]

综上，可以认定李某、郎某订立合同的初衷是以房屋买卖的形式将李某所有的系争房屋赠与给郎某，双方签订的合同形式上虽为房屋买卖合同，实质上是房屋赠与合同。

结论：当事人之间成立并生效的实为赠与合同而非买卖合同，李某无权要求郎某依据买卖合同支付房款350万元。

三、郎某可否有权基于赠与合同取得系争房屋的所有权

郎某能否取得系争房屋的所有权，需要结合具体的物权变动模式进行探讨。由于赠与合同与买卖合同均属于意定行为引起的物权变动的情形，在本质上两者均属于以债权契约为原因关系引起物权变动。因此区分原则下[3]，判断赠与合同引起的物权变动时，可以直接适用买卖合同的规定。

(一)涉案房屋为李某和柯某的夫妻共同财产

李某向郎某赠与的涉案房屋为李某与柯某的夫妻共同财产。这一点在审判中已经得到确认。对于夫妻共同财产，《婚姻法》做出了明确规定。根

---

[1] 此时，需要考虑的是第三条是否可以适用于买卖合同，依据《买卖合同纠纷的解释》第四十六条的规定：“本解释施行前本院发布的有关购销合同、销售合同等有偿转移标的物所有权的合同的规定，与本解释抵触的，自本解释施行之日起不再适用。”

[2] 至于本案赠与合同是否因违反公诉良俗原则而无效，此时应该考虑李某赠与郎某房屋的目的是结束两者间不正当同居关系，而非维系这一关系，我们认为本案不存在违反公序良俗的合同无效的事由。

[3] 参见[德]施瓦布：《德国民法导论》，郑冲译，中国政法大学出版社2006年版，第302～303页。

据《婚姻法》第 17 条的规定:“夫妻在婚姻关系存续期间所得的下列财产,归夫妻共同所有:(一)工资、奖金;(二)生产、经营的收益;(三)知识产权的收益;(四)继承或赠与所得的财产,但本法第十八条第三项规定的除外;(五)其他应当归共同所有的财产。夫妻对共同所有的财产,有平等的处理权。”本案中系争房屋虽登记在李某一人名下,但由于李某购买系争房屋的资金来源于李某与柯某出售在香港共同投资的物业,属于本条中第二项生产经营收益,故应当认定系争房屋在过户给郎某前属李某和柯某共有。

本案二审中,郎某认为,“李某与柯某均为香港居民,根据香港的法律规定,夫妻关系存续期间取得的财产为‘分别所有制’,现系争房屋登记在李某一人名下,应当认定为李某一人所有,故其将系争房屋进行赠与无须征得其配偶柯某同意,该赠与行为有效”。这一观点并不成立,根据《涉外民事关系法律适用法》第 36 条规定:“不动产物权,适用不动产所在地法律。”本案系争房屋位于上海市,应当适用不动产所在地的法律——我国内地法律,系争房屋为李某与柯某的共同财产,此点前文已经论及,此处不再赘述。

根据《婚姻法司法解释(一)》第 17 条规定:“婚姻法第十七条关于‘夫或妻对夫妻共同所有的财产,有平等的处理权’的规定,所谓平等处理权应当理解为:(一)夫或妻在处理夫妻共同财产上的权利是平等的。因日常生活需要而处理夫妻共同财产的,任何一方均有权决定。(二)夫或妻非因日常生活需要对夫妻共同财产做重要处理决定,夫妻双方应当平等协商,取得一致意见。他人有理由相信其为夫妻双方共同意思表示的,另一方不得以不同意或不知道为由对抗善意第三人。”本案中,李某将夫妻共同财产——涉案房屋无偿赠与郎某,显然非本条第一项所规定之因日常生活需要,柯某虽为房屋买卖合同出具了《同意书》,但该同意仅针对李某“出售”系争房屋,并无同意将房屋赠与郎某之意思。因此,李某与柯某夫妻二人并未依据本条第二项就该房屋之处分取得一致意见,李某将夫妻共同财产赠与他人,对其妻子所有部分构成无权处分,这一行为严重损害了柯某的财产所有权。

(二)如何认定赠与合同及物权变动的效力

在无权处分下,郎某能否基于该有效的赠与合同而取得系争房屋的所有权,可以引用王泽鉴先生举的例子予以说明:甲出售 A 屋及 B 车给乙,所

有权的移转,有以下几种规范模式:[1]

1.债权形式主义

买卖契约之标的物所有权不因买卖契约之有效成立而当然移转,须以登记(不动产)或交付(动产)为要件。即买卖标的物所有权不因当事人的意思表示发生移转,须践行登记(不动产)或交付(动产)的法定形式后才发生物权变动。此处的登记或交付是物权变动的生效要件。该模式可称为意思主义和交付原则的混合模式,也有学者称作债权形式主义,以奥地利、瑞士立法例为代表。

我国《物权法》第9条第1款规定:"不动产物权的设立、变更、转让和消灭,经依法登记,发生效力;未经登记,不发生效力,但法律另有规定的除外。"第十四条规定:"不动产物权的设立、变更、转让和消灭,依照法律规定应当登记的,自记载于不动产登记簿时发生效力。"一般认为,我国《物权法》原则上采取债权形式主义的物权变动模式,在此种模式下,一旦当事人的合同被撤销,即便当事人之间完成了变更登记或交付标的物,物权变动仍无法发生效力[2]。

在债权形式主义模式下,因赠与合同成立并生效,且已完成了涉案房屋所有权的过户登记,因而涉案房屋应已发生物权变动。二审法院正是基于这一原理认定:"李某与柯某对于将系争房屋进行物权变动即过户至郎某名下均无异议,郎某有权取得系争房屋的物权。"[3]但是,李某在处分房屋所有权时存在无权处分的问题,依据《物权法》第106条,原则上郎某不能因此取得涉案房屋的所有权。不过,此时仍应考虑郎某是否能够通过善意取得制度取得系争房屋的所有权。依据《物权法》第106条规定:"无处分权人将不动产或者动产转让给受让人的,所有权人有权追回;除法律另有规定外,符合下列情形的,受让人取得该不动产或者动产的所有权:(一)受让人受让该不动产或者动产时是善意的;(二)以合理的价格转让;(三)转让的不动产

[1] 参见彭诚信:《我国物权变动理论的立法选择(上)》,《法律科学》2000年第1期。

[2] 王利明:《物权法》,中国人民大学出版社2015年版,第52页;梁慧星、陈华彬:《物权法》,法律出版社2016年版,第77页。例外地采债权意思主义,比如《物权法》就土地承包经营权的变动(第128条),地役权的变动(第158条),船舶、航空器、机动车等物权的变动(第24条),关于以生产设备、原材料、半成品、产品、交通运输工具、正在建造的船舶、航空器设立抵押权(第188条),关于动产浮动抵押权的设立(第189条)等,均采取债权意思主义。

[3] 上海市第二中级人民法院民事判决书(2011)沪二中民二(民)终字第399号。

或者动产依照法律规定应当登记的已经登记，不需要登记的已经交付给受让人。受让人依照前款规定取得不动产或者动产的所有权的，原所有权人有权向无处分权人请求赔偿损失。"本条是关于善意取得的规定，但对于赠与合同是否适用善意取得，我国学界的基本观点是否定的。王泽鉴先生即持否定说，理由如下：其一，在权利人、处分人、受赠人的三方关系上，无权处分人不是故意就是过失，受赠人不负任何对价，权利人的所有权遭受侵害，显然，从公平正义、维护社会秩序的角度着眼，最应受到保护的是权利人，而非受赠人。不适用善意取得制度，对权利人是最好的保护措施。其二，受赠人无偿受赠，应有承担风险的意识。其三，无偿受益人与其他权利人的重大利益发生冲突时，应予适当让步，为民法学说所承认。[1] 在实定法上，赠与显然不符合第 106 条的规范构成。根据《物权法司法解释（一）》第十五条的规定："受让人受让不动产或者动产时，不知道转让人无处分权，且无重大过失的，应当认定受让人为善意。"以及第十六条第二款的规定："真实权利人有证据证明不动产受让人应当知道转让人无处分权的，应当认定受让人具有重大过失。"本案中，郎某与李某 2009 年 2 月 12 日在上海市某公证处公证时应当注意到柯某出具的《同意书》仅是同意李某出售系争房屋而非赠与，郎某明知此点，其没有理由相信该赠与行为是夫妻双方共同的意思表示，因此郎某不构成善意。其次，郎某亦未就该房屋支付合理对价。因此，虽然涉案房屋已经完成不动产过户登记，郎某也不能善意取得该房屋的所有权。

2.物权形式主义

买卖标的物权所有权之移转，除登记或交付外，尚须当事人就此标的物所有权的转移为一个独立于买卖契约外之意思合致。此项意思合致以物权变动为内容，学说上称为物权行为、物权合意或物权契约。该模式称为物权变动形式主义，德国民法、中国台湾地区"民法"采纳了这种模式[2]。以德国法为代表的大陆法国家将法律行为区分为负担行为即债权行为和处分行为即物权行为，负担行为的效力不受处分权的影响，处分行为则以行为人具有处分权作为核心效力要件。在无权处分的情况下，处分人虽然没有处分

[1] 王泽鉴：《民法学说与判例研究》（第 2 册），中国政法大学出版社 1998 年版，第 112 页。

[2] 崔建远：《物权法》，中国人民大学出版社 2017 年版，第 45 页。

权，但不应当影响买卖合同的效力，而只是影响物权行为的效力。在行为人实施无权处分行为以后，买卖合同仍然有效，但由于物权行为的实施，必须要处分人具有处分权，由于无权处分人并没有享有处分权，因此将标的物的所有权从出卖人向买受人移转的物权行为，属于效力待定的行为。[1]

本案在物权形式主义模式下，无权处分并不影响债权合同的效力，但是影响物权行为的效力。由于李某没有处分权，虽然该赠与合同有效且房屋已经完成不动产过户登记，但物权行为处于效力待定的状态，因此，郎某能否取得房屋的所有权，还处于效力待定的状态。

3.绝对的意思主义

买卖契约有效成立时，A 屋及 B 车之所有权即行移转。即仅依当事人的意思表示就可发生买卖标的所有权移转效力。该模式可称为绝对的意思主义。该立法例由于使物权变动的公示性特征丧失殆尽，有违物权的可支配性特征，今日已没有国家采之，因此这里不再结合本案作具体讨论。

4.相对的意思主义

买卖契约有效成立时，即使标的物尚未交付，价金尚未支付，买卖也宣告成立，A 屋及 B 车之所有权也于此时于法律上由出卖人移转给买受人，但非经登记（不动产）或交付（动产），不得对抗善意第三人。即买卖标的物的所有权仅依当事人的意思表示就发生移转，既不需要有物权行为也不需要以交付或登记作为所有权移转的生效要件，但不得以此作为物权变动的对抗要件。该模式可称为相对的意思主义或对抗主义、债权意思主义，以法国民法和日本民法为代表。[2]

以法国民法为例，它没有承认物权行为理论，认为债权的意思表示与物权变动的意思表示之间并没有本质的区别，物的交付通常表现为债权行为的履行，物权变动也只是债权效力的结果，且将无权处分视为无效的合同。[3] 本案在相对意思主义模式下，由于李某属于无权处分，导致赠与合同无效，因此，郎某无法取得房屋的所有权。

综上，在赠与合同有效的情况下，郎某是否可以取得涉案房屋的所有权因不同的物权变动模式结果不同。

---

[1] 王利明：《论无权处分》，《中国法学》2001 年第 3 期。

[2] 梁慧星、陈华彬：《物权法》，法律出版社 2016 年版，第 71 页。

[3] 王利明：《论无权处分》，《中国法学》2001 年第 3 期。

结论:在我国债权形式主义物权变动模式下,郎某能取得涉案房屋的所有权。

四、郎某若主张违约责任,其请求权基础是否存在

根据《合同法》第107条的规定,"当事人一方不履行合同义务或者履行合同义务不符合约定的,应当承担继续履行、采取补救措施或者赔偿损失等违约责任",以及《买卖合同纠纷的解释》第三条的规定,虽然郎某依据我国《物权法》所规定的债权形式主义的物权变动模式不能取得房屋的所有权,原因是李某在履行上的客观不能,但是可以基于有效的赠与合同要求李某承担相应的违约责任,即要求李某支付系争房屋的相应价款作为补偿。

至于郎某是否可以请求赔偿房屋全部价款,应当从夫妻另外一方——柯某的角度来看,其要求郎某支付合同约定价格50%的请求权基础是否存在。二审法院认为:"鉴于李某在审理中明确表示其与郎某签订的合同名为买卖实为赠与,而柯某仅同意将系争房屋出卖。故郎某应当按上述合同约定价格的50%即人民币175万元,向柯某支付房款,李某要求郎某按合同约定的价格全额支付购房款,缺乏依据。"依据郎某与李某的赠与协议,李某赠与之标的为房屋,因不能给付房屋所致之违约应及于房屋全部价款,因此本案郎某可以向李某请求支付相当于房屋价款(350万元)的损害赔偿。

结论:郎某仅可依据赠与合同,要求郎某支付合同约定金额作为违约损害赔偿。

五、本案的总体结论及对类案处理的借鉴意义

本案例分析的总体结论:李某无权处分与柯某的夫妻共同财产,并将其赠与郎某,两者签订的合同虽然在形式上是房屋买卖合同,但实质上是房屋赠与合同。在效力上,作为虚假意思表示的买卖合同无效,但作为隐藏行为的赠与合同有效。在我国债权形式主义模式下,郎某不能取得涉案房屋的所有权,但可以基于有效的赠与合同要求李某承担相应的违约责任,即要求李某支付系争房屋的相应价款作为违约赔偿。

按照我国采用的债权形式主义的物权变动模式,受赠人无法取得赠与人在无权处分的情况下所赠与的不动产,这样的处理方式符合我国长期以

来的裁判规则。从民法诚实信用原则的角度来看，这样的裁判方式虽然在某种程度上保护了经济利益占据优势一方的财产物权，但是也大大降低了赠与人对于赠与行为的违约成本。从和谐社会发展的角度来讲，结合本案对于赠与合同中违约责任承担的构想，可通过在个案中借助无权处分行为导致赠与合同无效的违约惩罚机制，进一步提高赠与人的违约成本，保护受赠人的利益。这将有利于弘扬诚信风气，有效塑造国民的道德涵养，从而有助于和谐社会和法治社会的巩固和维护。

《司法智库》征稿启事

汇通信息　精研学术　服务司法

为研究司法前沿问题，推动理论与实践的互动，促进理论创新与司法改革，提升司法学术、司法政策与实务水平，现依托上海师范大学重点学科——诉讼法学科举办本辑刊。

本刊设立“司法评论”“理论探索”“制度分析”“实务研究”“焦点观察”“域外文献”“司法经验”“案例分析”等栏目，每年拟编辑两卷，于同年年中、年底出版。现竭诚欢迎诸位同仁惠赐大作！本刊文风追求严谨务实、鲜明简练、尖锐辛辣，投稿时请注意以下事项：

一、所投稿件必须是本人原创，且尚未公开发表。若为与他人合作作品，须征得其他作者同意，并予以注明。因稿件著作权引发的纠纷，由作者自行负责。

二、投稿论文应以司法及相关领域为主题，论文一般为10000～15000字，评论、案例分析、调查报告等其他文章字数一般为5000～10000字。本辑刊编辑部有权对来稿进行删修，不同意删修的请在来稿中注明。

三、论文格式及注释体例详见附件。

四、稿件刊登后，赠当期辑刊。

五、来稿一经刊登，即认为作者同意将文章版权（包括各种介质、媒体的版权）转至《司法智库》编辑部，使用时不再征询作者意见。

六、来稿必复，实行三审定稿、快捷审稿方式，初审时间为十日以内，二审和终审稿件根据需要与作者保持沟通，尽可能缩短审稿时间。

七、收稿邮箱：sifazhiku@126.com。

《司法智库》编辑部

2019年8月15日

附件

论文格式

1.标题、署名、作者身份

标题居中书写。如果来稿属于基金项目资助范围内的研究成果,应在标题右上角用 * 号引出说明论文资助背景的脚注,脚注应含有以下信息:基金项目的类别、名称、批准号。

署名位于标题的下一行,居中书写,右上角用 * 号(若存在前段提及事项,则用 * * 号)引出作者身份的脚注,脚注应注明以下信息:

(1)作者简介:姓名(出生年月)、性别、工作单位、职称、研究方向。

(2)作者的联系方式:所在省市、单位、地址、邮编、联系电话、电子信箱(以便寄送样刊)。

2.摘要与关键词

论文须列出摘要与关键词。在正文之前引出摘要(中文),不超过400字,5号仿宋体,前加“摘要:”。中文摘要后单独一行分别列出3～5个关键词,5号仿宋体,前加“关键词:”。

评论、外文文献(编译)、案例分析、调查报告等文章不需要列出摘要与关键词。

3.正文

正文采用5号宋体,单倍行距,每一段文字首行缩进2字符。

各级标题采用以下体例:

第一级:一、二、……

第二级:(一)(二)……

第三级:1、2、……

第四级:(1)(2)……

注释体例

1.一般规定

(1)提倡引用正式出版物,原则上不引用未公开出版物。

(2)文中注释一律采用页下脚注,每页重新编号,注码样式为:[1][2]

[3]。

(3)非直接引用原文时，注释前加“参见”；非引用原始资料时，应注明“转引自”。

(4)引文出自于同一资料相邻数页时，注释体例为：第 x～x 页。

(5)引用自己作品时，直接标明作者姓名，不要使用“拙文”等自谦词。

(7)引用外文的，依从该文种注释习惯。

(8)引用网上资料须注明作者姓名、作品名称、网址及访问时间。

2.范例

(1)著作类

[1]季卫东：《法治秩序的建构》，中国政法大学出版社 1999 年版，第 20 页。

[2]崔建远主编：《合同法》，法律出版社 2016 年版，第 22～24 页。

(2)论文类

[1]朱芒：《行政立法程序基本问题试析》，《中国法学》2000 年第 1 期。

(3)文集类

[1][美]Philip J.Loree：《〈海洋法公约〉：对美国航运业更为可取的方式》，载傅崐成等编译：《美国弗吉尼亚大学海洋法论文三十年精选集》，厦门大学出版社 2010 年版，第 443 页。

(4)译作类

[1][德]海因里希迈尔：《古今政治哲学中的核心问题》，林国基译，华夏出版社 2004 年版，第 20 页。

(5)报纸类

①许多奇：《“带头大哥”为何涉嫌非法集资》，《解放日报》2007 年 10 月 15 日第 3 版。

(6)古籍类

①《史记·秦始皇本纪》。

(7)辞书类

①《新英汉法律词典》，法律出版社 1998 年版，第 24 页。

(8)港澳台类

①傅崐成：《海洋管理的法律问题》，台湾文笙书局 2003 年版，第 33 页。